新 潮 文 庫

それでも、
日本人は「戦争」を選んだ

加 藤 陽 子 著

新 潮 社 版

10548

それでも、日本人は「戦争」を選んだ

※引用文中の筆者による注記は［　］で示しています。なお、本文中には、今日の視点では民族差別を反映すると考えられる表記も登場しますが、当時の意識を正確に伝えるための引用的な用法であるため、そのまま用いています。

はじめに

これまで中高生というよりは中高年に向けた教養書や専門書を書くことの多かった私が、日清《にっしん》戦争から太平洋戦争までの日本人の選択を、なぜ、高校生と考えようと思ったのか。まずはこの点から説明しておきましょう。大学の先生の話はまわりくどくて長いですが、少しだけ我慢して読んでください。

東大で日本近現代史を教えはじめて、早いもので十五年がたちました。所属は文学部ですから、教える対象は東大に入学してから三年目以上の学部生と大学院生です。いずれも優秀な学生には違いありませんが、教えながら日々感じる疑念は、まずは教養学部時代に文系と理系に分けられ、さらに法学部・経済学部へと進学者が分かれた後の文学部の学生だけに日本近現代史を教えるのでは遅いのではないかというものでした。鉄は熱いうちに打て、ですね。

私の専門は、現在の金融危機と比較されることも多い一九二九年の大恐慌《だいきょうこう》、そこから始まった世界的な経済危機と戦争の時代、なかでも一九三〇年代の外交と軍事です。

新聞やテレビなどは三〇年代の歴史と現在の状況をいとも簡単にくらべてしまっていますが、三〇年代の歴史から教訓としてなにを学べるのか、それを簡潔に答えるのは実のところ難しいのです。

みなさんは、三〇年代の教訓とはなにかと聞かれてすぐに答えられますか。ここでは、二つの点から答えておきましょう。一つには、帝国議会衆議院議員選挙や県会議員選挙の結果などから見るとわかるのですが、一九三七年の日中戦争の頃まで、当時の国民は、あくまで政党政治を通じた国内の社会民主主義的な改革（たとえば、労働者の団結権や団体交渉権を認める法律制定など、戦後、ＧＨＱによる諸改革で実現された項目を想起してください）を求めていたということです。二つには、民意が正当に反映されることによって政権交代が可能となるような新しい政治システムの創出を当時の国民もまた強く待望していたということです。

しかし戦前の政治システムの下で、国民の生活を豊かにするはずの社会民主主義的な改革への要求が、既成政党、貴族院、枢密院《すうみついん》など多くの壁に阻《はば》まれて実現できなかったことは、みなさんもよくご存知のはずです。その結果いかなる事態が起こったのか。

社会民主主義的な改革要求は既存の政治システム下では無理だということで、擬似的な改革推進者としての軍部への国民の人気が高まっていったのです。そんな馬鹿《ばか》なという顔をしていますね。しかし陸軍の改革案のなかには、自作農創設、工場法の制定、農村金融機関の改善など、項目それ自体はとてもよい社会民主主義的な改革項目が盛られていました。

ここで私が「擬似的な」改革と呼んだ理由は想像できますね。擬似的とは本物とは違うということです。つまり陸軍であれ海軍であれ、軍という組織は国家としての安全保障を第一に考える組織ですから、ソ連との戦争が避けられない、あるいはアメリカとの戦争が必要となれば、国民生活の安定のための改革要求などは最初に放棄される運命にありました。

ここまでで述べたかったことは、国民の正当な要求を実現しうるシステムが機能不全に陥ると、国民に、本来見てはならない夢を擬似的に見せることで国民の支持を獲得しようとする政治勢力が現れないとも限らないとの危惧《きぐ》であり教訓です。戦前期の陸軍のような政治勢力が再び現れるかもしれないなどというつもりは全くありません。『レイテ戦記』『俘虜記《ふりょき》』の作者・大岡昇平も『戦争』(岩波現代文庫)のなかで、歴史は単純には繰り返さない、「この道はいつか来た道」と考えること自体、敗北主義なのだと大胆なことを述べています。

ならば現代における政治システムの機能不全とはいかなる事態をいうのでしょうか。一つに、現在の選挙制度からくる桎梏《しっこく》が挙げられます。衆議院議員選挙においては比例代表制も併用してはいますが、議席の六割以上は小選挙区から選ばれます。一選挙区ごとに一人の当選者を選ぶ小選挙区制下では、与党は、国民に人気がないときには解散総選挙を行ないません。これは二〇〇八年から〇九年にまさに起こったことでしたが、本来ならば国民の支持を失ったときにこそ選挙がなされなければならないはずです。しかしそれはなされない。

政治システムの機能不全の二つ目は、小選挙区制下においては、投票に熱意を持ち、かつ人口的な集団として多数を占める世代の意見が突出して尊重されうるとの点にあります。二〇〇五年の統計では、総人口に占める六五歳以上の高齢者の割合は二割に達しました。そもそも人口の二割を占める高齢者、さらに高齢者の方々は真面目《まじめ》ですから投票率も高く、たとえば郵政民営化を一点突破のテーマとして自民党が大勝した二〇〇五年の選挙では、六〇歳以上の投票率は八割を超えました。それに対して二〇歳台の投票率は四割台と低迷しました。そうであれば、小選挙区制下にあっては、確実な票をはじきだしてくれる高齢者世代の世論や意見を為政者は絶対に無視できない構造が出来上がります。地主の支持層が多かった戦前の政友会などが、自作農創設や小作法の制定などを実現できなかった構造とよく似ています。

私自身あと十七年もすれば立派な高齢者ですから、これまで述べたことは天に唾《つば》する行為に他なりませんが、義務教育期間のすべての子供に対する健康保険への援助や母子家庭への生活保護加算は、なによりも優先されるべき大切な制度です。しかしこちらには予算がまわらない。その背景には子育て世代や若者の声が政治に反映されにくい構造があるからです。

そのように考えますと、これからの日本の政治は若年層贔屓《びいき》と批判されるくらいでちょうどよいと腹をくくり、若い人々に光をあててゆく覚悟がなければ公正には機能しないのではないかと思われるのです。教育においてもしかり。若い人々を最優先として、早期に最良の教育メニューを多数準備することが肝心だと思います。また若い人々には、自らが国民の希望の星だとの自覚を持ち、理系も文系も区別なく、必死になって歴史、とくに近現代史を勉強してもらいたいものです。三〇年代の歴史の教訓という話からここまできました。

さてこの本は、朝日出版社の鈴木久仁子さんが長年準備してきた企画に基づき、神奈川県の私立・栄光学園の石川昌紀先生、相原義信先生、福本淳先生をはじめ、「おわりに」でお名前を挙げた諸先生のご尽力により、ようやく出来上がったものです。

東京都の私立・桜蔭《おういん》学園で中高生活を送った私にとって、栄光学園は初めて足を踏み入れた男子校でありました。

この本は、二〇〇七年の年末から翌年のお正月にかけて五日間にわたって行なった講義をもとに、序章から5章までで構成されています。序章では、対象を見る際に歴史家はどのように頭を働かせるものなのか、さらに世界的に著名な歴史家たちが「出来事」とは別に立てた「問い」の凄《すご》さを味わいながら、歴史がどれだけ面白く見えてくるものなのかをお話ししました。1章で日清戦争、2章で日露戦争、3章で第一次世界大戦、4章で満州事変と日中戦争、5章で太平洋戦争を扱っています。歴史好きであればどの章から読んでも面白いはずです。ただ、歴史は暗記ものじゃないか、歴史など本当の学問にはとても見えないなどと少しでも思われたことのある方でしたら、ぜひとも序章から読んでみてほしいと思います。

以前『戦争の日本近現代史』（講談社現代新書）という本を書いたとき、日清戦争から太平洋戦争まで十年ごとに大きな戦争をやってきたような国家である日本にとって、戦争を国民に説得するための正当化の論理にはいかなるものがあったのか、それをひとまず正確に取りだしてみようとの目論見《もくろみ》がありました。もし自分がその当時生きていたら、そのような説得の論理に騙《だま》されただろうか、どうも騙されてしまいそうだ、との疑念があったからです。

今回の講義では、扱った対象こそ同じですがいま少し視野を広くとり、たとえば序章では、①9・11テロ後のアメリカと日中戦争期の日本に共通する対外認識とはなにか、②膨大な戦死傷者を出した戦争の後に国家が新たな社会契約を必要とするのはなぜか、③戦争は敵対する国家の憲法や社会を成立させている基本原理に対する攻撃というかたちをとるとルソーは述べたが、それでは太平洋戦争の結果書きかえられた日本の基本原理とはなんだったのか、などの論点を考えてみました。戦争というものの根源的な特徴を抽出してみたかったのです。

つまるところ時々の戦争は、国際関係、地域秩序、当該国家や社会に対していかなる影響を及ぼしたのか、また時々の戦争の前と後でいかなる変化が起きたのか、本書のテーマはここにあります。自国民、他国民をともに絶望の淵《ふち》に追いやる戦争の惨禍が繰り返されながらも、戦争はきまじめともいうべき相貌《そうぼう》をたたえて起こり続けました。栄光学園の生徒さんには、自分が作戦計画の立案者であったなら、自分が満州移民として送り出される立場であったならなどと授業のなかで考えてもらいました。講義の間だけ戦争を生きてもらいました。そうするためには、時々の戦争の根源的な特徴、時々の戦争が地域秩序や国家や社会に与えた影響や変化を簡潔に明解にまとめる必要が生じます。その成果がこの本です。

加えて、日本を中心とした天動説ではなく、中国の視点、列強の視点も加え、最新の研究成果もたくさん盛り込みました。日本と中国がお互いに東アジアのリーダーシップを競《せ》りあった結果としての日清戦争像や、陸海軍が見事な共同作戦（旅順《りょじゅん》攻略作戦）を行なった点にこそ新しい戦争のかたちとしての意義があったとロシア側が認めた日露戦争像など、見てきたように語っておりますので中高生のみならず中高年の期待も裏切らないはずです。

もくじ

1章 日清戦争 「侵略・被侵略」では見えてこないもの

2章 日露戦争　朝鮮か満州か、それが問題

3章 第一次世界大戦 日本が抱いた主観的な挫折

4章　満州事変と日中戦争　日本切腹、中国介錯論

5章 太平洋戦争　戦死者の死に場所を教えられなかった国

写真提供：朝日出版社

序章
日本近現代史を考える

戦争から見る近代、その面白さ

9・11テロの意味

はじめまして、加藤陽子です。本日から少しの間、みなさんと一緒に、近代の戦争をめぐる日本の歴史について考えたいと思います。今日集まってくれたのは二〇人くらいですね。歴史研究部のメンバーが中心だと聞きましたが、学年はバラバラですか。

――中学一年生から高校二年生までです。

ああ、ちょうどいい年齢層ですね。

私、ふだんは、東京大学の文学部というところで、日露戦争から太平洋戦争までを講義していますが、一番の専門は一九三〇年代の外交と軍事です。このような、下り坂に向かっていく時代をやってどこが面白いのかとはよくいわれますが（笑）。

その面白さをみなさんにすぐにわかっていただくのは少し難しいかな。そこで、次のような例から説明してみることにします。覚えていますか。二〇〇一年九月十一日、アメリカで起きた同時多発テロの衝撃に接したとき、人々は、テロを「かつてなかった戦争（war like no other）」と呼んで、まず、その新しい戦争の形態上の特質、つまり「かたち」に注目しました。その新しい「かたち」というのは、旅客機をハイジャックしたテロリストたちが、アメリカ人にとって象徴的な建物である、ニューヨークのツインタワービルに突入し、宣戦布告なしに多くの非戦闘員を殺害したというものでした。敵とするアメリカの内部に入り込み、普通の市民が毎日でも利用する飛行機を使いながら、生活や勤労の場を奇襲するというやり方です。

ここで、とても重要なことは、次のような点だったのではないでしょうか。内部から日常生活に密着した場での攻撃を受けたアメリカにとって、このテロは、相手国が国を挙げてアメリカに向けて仕掛けてきた戦争というよりは、国内にいる無法者が、なんの罪もない善意の市民を皆殺しにした事件であり、ということは、国家権力によって鎮圧されてよい対象とみなされる。

国と国の戦争であれば、それぞれにどうしても戦争にならなければならなかった経緯があります。それぞれの国が、戦争に訴えなければならなかった正当性を言い張るのはいつの時代も同じことでしたが、9・11の場合におけるアメリカの感覚は、戦争の相手を打ち負かすという感覚よりは、国内社会の法を犯した邪悪な犯罪者を取り締まる、というスタンスだったように思います。そうなると、戦いの相手を、戦争の相手、当事者として認めないような感覚に陥っていくのではないでしょうか。
実は、このアメリカの話と似たようなことが、かつての日本でも起きていたのです。なんのことかわかりますか。

——……？　いつの時代のことですか。

まだ学校では習っていないかもしれませんね。私が専門としている一九三〇年代後半のことで、このとき日本は中国と戦っていました。ものすごく家柄のいい近衛《このえ》文麿《ふみまろ》という人が首相であったときに、中国の軍事的にも政治的にもトップであった蒋介石《しょうかいせき》に対してある声明を出すのですが。このとき日本はなんといったか。

——「国民政府を対手《あいて》とせず」。

そうです。そうです。教科書にも載っています。一九三七（昭和十二）年七月七日、北京《ペキン》郊外の盧溝橋《ろこうきょう》で起こった日中の軍事衝突はまたたくまに全面戦争へと拡大しますが、戦争の開始から半年ほどたった一九三八年一月十六日、近衛内閣が発した声明が「爾後《じご》、国民政府を対手とせず」と

近衛文麿《このえふみまろ》

いう声明でした。

戦争の相手国を眼中に入れずにどうする、と普通なら思いますが、当時の軍人たちや近衛首相を補佐し助言するはずのブレインたちは、そうは考えなかった。そう考えなかっただけでなく、戦争に対する、もっと不思議な見方をします。

たとえば、三九年の一月には、中国と戦争をしていた出先の日本軍、名前は中支那《なかしな》派遣軍といったのですが、その軍の心臓部分にあたる司令部が、こんなことをいっています。「今次《こんじ》事変は戦争に非《あら》ずして報償なり。報償の為《ため》の軍事行動は国際慣例の認むる所」。つまり、今、日本が行なっていることは戦争ではなくて、「報償」なのだ、だからこの軍事行動は国際慣例でも認められているものなのだ、と発言しているわけです。

——報償って、初めて聞く……。

無理もないです。今、生きている人間でこの言葉を聞いたことのある人はほとんどいないはず、と言い切ってしまいましょう。報償という考え方をわかりやすく説明しますと、相手国が条約に違反したなど、悪いことをした場合、その不法行為をやめさせるため、今度は自らの側が実力行使をしていいですよ、との考え方です。中国が日本との条約を守らなかったから、守らせるために戦闘行為を行なっている、というのが当時の日本軍の言い分でした。

けれども、当時の国際慣例で認められていた「報償」の例は、もっともっと軽い意味のものでした。たとえば相手国が条約を守らないといった場合に容認される対抗的な実力行使とは、相手国の貨物や船舶を抑留する、留めてしまって困らせるといったことでした。ですから、一九三七年八月から本格化した日中戦争が、報償の概念で認められる範囲の実力行使であったはずはありません。

ここまでの話は軍人たちの話ですが、近衛のブレインであった人々の書いた史料のなかにも、日中戦争をとても不思議な表現で呼んでいる例が出てきます。彼らはこの戦争を「一種の討匪戦《とうひせん》」と見ていました。討匪戦という字はすぐに浮かびますか。これもすぐに浮かぶ人は、戦前に生きていた人間だけでしょうね。匪賊《ひぞく》、つまり、国内で不法行為を働く悪い人々、ギャングの一団のようなイメージですね。こうしたグループを討つ、という意味です。

いずれにしても、日中戦争期の日本が、これは戦争ではないとして、戦いの相手を認めない感覚を持っていたことに気づいていただければよいのです。ある意味、二〇〇一年時点のアメリカと、一九三七年時点の日本とが、同じ感覚で目の前の戦争を見ている。相手が悪いことをしたのだから武力行使をするのは当然で、しかもその武力行使を、あたかも警察が悪い人を取り締まるかのような感覚でとらえていたことがわかるでしょう。

時代も背景も異なる二つの戦争をくらべることで、三〇年代の日本、現代のアメリカという、一見、全く異なるはずの国家に共通する底の部分が見えてくる。歴史の面白さの真髄は、このような比較と相対化にあるといえます。ここまでの説明で、大学での近代史研究は面白そうだな、戦争を一つの切り口とした近代史研究などというものもあるのだな、と思っていただけましたか。

1930年代の日本と
現代のアメリカ。
全く異なるはずの国家に
共通点がある。

歴史は暗記？

私は中学生の頃から歴史が好きでした。桜蔭《おういん》中学校に入ってからは歴史のクラブに属していましたね。物理部にも入っていましたけれども。歴史が好きですと、結果的に試験もできてしまったりして、得意科目になってしまいます。しかし、中高時代、歴史好きは馬鹿《ばか》にされました。「歴史は暗記ものだから、覚えてしまえば、なにも考えてなくても点数がくる科目だから」とか。みなさんはいかがですか？　物理や数学などとくらべて「なんで歴史が好きなの？」などといわれたりしたことはありませんか。

——それはあまりないですね。

そうですか。今はそのようなことはいわれないのかな。

——でも、歴史が得意だからといって特別いいわけでもないしな……。あと、確かに暗記科目っていうイメージはある。

そうです、学科目としての歴史は、かわいそうなのです。高等学校までの歴史が「暗記もの」のように思われてしまう理由は、試験の形態がそうさせるのですね。話をわかりやすくするために、数学や物理の場合とくらべて考えてみましょう。

「1」という答えが出るはずの問題を出すとき、数学や物理の場合、「1」という解答部分だけを確認すれば、その結論が導かれるまでの、考察の正しさをも証明してくれるという学科的な特性がありますね。途中、めちゃくちゃに計算してしまっては、答えが「1」になる偶然はほとんどない。また、逆に「1」という答えが出せていれば、その途中の考え方もおそらく正しい、ということができます。数学や物理においては、非常に乱暴にまとめてしまえば、定理についてのうまい説明と例題・試験による確認の積み重ねで、その教科において習得すべき獲得目標の達成が可能ですし、例題・試験の形式いかんにかかわらず、目標がどれだけ達成されたかが誰にでも目に見えるかたちで確認可能なのです。

ですが、歴史の場合、そうはいかない。たとえば、高等学校の日本史Bなどの場合、学習指導要領での「目標」の部分には、次のような言葉が書かれています。誰も読んだことなどないでしょうから、紹介しておきますね。

我が国の歴史の展開を諸資料に基づき地理的条件や世界の歴史と関連付けて総合的に考察させ、我が国の伝統と文化の特色についての認識を深めさせることによって、歴史的思考力を培《つちか》い、国際社会に主体的に生きる日本国民としての自覚と資質を養う。

どうですか。難しいという意味がわかっていただけたでしょうか。日本史上に起きた、さまざまな事象を、世界の動きと結びつけて考えるのだな、というところまではいいですね。けれども、日本と世界の関係を考察して、伝統と文化への認識を深めた結果、国際社会で生き抜くための資質としての歴史的思考力が獲得できたかどうか、どうしたら確認できるのでしょうか。

それには、事象と事象の因果関係を結びつける際の解釈の妥当性を一つひとつ確認しなければなりません。確認するには、論述させて、頭のなかの考察の過程の巧みさ、正しさ、妥当性を見る必要が出てくるのです。たとえば、教師の立場からすれば、一七七六年のアメリカの独立宣言と、一七八九年のフランス革命の因果関係を問いたいときに、この二つの歴史事象について、いくつかの史料を用いて、その因果関係を論述させる問題を本当は出したい。けれども、限られた時間で多くの受験生の答案を採点するとなれば、こうした問題を大学の共通テストでは出せない。ということで、結局「以下の五つの出来事を順番に並べよ」という問題の形式にして、アメリカの独立宣言とフランス革命の起こった順序を答えさせることになる。この場合、因果関係についての妥当な考察ができていなくても、アメリカの独立宣言は一七七六年、フランス革命は一七八九年、と暗記さえしていれば、解答に到達できてしまいます。

ただ、最近、少しずつよい方向も見えてきていると思います。ＰＩＳＡ調査というのを聞いたことがありますか。これは、経済協力開発機構（ＯＥＣＤ）加盟国を中心に、参加国が共通で開発した、一五歳の生徒を対象とする国際学習到達度調査のことで、日本の二〇〇六年の結果がとても悪かったので、ＰＩＳＡショックといわれているくらいです。読解力、数学的応用力、科学的応用力の三部門の試験があったのですが、教科としての歴史が関係するのは読解力の部門で、これは論述形式で書かせるものです。この読解力がとにかく悪かった。このときの日本の順位は、五七カ国中、読解力で一五位、数学的応用力で一〇位、科学的応用力で六位でした。二〇〇〇年の初回の調査では日本は数学で一位、科学で二位でしたから、とにかく、長期低落傾向にあるわけです。

日本の社会というのは、他者との比較、外からの批判に弱いので、PISA調査の結果、とにかく論述が書けないような教育ではだめだという気運が生まれてきました。歴史の試験は論述で書かせなければだめ、論理的に説明できる力は暗記ではないのだ、との点が広く常識となれば、結果的に歴史の本当の面白さに触れられる機会も増えてゆくと思うのです。

人民の、人民による、人民のための

南北戦争の途中で

私はみなさんと一緒に勉強するこの講座の題名を「歴史好きのための特別講座」と名づけました。なんだか、おじさん、おばさん向けの講座というイメージに受け取られがちですが、〝歴史好きのための〟としたのは理由があります。これはアメリカの第一六代大統領・リンカーン（Abraham Lincoln）がペンシルバニア州のゲティスバーグで行なった演説の一部、「人民の、人民による、人民のための」（of the people, by the people, for the people）を意識しながら、〝歴史好きのための〟と書いたものです。

それではこれから、この演説を題材として、歴史を考えるとは具体的にどのような頭の働き方をいうのか、歴史的なものの見方というのはどうしたらできるのか、暗記ものではない歴史がどれだけ面白いのか、その糸口となる話を少しします。リンカーン演説は誰もが一度は聞いたり目にしたりしたことのある、とても有名な文章です。アメリカ政治が民主主義に則《のっと》って運営される、との理想を語ったものです。リンカーンはこの演説を一八六三年十一月十九日に行ないました。さてここで、リンカーンの立場に立って考えていただきたいのですが、このときなぜリンカーンは、「人民の、人民による、人民のための」と演説しなければならなかったのでしょうか。この演説の背景を考えてみましょう。早速ですが、リンカーンがこのような理想に言及しなければならなかった事情を、二五字くらいで書いてみてください。

――二五字じゃ足りないんじゃないかな。

必要十分な内容はこのくらいあれば書けそうですよ。まずは、考えるヒントとして、この演説と深くかかわっている戦争についてはご存知ですね。

――南北戦争（一八六一―六五年）。

そうです。この戦争はアメリカを成り立たせる原理をめぐって、北部の連邦政府と南部の南部連合が激しく争った戦争でした。アメリカを二分するような大きな戦争があったからこそ、この演説が必要となる。リンカーンはなぜ、こうした演説をする必要があったのでしょうか。答えのポイントとなるものは二つあります。書けた人は読んでみてください。

――南北戦争中、北側の人々の戦意を高揚させるため。

演説でこのような理想を掲げたのは、「戦意高揚」という要素があるからだろうということですね。今（二〇〇七年時点）のアメリカ大統領のブッシュも、太平洋戦争中の日本も、戦意発揚をさかんにやりました。戦争に対する国民の気持ちをまとめあげるために、〝of the people...〟という強い言葉で演説しなければならなかった。ゲティスバーグという場所は、南北戦争の一つの大きな山場ですね。つまりどちらが勝つか敗《ま》けるかの激戦地であって、一八六三年七月、ほぼ同数の兵力で両軍（北軍八万、南軍七万五千）が向かいあった場所です。多大の犠牲者を出して、ようやく北軍が競《せ》り勝った戦場でした。この戦闘での北軍の死傷者数は二万三千といわれています。その場所で、北部の連邦政府の大統領であるリンカーンが〝for the people〟と演説する。競り勝ったとはいえ、犠牲はあまりにも多かった。結局、南北戦争では四年間にわたる戦いで、全体では六二万五千人もの戦死傷者が出るわけです。そのようなときにあって、北軍の勝利を決定づけた激戦のあった場、その場に新たに造られた国立墓地において演説がなされる。生き残った北軍兵士や連邦政府の関係者の前で、戦場に倒れた兵士に対して哀悼の意を表するとともに、戦争はもう嫌だ、といった厭戦感《えんせんかん》を払いのける、生き残った者こそ、これから国家建設に従事しなければならないのだ、という気持ちでしょう。

有名な、さび以外の部分でリンカーンは次のようなことを述べていました。

　これらの名誉の戦死者が最後の全力を尽くして身命を捧《ささ》げた、偉大な主義に対して、彼らの後を受け継いで、われわれがいっそうの献身を決意するため、これら戦死者の死をむだに終わらしめないように。

サムエル・モリソン『アメリカの歴史〈3〉』（集英社文庫）

これが一つ目のポイントですね。他はどうでしょう。

——北部の連邦政府の統治の正当性を訴えた。

いいですね。戦争継続のため、国民の戦意を発揚するといったものから、より高次の問題を見る視点です。南北戦争はアメリカを二つに割る、社会に巨大な亀裂《きれつ》をもたらした戦争でした。内戦の敵方であった南部連合だけでなく、連邦政府内にも戦争の進め方をめぐってリンカーンと意見を異《こと》にした人々はたくさんいました。ですから、ヨーロッパから逃れて、せっかく合衆国を建国した父祖の世代を裏切り、国を二分した内戦を続けるためには、戦意発揚だけでは不十分だった。この戦いが、最終的にはアメリカを再統合するものでなければならないとの理念、つまり最も大切な目標に向かって国をまとめるのだとの意志が必要になってきます。つまり、新国家をまとめる憲法、新国家の目標といったものが求められる。

父祖たちが建国した国家を存続させるとの使命について、リンカーンはこう述べていました。

八十七年前、われわれの父祖たちは、自由の精神にはぐくまれ、すべての人は平等につくられているという信条に捧げられた、新しい国家を、この大陸に打ち建てました。現在われわれは一大国内戦争のさなかにあり、これによりこの国家が、あるいはまた、このような精神にはぐくまれ、このように捧げられたあらゆる国家が、永続できるか否《いな》かの試練を受けているわけであります。

前掲『アメリカの歴史〈3〉』

ここまでのお話をまとめますと、戦争による犠牲者のための追悼であるとともに、国を再統合し、国家目標を新たに掲げるということです。「戦没者を追悼し、新たな国家目標を設定するため」と、これで大体二二字ぐらい。つまり、第二のポイントは、次に再生すべき国家の目標、国家の正当性という点です。

そして、この演説の背景を考えるとき、戦死者がいかに多かったかということは、いま一度強調しておいてもいいですね。先ほど、戦死傷者の数字を出しましたが、死者に限るとどのぐらいだったか。本によって、また、統計の取り方によってばらつきはありますが、ワールド・アルマナックという年鑑によれば、南北戦争で亡《な》くなったのは北軍が七万四五二四人、南軍が一一万七〇人、合計で一八万四五九四人という数字が出ています。内戦が深刻化するとこれだけの犠牲者が出るんですね。

では、第二次世界大戦におけるアメリカ軍の太平洋方面の戦場では、死者はどのぐらいだったか知っていますか。

——……？

見当がつきませんか。太平洋の戦場での米軍の死者は、九万二五四〇人です。つまり、南北戦争では、太平洋の戦場で日本軍と戦ったアメリカ軍の戦死者の二倍の死者が出た。南北戦争がアメリカに残した傷は、このような点から、かなり深かったと推測できます。ヨーロッパの戦場も含めた、第二次世界大戦におけるアメリカ軍全体の死者は、二九万四五九七人との数値が統計に出ています。

太平洋戦争は、日本にとっては膨大な数の死者を出した戦争でしたが、アメリカにとっての傷は南北戦争よりは軽い。つくづく、リンカーンの演説には、国家を二分した内戦で受けた社会の深い亀裂を再統合する役割が課せられていたのだと実感できます。アメリカ国民は「人民の、人民による、人民のための政治を地上から絶滅させないため」身を捧げなければならない、こうリンカーンは述べていました。

なにが日本国憲法をつくったか

この、一度見れば忘れない"of the people, by the people, for the people"は、実は日本の現行憲法のなかにも見いだされる表現なのです。それは、一九四六年十一月三日に発布された日本国憲法前文の一節にあります。

そもそも国政は、国民の厳粛な信託によるものであって、その権威は国民に由来し、その権力は国民の代表者がこれを行使し、その福利は国民がこれを享受《きょうじゅ》する。

「そもそも国政は、国民の厳粛な信託によるものであって、その権威は国民に由来し」までが"of the people"ですね。「その権力は国民の代表者がこれを行使し」という部分が"by the people"にあたる。そして「その福利は国民がこれを享受する」、つまり、国民のため、が"for the people"。このように憲法前文に書かれているわけです。

日本国憲法が、この"of the people, by the people, for the people"を憲法前文に入れているということ自体、へーぇ……と驚きませんか。あれっ、驚かない。なるほど、確かに日本国憲法の条文自体が、戦後、連合国最高司令官総司令部（GHQ《ジーエイチキュー》／

SCAP《スキャップ》）の側が準備した草稿によって書かれたことはよく知られていますから、アメリカ人がつくったのなら、リンカーンの言葉も出てきて当然、という流れでしょうか。

南北戦争時のリンカーン演説、日本国憲法の前文、という話がここまでなされたことを頭に残しておいてくださいね。ここで、まったく唐突ですが、少し話を変えて、クイズを出します。後から見直せば、ちゃんと話はつながるはずですので、まあ、ここは少しの脱線を許してください。「歴史は数だ」といった政治家がいます。具体的な言葉は次のようなものです。

政治は大衆のいるところで始まる。数千人がいるところでなく、数百万人がいるところで、つまり本当の政治が始まるところで始まる。

歴史は数だ、政治は数千人が訴えても動かない、数百万人で初めて動く。かなりラディカルですよね。これをいった人は誰だと思いますか？　ヒントは二十世紀前半で亡《な》くなった人です。

――日本人じゃない？

そう、確かに、日本人でこういうことがいえる人は結構すごいですね。

——アドルフ・ヒトラー。

いかにもいいそうですねぇ。でも違います。

——ヒトラーより前だったら、ウッドロー・ウィルソン？

ウィルソンが聞いたら、くやしくて憤死しそう。自分はそんな全体主義者のいいそうなことはいいませんよって。

答えはレーニンです。ウィルソンと同時代人ということでは、あたっています。レーニンはロシア人です。第一次世界大戦中、イギリス・フランス・日本とともに連合国の側で戦っていた帝政ロシアはドイツとの激戦で疲れ果て、戦争のさなか、一九一七年十一月、革命が勃発《ぼっぱつ》します。この革命の過程を、トロツキーとともにすすめた立役者がレーニンでした。

レーニンの言葉として、いま一度、引用した部分の言葉を眺めてみましょう。「本当の政治が始まる」といっていましたね。これを丁寧に解釈すれば、「今までは本当の政治じゃなかった」という含意があるはずです。二十世紀前半が「本当の政治」、「大衆の政治」でなかったと言い切れる大国は、ロシアくらいだったでしょうか。なぜなら、英米仏独はもちろん、当時、植民地化されていない大国のなかでは最も立憲制導入の遅かった日本においても、憲法や帝国議会の制度は十九世紀末に導入されていましたから。ニコライ二世に率いられた帝政ロシアが倒れて、ソビエト連邦が世界で初めての社会主義国として成立するのは一九二二年のことです。

さて、ここで話を少しずつ戻しますと、戦争を革命に転化させてしまったレーニンという政治家が述べた「歴史は数だ」との断言は、戦争の犠牲者の数が圧倒的になった際、その数のインパクトが、戦後社会を決定的に変えてしまうことがあることを教えていると思います。帝政ロシアが倒れたのも、第一次世界大戦の東部戦線を担《にな》ったロシア側の戦死傷者の多さを考えなくては理解不能でしょう。

ウラジミール・レーニン

そうなりますと、日本国憲法を考える場合も、太平洋戦争における日本側の犠牲者の数の多さ、日本社会が負った傷の深さを考慮に入れることが絶対に必要です。もちろん、こうした日本側の犠牲者の数の裏面には、日本の侵略を受けた多くのアジアの国々における犠牲者数があるわけですが。

日本国憲法といえば、GHQがつくったものだ、押し付け憲法だとの議論がすぐに出てきますが、そういうことはむしろ本筋ではない。ここで見ておくべき構造は、リンカーンのゲティスバーグでの演説と同じです。巨大な数の人が死んだ後には、国家には新たな社会契約、すなわち広い意味での憲法が必要となるという真理です。

憲法といえば、大日本帝国憲法のような「不磨《ふま》の大典《たいてん》」といったイメージが日本の場合は強いかもしれませんが、ゲティスバーグの演説も日本国憲法も、大きくいえば、新しい社会契約、つまり国家を成り立たせる基本的な秩序や考え方を明らかにしたものといえるでしょう。この、国家を成り立たせる基本的な秩序や考え方という部分を、広い意味で憲法というのです。

ゲティスバーグ演説の〝people〟の部分も、日本国憲法の「権威は国民に由来し、その権力は国民の代表者がこれを行使し、その福利は国民がこれを享受する」にも、こうした強い理念を打ちださなければならなかった、深い理由が背景にある。太平洋戦争における日本の犠牲者の数は、厚生省（当時）の推計によれば軍人・軍

膨大な戦死者が出たとき
国家は新たな〝憲法〟を
必要とする。

属・民間人を合わせて約三一〇万人に達しました。

戦争と社会契約

国民の力を総動員するために

新しい憲法、社会契約が必要とされる歴史の条件の一つは、「総力戦」という大変なものを戦うために国家目標を掲げなければならないということです。このとき、"by the people"「国民によって」という言葉が必要になる。総力戦（total war）の一番単純な定義は、前線と銃後の区別がなくなることです。また、青年男子の人口と動員された兵士の人口が限りなく一致してゆく戦争でもあります。

第一次世界大戦期のヨーロッパ、第二次世界大戦期の世界、これはすべて総力戦下におかれた社会であったといえるでしょう。成年に達しない青少年を徴兵ではなく志願させるため、教育の分野に国家のリクルート（兵員調達）の仕組みが張りめぐらされる。このような戦いを国家が遂行するためには、労苦をしのぶ国民に対して、「民

government of the people,
by the people,
for the people

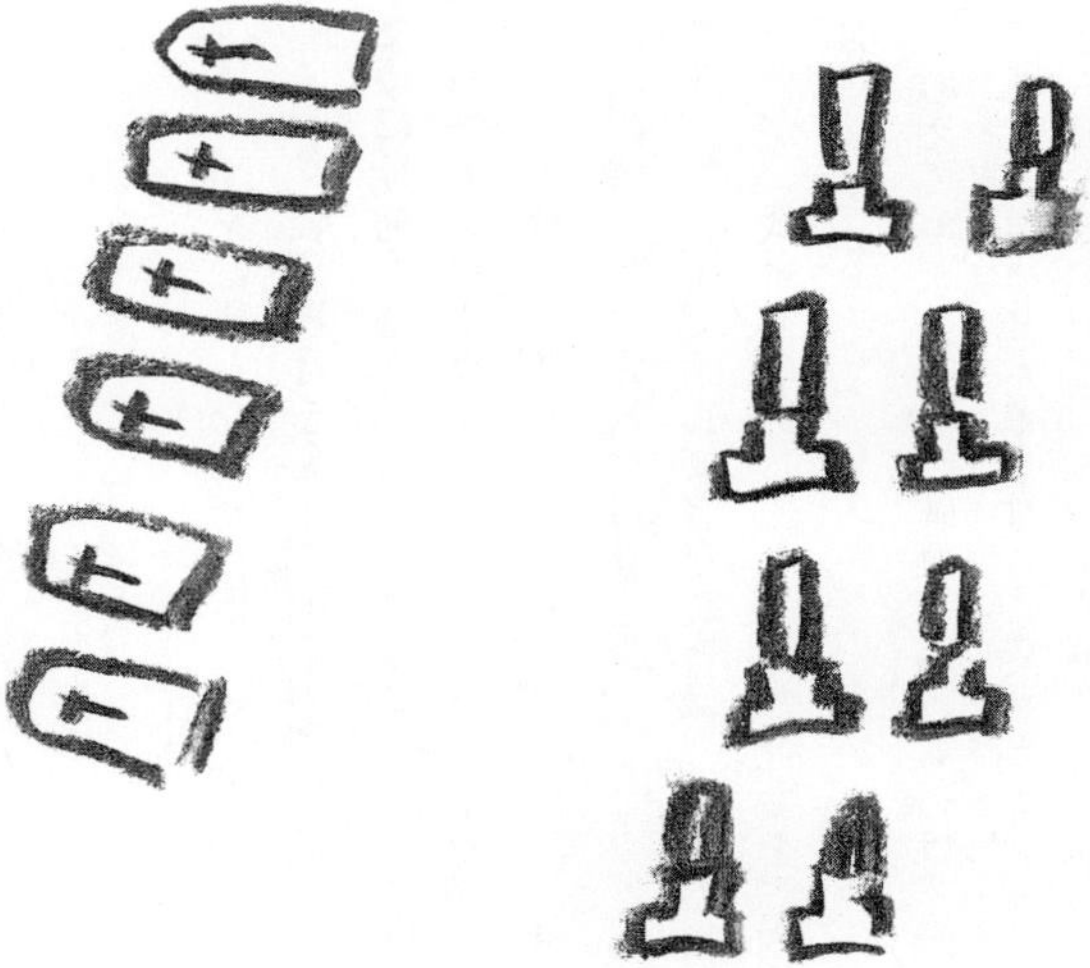

主主義の国をつくるため」というような国家目標が必要になるのはわかるでしょう。国家は、将来に対する希望や補償を国民にアピールしないことには、国民を動員し続けられなくなります。

国民を国家につなぎとめるためには、国家は新たな国家目標の設定が不可欠となってくる。その際、大量動員される国民が、戦争遂行を命ずる国家の正当性に疑念を抱くことがないように、戦争目的がまずは明確にされることが多いのです。たとえば、アメリカが第一次世界大戦に参戦する際のスローガンは「デモクラシーが栄える世界にするための戦争」、「戦争をなくすための戦争」でしたし、対するドイツ・オーストリア側は「民族的存立を防衛するための戦争」と定義づけました。

だいたい理解していただけましたか。これまで話してきたことは、戦争の犠牲の多さや総力戦という戦争の仕方それ自体が、戦争を遂行している国の社会を、内側から変容させざるをえない、という側面でした。

それでは次に、少し違う角度から考えてみましょう。戦争というものは、敵対する相手国に対して、どういった作用をもたらすと思われますか。その前に、そもそも戦争に訴えるのは、相手国をどうしたいからですか。

——相手国に、こちら側のいうことを聞かせるため。

いいですね。政治の方法、つまり、外交交渉などで相手を説得できなかったときに、力で相手を自分のいいなりにさせる、ということですね。他にありますか。

――相手国の軍隊を打ち破って、軍事力を無力化する。

ほう。これも、なかなか鋭いです。

相手国の主力軍隊を撃破してしまえば、あとは相手国は降伏するしかないという状態に追い込まれてしまう。

戦争についての最も古典的な定義は、十九世紀前半にクラウゼヴィッツが書いた『戦争論』のなかの、「戦争は政治的手段とは異なる手段をもって継続される政治にほかならない」というものでしょうか。クラウゼヴィッツの書物は、ナポレオン軍に敗退し続けたプロイセン側から見た理想的な戦争、そのエッセンスを書いた本でした。政治の分野での交渉と武力による戦争を、ある意味、連続してとらえている点に特徴があります。

戦争は政治の続きであるといった、このような考え方が一般的であったからこそ、第一次世界大戦で懲《こ》りた世界の国々、ことにアメリカが中心となって書きあげた不戦条約は、次のような内容で、戦争を禁止しようとしていたわけです。一九二八(昭和三)年にできたこの条約は、戦前の日本政府も原調印国として参加していた国際条約でしたが、国家政策の手段としての戦争の放棄（第一条）と、国家間の紛争解決手段としての武力行使の違法化（第二条）をその内容としていました。

このような条約ができてしまった場合、戦争の概念として許されるのは、自衛戦争と、侵略国に対する制裁行為の二つに限定されてしまいます。不戦条約ができるまでの長い道のりを考えれば、人類がいかに永らく、国家の政策の手段として、あるいは国家間の紛争解決の手段として、戦争をたくさんたくさん行なってきたかということが実感できますね。

それでは、先の問いに戻りましょう。戦争というものは、敵対する相手国に対して、どういった作用をもたらすと思われますか。もう少しいえば、戦争で勝利した国は、敗北した国に対して、どのような要求を出すと思われますか。

——負けた国を搾取《さくしゅ》する。

厳しいですね。でも、それでは、すぐに復讐《ふくしゅう》戦争が起きそうで、勝った側もおちおちしていられませんね。

——占領して、敗北した国の構造を変えて、自分の国に都合のよいような仕組みに変える。

ああ確かに、イラクに侵攻したアメリカが、その後、やろうとして、なかなか果たせなかった、そして今でも果たせない願望ですね。今の答えは、とてもいいポイントをついています。

戦争相手国の憲法を変える

それでは、そろそろ答えをば。

戦争のもたらす、いま一つの根源的な作用という問題は、フランスの思想家・ルソーが考え抜いた問題でした。ルソーのこの論文は日本語訳がなかったこともあって、私はつい最近まで知らなかったのです。東大法学部の長谷部《はせべ》恭男《やすお》先生という憲法学者の本『憲法とは何か』（岩波新書）を読んで、まさに目から鱗《うろこ》が落ちるというほどの驚きと面白さを味わいました。長谷部先生は、この本のなかで、ルソーの「戦争および戦争状態論」という論文に注目して、こういっています。戦争は国家と国家の関係において、主権や社会契約に対する攻撃、つまり、敵対する国家の憲法に対する攻撃、というかたちをとるのだと。

太平洋戦争の後、アメリカが日本に対して間接統治というかたちで占領する。われわれ日本人は、アメリカによる占領を、「そうか、アメリカは民主主義の先生として、日本にデモクラシーを教えてやる、といった考え方に立ってやって来たのだな」、というようなアメリカ固有の問題として理解してきました。けれども、ルソー先生は、こうした戦争後のアメリカのふるまいを、十八世紀に早くもお見通しであったのでした。

ルソーは、彼が生きていた十八世紀までの戦争の経験しかないはずですから、十九世紀に起きた南北戦争も普仏《ふふつ》戦争（プロイセンとフランスとの間で戦われた一八七〇―七一年の戦争）も、二十世紀に起きた第一次世界大戦も、本来、予測不可能だったはずです。けれども、非常に面白いことに、ルソーの述べた問題の根幹は、十九世紀の戦争、二十世紀の戦争、まして現代の戦争にもぴったり当てはまります。このような優れた洞察を残せたからこそ、今の世にも名を残す哲学者であるわけですが。

それでは、「戦争は国家と国家の関係において、主権や社会契約に対する攻撃、つまり、敵対する国家の、憲法に対する攻撃、というかたちをとる」とのルソーの述べた真理について、もう少しくわしく説明することにしましょう。

ルソーは考えます。戦争というのは、ある国の常備兵が三割くらい殺傷された時点で都合よく終わってくれるものではない。また、相手国の王様が降参しましたといって手を挙げたときに終わるものでもない。戦争の最終的な目的というのは、相手国の土地を奪ったり（もちろんそれもありますが）、相手国の兵隊を自らの軍隊に編入したり（もちろんそれもありますが）、そういう次元のレベルのものではないのではないか。ルソーは頭のなかでこうした一般化を進めます。相手国が最も大切だと思っている社会の基本秩序（これを広い意味で憲法と呼んでいるのです）、これに変容を迫るものこそが戦争だ、といったのです。

相手国の社会の基本を成り立たせる秩序＝憲法にまで手を突っ込んで、それを書きかえるのが戦争だ、と。とても簡単にいってしまえば、倒すべき相手が最も大切だと思っているものに対して根本的な打撃を与えられれば、相手に与えるダメージは、とても大きなものになりますね。こう考えれば、ルソーの真理もすとんと胸に落ちます。第二次世界大戦の、無条件降伏を要求する型の戦争を、なぜか十八世紀の人間であるルソーが見抜いている。本当に不思議なことです。

第二次世界大戦の終結にあたっては、敗北したドイツや日本などの「憲法」＝一番大切にしてきた基本的な社会秩

ジャン＝ジャック・ルソー

序が、英米流の議会制民主主義の方向に書きかえられることになりました。ですから、歴史における数の問題、戦争の目的というところから考えますと、日本国憲法というものは、別に、アメリカが理想主義に燃えていたからつくってしまったというレベルのものではない。結局、どの国が勝利者としてやってきても、第二次世界大戦の後には、勝利した国が敗れた国の憲法を書きかえるという事態が起こっただろうと思われるのです。

このあたりまできますと、戦争を考える面白さがだんだんとわかっていただけるのではないでしょうか。そして、次に気づくことは、では、相手国と自分の国、彼と我の間でなにが根本的に違っていたのだろうかということです。

日本の憲法原理とはなんだろう

アメリカと日本が戦争をする。アメリカが勝利して日本の憲法を書きかえるとなったとき、このアメリカと日本の、最も違っていた部分はなにかというあたりを考えてほしいのです。では、戦前の日本の憲法原理ってなんでしょう。戦前期の日本社会を成り立たせていた基本的な秩序とはどういうものか。事後的に見れば、アメリカが戦争の勝利によって、それを変えたということになります。最も簡単にいえば、二文字から三文字で表現できてしまう言葉ですが、なんだかわかりますか。

――天皇は神の子孫であり、その権力は絶対であること。

いい線いってます。天皇が神であることを否定した、一九四六（昭和二十一）年一月一日のいわゆる「人間宣言」＝神格化否定の詔書、をふまえた言い方ですね。アメリカとしては、天皇自らの言葉によって、神格化を否定させなければならなかったことからも、これが戦前期までの日本の原理の一つであったとわかる。他にありますか。

――陸海軍を統帥《とうすい》する国家元首としての天皇。

軍事の側面からの答えですね。国民、その代理人としての議会が、戦争を開始する権限などを持っているとするのがアメリカの制度ですね。事実上はアメリカ大統領の決断となりますが。それに対して、日本の場合は、日清・日露の二つの戦争に関しては、開戦から始まり講和条約の締結まで、明治天皇の決断というよりは、元老による政治主導が優先されていました。第一次世界大戦期になりますと、大正天皇でもなく、元老でもなく、内閣の判断によって進められる。この点、大日本帝国憲法には、第一一条「天皇は陸海軍を統帥す」とありますが、天皇の統帥大権についての輔弼《ほひつ》も、内閣はこれを行ないませんが、別に設置するところの統帥機関、すなわち陸軍大臣、海軍大臣、参謀総長、海軍軍令部長（一九三三年からは軍令部総長）、侍従武官長らによってなされるものでありました。

また、宣戦講和の大権と条約締結の大権についても、憲法第一三条では「天皇は戦を宣し和を講し及《およ》び諸般の条約を締結す」と定めておりますが、実際は、国務大臣による輔弼がなされていました。二文字の答えまで、もう少しです。では、大日本帝国憲法で、現在の日本国憲法と最も違う部分はなんでしょうか。

——国民ではなく、天皇が国家主権者。天皇が中心となって国を治めるという部分。

はい、そうですね。大日本帝国憲法の条文上では、第一条「大日本帝国は万世《ばんせい》一系の天皇之《これ》を統治す」と第四条「天皇は国の元首にして統治権を総攬《そうらん》し此《こ》の憲法の条規に依《よ》り之を行ふ」がこれにあたるわけです。天皇が日本の国を統治するという国の在り方や原理は、当時の言葉、二文字の言葉で言えばなんと表現できるでしょうか。

——国体。

そう、さっき私が二文字です、といったとき、心に描いていた言葉は「国体」です。戦前期の憲法原理は一言でいえば「国体」でした。「天皇制」といいかえてかまいません。一九二五年に制定された治安維持法には「国体を変革し又は私有財産制度を否認することを目的として結社を組織し又は情を知りて之に加入したる者は十年以下の懲役又は禁錮《きんこ》に処す」と書かれていましたが、この場合の国体は、天皇制ということです。

アメリカは戦争に勝利することで、最終的には日本の天皇制を変えたといえます。現在の日本国憲法の前文部分、「そもそも国政は、国民の厳粛な信託によるものであって、その権威は国民に由来し、その権力は国民の代表者がこれを行使し、その福利は国民がこれを享受《きょうじゅ》する」が、リンカーンの演説、人民の人民による人民のための、と同じだ、というところから話を始めたわけですが、この前文部分のすぐ前に「ここに主権が国民に存することを宣言し、この憲法を確定する」と書かれています。

さて、そろそろ少し疲れてきましたか（笑）。

ここまで、アメリカと日本の戦争のかたちの意外な一致点から話を始め、その後、歴史好きのためという言葉からリンカーン演説と第二次世界大戦の後に書きかえられた憲法の意外な一致点へと話をつないできました。共通するのは、「意外な一致点」ということですね。一九三〇年代の日本と現代のアメリカ、一八六〇年代のアメリカと一九四五年頃の日本。日本とアメリカの間には、意外な共通性がある。

しかし、こういった共通性は、ある一定の視角から眺めていなければ見つけることができなかったわけです。最初の例でいえば、戦争の「かたち」という部分に気づけるかどうか。二番目の例でいえば、巨大な戦争の後には基本的な社会秩序の書きかえがなされる、とのルソーの真理に気づけるかどうか。歴史的なものの見方ができるかどうかという場合、こうした、歴史的なものの見方に気づけるかどうか、が問われているところになります。

では、どうしたら、こうした視角、歴史的なものの見方ができるようになるでしょうか。この点こそが、歴史という学問の最も肝要な部分です。

「なぜ二十年しか平和は続かなかったのか」

変人のカー先生

歴史という学問は、分析をする主体である自分という人間自体が、その対象となる国家や社会のなかで呼吸をしつつ生きていかなければならない、そのような面倒な環境ですすめられます。となりますと、歴史的なものの見方というのは、いきおい、国家や社会のなかに生きる自分という人間が、たとえば、なぜ三一〇万もの人が犠牲となる戦争を日本は行なってしまったのか、なぜ第一次世界大戦の悲惨さに学ぶことなく戦争は繰り返されたのだろうか、という「問い」に深く心を衝《つ》き動かされたときに初めて生ずるものなのだと思います。つまり、悩める人間が苦しんで発する「問い」の切実さによって導かれてくるものなのだと私には思えるのです。

　日本だけでなく世界も含めて、過去の歴史研究の第一線で論じられたり考えられたりしてきた日本史の「問い」には、いったいどのようなものがあるのか。それが明確にされている教科書があれば、とても面白いと思う。その場合の「問い」は、中学生や高校生や大学生など若い読み手にとって、切実に知りたいと思わせる。そしてよくわかるものであれば、世のなかの人々にとっても広く意味を持つものとなるでしょう。

　ここまで話を聞いてきたみなさんのなかには、さっそく疑問を持たれた方もいるのではないでしょうか。なにも中学生や高校生が歴史研究の第一線で論じられている問題を知る必要などないし、第一、中高生が一緒に考えたいと思えるような切実な「問い」などあるのだろうか、という疑問です。けれども、もう少し我慢して先を聞いてほしいのです。

　学習すべき多くの科目があって、クラブ活動も忙しく、友人とのつきあいにも骨が折れる学生時代は、とっても忙しい。時間に余裕のない人間に向かって、日本史の学習は「将来きっと役に立つ」といっても、若い心の琴線に触れることはできない。中高生のハートをつかんで日本史の方に向かせるには、歴史上に生きた人々が発した、根源的な「問い」が生まれた現場を見せるところからスタートするしかないのではないでしょうか。

ある研究者は、なぜ、ある「問い」を解かねばならないと考えて研究を始めたのか、そのような「問い」は、なぜ解くにあたいする問題なのか。多くの研究者が自らの「問い」と格闘した結果の集大成が教科書になる、そのような実感が持てる教科書があってもいいわけですね。

さて、それでは、第一線の研究が生み出される原初の場を見せるとは、具体的にはどういうことをいうのでしょうか。E・H・カーという英国の歴史家が一九三〇年代に抱いた切実な「問い」について、これから、お話ししたいと思います。

カーは、ケンブリッジ大学トリニティ・カレッジの歴史教授でした。亡《な》くなったのは一九八二年。イギリスで尊敬される歴史学者というのは、文明史観など大きな論点を理想主義的な立場から論じる学者が多いのですが、カーはそうしたタイプではなく、細かい史料を挙げながら、イギリスの未来と将来に対して、暗い暗い見通しを述べるのです。ソ連史の専門家だったこともあって、ソ連寄りに見られて、米ソによる東西冷戦の激しかった時代には、イギリスの学界や知識人などから少し煙たがられていました。そんなカー先生は、とくに日本で人気があったのです。

著書のなかで最も有名なものは『歴史とは何か』（岩波新書）ですが、いま冷静に読めば、なぜこんな難解な本が売れたのかと思ってしまうぐらい、暗い暗い不思議な本です。この本は一九六一年にケンブリッジ大学でなされた連続講演をもとにしたものですが、内容は、実はとっても難しいのです。ですが、みなさんでも、さびの部分はよく引用されるので、聞いたことがあるかもしれません。

歴史とは現在と過去との間の尽きることを知らぬ対話

「現在と過去との間の尽きることを知らぬ対話」というのは、とくにかっこいい決め台詞《ぜりふ》ではなく、普通のことをいっているだけにも聞こえますよね。とはいうものの、私はカー先生がメチャクチャ面白い人だと思っています。その面白さをまずは、ご本人のプロフィールから説明しておきましょう。カー先生は本当に勉強家でした。第一次世界大戦中に外交官になり、イギリスの高級紙『ザ・タイムズ』の論説も書いていましたが、最終的には六三歳でケンブリッジ大学の先生となります。

彼はクリスマスの休暇を呪《のろ》います。クリスマスの休暇はキリスト教的な考えでは必ず休んで家族とともに時間を過ごす、大事な時期にあたります。カーがクリスマスを呪ったのは、研究時間が削られるのが嫌だからです。これほどがつがつと研究しているカー先生のはずですが、いっぽうで、クリスマスを呪いながらも、なぜか三度も結婚して、しかもその二回は子供を持っている人妻だった。最後の結婚は七四歳のときでしたか。

子供のいる人妻と結婚する大変さというのは、みなさんにはまだわからない世界でしょうが（笑）、とてもとても時間のかかる面倒なものなのです。前妻との離婚手続きがあったり、相手を離婚させるまで待ったり実に大変です。クリスマスも人間関係も嫌い。なのに、その当人がなんでそんな面倒なことを何回もやるのカー先生、と私は思いますが（笑）。

どうしてこんなことを見てきたように話しているかといえば、カーの一番弟子の書いた伝記にちゃんと書かれているからです。イギリス人というのは、その人の良いところも悪いところもきちんと正確に描く国民で、たとえば政治家であれば、彼は悪人だったかという問いに「イエス」と答えられるような人でなければ政治家として有能ではないだろうくらいに考えている。とても成熟した考え方をする国民ですね。

カーは『誠実という悪徳』という伝記をその弟子に書かれてしまいました。原題は *Vices of Integrity*。私は最初、この題名を見たとき、それは〝悪徳（vice）〟ではなく、〝美徳（virtue）〟のまちがいだろう、と一瞬思ったくらい驚いた。カーの教え子のロシア史の同じくケンブリッジ大学の先生が書いた伝記です。〝vices of integrity〟とカーがいわれたのはなぜなのか。ここで、ようやく本筋に入ってきましたね。カーがかつて抱いていた「問い」を、これからじっくり考えてみましょう。

大戦直前に書かれた本

第二次世界大戦が始まる一九三九年、カー先生は『危機の二十年　1919―1939』という本を書きあげます。この年の九月、戦争がとうとう始まった、との速報を聞きながら校正したとのいわくつきの本でした。この本をカーに書かせたのは、ある一つの「問い」でした。「なぜ二十年しか平和は続かなかったのか？」。この本の副題にある一九一九年は、ある有名な会議が開かれましたが、開催地の名を冠したこの会議はなんと呼ばれていますか。ヒントは、この前年に大きな戦争が終わって、一九年から一応平和な状態がスタートするということ。

——パリ講和会議。

そうです。『危機の二十年』は、第一次世界大戦後、一九一九年のパリ講和会議に始まったヴェルサイユ体制＝国際連盟の試みが、なぜ二十年後に破産しなければならなかったのか、その切実な問いに対して、自らの答えを解き明かすために書かれたといえます。講和会議が開催された翌年の一九二〇年、アメリカは最終的に上院の反対で加入しませんが、イギリス、フランス、イタリア、日本が中心となって国際連盟がつくられた。この連盟の試みがなぜ失敗したのかという「問い」は、まさにカーにとって自分の存在意義をかけた切実な「問い」でした。

というのは、ケンブリッジ大学のトリニティ・カレッジを卒業したばかりの彼は、外交官としてパリ講和会議に出席していたからです。会議にあたって、イギリスの外務次官ハーディングは、パリ講和会議への外務省からの出席者一八人を選びにかかりますが、その一八人にカーは選ばれました。そこで強烈な体験をするわけです。カーは、講和会議の委員会

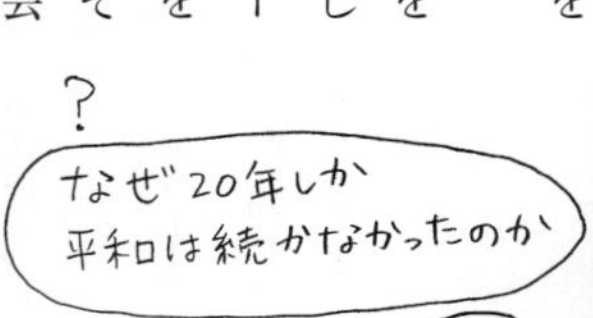

『危機の二十年』原書

のなかで、新興国家委員会という委員会に出席させられます。その会議の席でカーは、小国や敗戦国の利益が不当に扱われている実態を目にします。

一九一四年八月からヨーロッパとアジアで始まっていた戦争の経緯もよく知らず、ヨーロッパや西アジアの地勢を理解していないばかりか興味もなかったウィルソン大統領などが、これらの地域の人々にとって死活的に重要な決定を下しているのを目にしたのです。ウィルソンのやり方で、戦争で傷つき分断されたヨーロッパの社会は回復できるのだろうか。このような経緯があって、「政策は倫理的原理から導きだされるのであって、政策から倫理的原理が引きだされるのではない、と真面目《まじめ》に確信している、どちらかといえばユートピア的な政治家」が、アメリカでは影響力を行使していた、とカーは『危機の二十年』のなかで回想することとなります。

第二次世界大戦が刻々と近づいてくる足音を聞きながら、カーは、普通のイギリス人の多くが信じていた考え方にいらだっていました。普通の人々は、一九三〇年代の大災厄（つまりヒトラーに率いられたドイツがイギリスやアメリカに挑戦したことですが）は、ドイツ、イタリア、日本に対して連盟規約の定めを一〇〇パーセント忠実に適用するのを怠ったから起きた、独伊日三国の挑戦を英米仏などの大国が早く跳ね返さなかったから起きた、と単純に考えていました。

カーにいわせれば、そのような説明は、同じことを別の言葉にいいかえただけであって、どうしてドイツやイタリアや日本が、現実に起こったような行動をとり、なぜ期待される行動をとりえなかったかの説明になっていないわけです。

交戦諸国の戦死者数が一千万人を超え、西部戦線に張りめぐらされた塹壕《ざんごう》の総延長がほぼ地球を一周する距離に達した第一次世界大戦。このような戦争の惨禍を二度と繰り返さないように組織された国際連盟の試みが、なぜ、たった二十年で破綻《はたん》してしまったのか。ドイツやイタリアや日本をもっと早く叩《たた》いておけばよかったなどとはカーは考えませんでした。それではカーは、自身の問いにどう答えたのか。この本が第二次世界大戦が勃発《ぼっぱつ》した直後に刊行されたとき、イギリスの多くの為政者や知識人は困ったことになったと思ったそうです。それはなぜかといえば、戦争が始まって間もない大切な時期にあったイギリス政府とイギリス国民に、冷水を浴びせるものだったからです。カーの答えは次のようなものでした。

愚かなために、あるいは邪悪なために、人びとは正しい原理を適用し得なかったというのではなく、原理そのものがまちがっていたか、適用できないものであったのだ。

まちがっていたのは連盟のほうだ！

つまり、敵国であるドイツが悪いのではなくて、そもそも国際連盟がまちがっていたのだ、と。敗戦国ドイツに対する連盟の処し方がまちがっていたのだ、と。アメリカやフランスやイギリスなどの大国が主導してつくりあげた、第一次世界大戦後の秩序そのものがまちがっていたと正直に述べてしまったわけですね。

――すごい大胆。

ドイツ、イタリアとともに第二次世界大戦の敗戦国である日本としては、英米がまちがっていたことが根本にある、などといってくれるわけですから、「カー先生、こんないいことをいってくれるんですね」という感じ、目から鱗《うろこ》が落ちたように感じる。『歴史とは何か』、『危機の二十年』などのカーの著作が、ことに日本でよく読まれる理由というのは、こういったところにある。イギリス人に受けがいい歴史家であるトインビーなどは、なぜヒトラーのような邪悪な精神が登場したのか、といった大上段の文化論を語り、最終的には人間性の美を信ずる議論を展開する理想家でした。しかし、カーは非常に冷徹なことをいう。国際連盟のやったこと、パリ講和会議のやったことはまちがっていたのだ。まちがったことをドイツなどに強制したから、強制された国家がそれを打破しようとするのは当然だと、こう述べた。

じゃあ、原理がまちがっていたというとき、日本やドイツを抑制するため、イギリスはなにをなすべきだったのか。カーは、このような難しい問いにも『危機の二十年』のなかで答えているのですが、みなさんは想像できますか。不満足国家であるドイツやイタリアや日本が擡頭《たいとう》するのを防ぐには、イギリスはどうすればよかったと書いているのでしょうか。

――ええー……。

ドイツは一九三九年九月にポーランドに侵攻するわけですが、この侵攻に向かう流れを止めるにはどうしたらよかったのでしょう。第一次世界大戦後の「原理がまちがっていた」と考えたカーは、それでは、イギリスは一九三〇年代の間になにをやっていれば、歴史の流れを変えられたと考えていたのでしょうか。

――ちょっと突飛かもしれないけど、第一次世界大戦で負けておくべきだった。

うーん。この答えは面白すぎる（笑）。

今の話は、イギリスの本当の保守のおじさんがいうならわかります。なぜなら、イギリス人のある種の人々は、第二次世界大戦後の世界の脱植民地化の流れ（アジアやアフリカなどの、イギリス帝国の植民地であった国々が相次いで独立したこと）のなかで、第二次世界大戦に勝ったものの、この戦争さえなければ膨大なイギリス植民地は元のまま保持できたのに、という気持ちがあったはずですね。今の答えはものすごく意表をついていて深いですが、カー先生の考えとはちょっと違う。

――……先制攻撃？

いかにも先制攻撃好きの日本人だったら考えそうな。でもナイスです。先制攻撃という発想は、答えに少しずつ近づきつつあります。

――どの段階の話ですか。

イギリスが本来やっておくべきだったとしてカー先生が想定していたのは、だいたい一九三〇年代の半ばぐらいまでの話です。いいかえれば、第二次世界大戦の始まる四、五年ぐらい前までに、イギリスはなにをやっておくべきだったかという話です。

――日英同盟を継続させておく。

それもとても大切な路線でした。日英同盟の一番大切なメリットというのは、ヨーロッパとアジアにおける海軍力の保持ということですね。実際の歴史の流れとしては、一九二一年末に開かれたワシントン会議において、日英同盟は終了していました（第一次世界大戦で疲れてしまったイギリスは、太平洋方面に関する安全保障がアメリカなしにはありえないと考えて、アメリカ、イギリス、フランス、日本の四カ国による四国条約に切りかえていた）から、日英同盟を続けておくというのは、歴史のイフ（if）になりえますね。

それでは、そろそろ、カー先生の考えをいいましょう。イギリスは、連盟の権威をバックにして、単なる言葉や理論によってドイツ、イタリア、日本を抑止できると考えるべきではなかった、とカーは述べています。イギリスがやるべきことは、海軍力の増強しかなかったはずだと。ヴェルサイユ・ワシントン体制という、第一次世界大戦後の世界を連盟中心にまわしていこうとの考え方、あるいは、経済重視の安全保障が大切だとの考え方、こういった考え方は、持てる国の現状維持であるとして批判したのは、ドイツやイタリアや日本でした。カーは、このような主張をしていた現状打破国に対しては、言葉だけの抑止では通用しなかったはずだと述べます。軍事力の裏づけなしに現状維持国が現状打破国を抑えることなどできなかったのだと。

ここで、考えなければならないのは、一九三〇年代前半にかけてのイギリスに、海軍軍拡の余力があったかということです。イギリスは、一九二九年十月、アメリカで始まった世界恐慌《きょうこう》による打撃を、フランスとともに最も深くこうむった国の一つでした。とくに失業人口の多さがイギリスを苦しめていました。三〇年末に二五〇〇万人であった失業人口は、三一年半ばには二七〇万人に達して、三三年まで増加し続けたのです。

結論としてカーは、海軍増強という力の政策によってドイツを抑え込む力がイギリスになかったのだとすれば、イギリスは連盟を背景にしてドイツを刺激すべきではなかった、といっていることになります。これは、自分の国に対する、なかなかに暗い診断ですよね。海軍増強、それができないのなら、ドイツと真剣に交渉をすべきだった、こういうのですから。

特殊のなかに一般を見る

それでは、カー先生が、イギリスで受けが悪い、いま一つの理由を考えてみたいと思います。第二次世界大戦の入り口に立ったイギリスにあって、連盟のやり方がまちがっていたからだ、といったことでカーはイギリス国内で嫌われたわけですが、不人気だった原因は他にもあるのです。この点を話すことで、歴史的なものの見方とはなにかということがいっそう明らかになると思いますから。またまた、突拍子もなく聞こえそうな「問い」で恐縮ですが、みなさんは、歴史は科学だと思いますか？

——歴史と科学は違うと思うけれど……。

どこが違う？

——科学はわからないものを実験したりして、真理を解明していくイメージで、歴史は過去にあった出来事で。

そうですね。みなさんの感覚では、科学というのは、自然のなかに厳然として存在する法則性を見つけたり、何度も実験可能なものだったりするイメージですが、歴史といえば、過去に起こったこと、つまり出来事だと。歴史は科学ではない、という意見が多そうですね。

ところがカーは、「歴史は科学だ」といって、科学ではないとする論に対して反論しています。反論を行なった年は、みなさんのお父さんお母さんの生まれた頃、一九六一年のことでした。

反論のなかで興味ぶかいのは、「歴史は科学だ」という主張と、「歴史は進歩する」という主張を両方やっているのです。六一年の頃ですと、歴史が科学かはわからないけれども、歴史は進歩するとはとても思えない、という人たちがイギリスには多かった。

ひとまず、カーが述べた「進歩」の意味について耳を傾けてみましょう。当時のイギリス社会においては、とても反ソ感情が強かったといいます。ケンブリッジ大学を出て、イギリス外務省に勤務していたエリート（ガイ・バージェス、ドナルド・マクリーン）が、実はソ連の諜報《ちょうほう》部員であったという衝撃的な事件が五一年時点で発覚していましたし、カーの反論がなされた少し後の六三年には、同じくケンブリッジ大学出で、イギリスの諜報部員であったキム・フィルビーが、実はソ連の諜報部員であって（つまり二重スパイであって、祖国イギリスを裏切っていたということになります）、ソ連に亡命するという事件も起きています。

そうした世相をよそに、カーは「経済や社会の平等といったようなものを実現する社会は、やはり進歩していると見なさなければいけない」と述べたわけです。経済や社会の平等を実現した社会というのは、当時であれば、共産主義国であるソ連や中国のことを意味していた。ですから、イギリスの保守派からは「カーの本は二十年後にソ連の教科書になる」などと批判もされました。当時、「歴史は進歩する」という場合、このような意味があったのです。

ですから「歴史は科学だ」との言葉も、なかなかに過激な表現と受けとられました。カーはこういいます。歴史は科学ではないと主張する代表的な論者は、よく二つの点を指摘する。一つは、歴史は主として特殊なものを扱い、科学は一般的なものを扱う、だから歴史は科学じゃないんだというもの。二つ目は、歴史はなんの教訓も与えない。つまり一般化できない学問だから教訓にならないというもの。このような感じで、まずは論敵があぶり出されます。

それに対してどのように反論するのか。まず一つ目の論点、歴史が特殊なものを扱い、科学が一般的なものを扱うという分け方は不当だといいます。歴史家が本当に関心を持つのは特殊なものではなく、特殊的なものの内部にある一般的なものだ。そこに興味を持って、くだくだしい細かい話をしているのだと。講義を聞いているみなさんも同じように思っているかもしれないけれど（笑）、歴史家は特殊のなかに普遍を見ている、そういうことを無意識にやっていると言った。それをカーは次のように説明しています。

リチャード三世がロンドン塔のなかで王子たちを殺した疑いがある、しかし、殺したかどうかの証拠が明らかでないという場合、このようなときに歴史家はどのように考えるか。「王位を狙《ねら》う可能性のあるライバルを片づけるというのは、当時の支配者たちの習慣であったかどうか」。片づける、という表現がなかなかにぶっそうですが、カー先生は、このような問いを、まずは頭のなかに無意識に浮かべる、といいます。

リチャード三世は十五世紀末（在位、一四八三―八五年）の、ある時期までは悪名高い王とされてきた人です。この王様にはいろいろな噂《うわさ》があった。王位を狙う可能性のある人々をロンドン塔に幽閉して殺したようだ、とか。そのような噂が歴史上に伝えられていたとき、歴史家がまず行なうのは、「王位を狙う競争に身を置く人が、競争者を謀殺するということは十五世紀の社会において一般的だったのだろうか、むしろ自分の親族を手にかけたということになったら、自らの王位の正統性が問題にされて、さすがに政治生命を失ってしまうから、これは得策と考えられていなかったのではないか」との一般化です。歴史家は過去の一つの出来事を見るとき、常に無意識に一般化を試みている。個別と一般、特殊と普遍をつなげてものを見ている、このようなものの見方は、確かに歴史的といえると思います。

歴史家は特殊のなかに普遍を見る。

ところで、リチャード三世ってとても有名ですが、なにで知られている人物でしょうか。

――シェイクスピア。

すぐ出てくるところが、栄光学園の生徒、恐るべしであります。『リチャード三世』ということで、名前自体が演目になっていますね。『リチャード三世の悲劇』（*The*

Tragedy of King Richard the Third）は、日本の『忠臣蔵』と同じぐらい何度も何度も繰り返し上演される人気の演目でしょう。カーは、科学は一般化できるもの、歴史は特殊なものなどと分けちゃいけないということを、誰もが知っているリチャード三世を挙げて説明しているわけです。

過去の歴史が現在に影響を与えた例とは

歴史は一回きりしか起こらないから、歴史から学ぶことはできない、歴史は教訓にならない、ということに対してもカー先生は反論していますので、これも見ておきましょう。歴史の出来事は一つひとつの特殊な事件の積み重ねだから、お互いになんの教訓も影響も与えないとの見方、だから歴史は科学じゃないと言い張る頭のカタいヤツにはこう反論するのです。歴史は教訓を与える。もしくは歴史上の登場人物の個性や、ある特殊な事件は、その次に起こる事件になにかしら影響を与えていると。

一つの事件の経過が、次のある個別の事件に影響を与える。当事者が、ある過去の記憶に縛られて行動する。みなさんもちょっと考えてみてください。歴史上のある一つの事件が、他の事件に強く影響力を及ぼしたというケースにはなにがあるか。

カーが挙げているケースは、こういう例です。ロシア革命は一九一七年に起こりますが、それを起こした人の多くはユダヤ系のロシア人で、後にボリシェビキ（多数派を意味するロシア語です）といわれるグループでした。この人たちは、一七八九年に起きたフランス革命が、ナポレオンという戦争の天才、軍事的なリーダーシップを持ったカリスマの登場によって変質した結果、ヨーロッパが長い間、戦争状態になったと考えていました。

そのことを歴史に学んで知っていたボリシェビキは、ロシア革命を進めていくにあたってどうしたか。これは、レーニンの後継者として誰を選ぶかという問題のときにとられた選択です。ナポレオンのような軍事的なカリスマを選んでしまうと、フランス革命の終末がそうだったように、革命が変質してしまう。ならばということで、レーニンが死んだとき、軍事的なカリスマ性を持っていたトロツキーではなく、国内に向けた支配をきっちりやりそうな人、ということでスターリンを後継者として選んでしまうのです。

スターリンは、第一次世界大戦やその後の反革命勢力と

レフ・トロツキー

戦う過程での軍事的なリーダーシップを全く持たなかった人でした。トロツキーは、内戦を戦った闘将でしたし、第一次世界大戦の戦列からロシアを除くために、敵国ドイツとの単独講和にも踏み切った英雄でした。このときトロツキーは、こんなにロシアが損をしてどうする、国がなくなるぞという国内からの圧迫を受けながらも、革命を成就《じょうじゅ》させるためにドイツと手を打たなければと、エストニアやラトビアなどをロシア帝国から全部吐きだすのです。一つの帝国が一つの戦争で吐きだした地域の広さでは過去最大でした。その結果、ロシアは戦争をやめることができ、だからこそロシア革命は成功したのです。トロツキーにはこのような政治的才能もあった。

トロツキーは、第二のナポレオンになる可能性がある。よって、グルジアから出てきた田舎者のスターリンを選んだほうが安全だと。

ロシア革命を担《にな》った人たちが、フランス革命の帰結、ナポレオンの登場ということを知ったうえでスターリンを選んだというのは、かなり大きな連鎖であり、教訓を活《い》かそうとした結果の選択です。一つの事件は全く関係のないように見える他の事件に影響を与え、教訓をも

歴史は教訓を与える。
しかし それが
人類に災厄をもたらすことも……

1090
Napoléon
1796
ИСТÓРИЯ

たらすものなのです。しかも、ここが大切なところですが、これが人類のためになる教訓、あるいは正しい選択であるとは限らない。スターリンは一九三〇年代後半から、赤軍の関係者や農業の指導者など、集団化に反対する人々を粛清したことで悪名高い人ですね。犠牲者は数百万ともいわれる。

さあ、以上のお話がヒントです。このような例を、日本の例でも世界の例でもいいので、ちょっと思い浮かべてください。小さなことでも、大きなことでもいいです。

――よくわからないんですが、日露戦争とトルコ革命の関係とか。

筋のいい答えが出てきました。これは、日本史でも世界史でも触れられる出来事ですね。一九〇五年、白色人種でキリスト教徒の国であるロシア帝国に、黄色人種で非キリスト教徒の、遅れてきた帝国である日本が、ぎりぎりの勝利でしたが、とにかく勝利した。このことが、半植民地状態あるいは植民地の立場にあった東アジアの国々だけでなく、近代国家への歩みを始めたトルコにも強い影響を及ぼしました。トルコの革命家、ケマル・アタチュルクに影響を与えたのは事実です。

近代的な憲法を持った国（日本）は、憲法のない国（ロシア）よりも強い、議会を開設している国（日本）は、議会のない国（ロシア）よりも強い。このような教訓が、世界に伝わったと考えられます。ケマル・アタチュルクは一九〇五年に陸軍学校を卒業して、参謀大尉《たいい》になった後、「祖国自由団」を組織して政治運動に入っていき、最終的には、二三年にトルコに共和制をしき、初代大統領になった人物です。

ロシア革命を推進した人々が、レーニンの後継者にトロツキーではなくスターリンを選んだ、という例から私の頭に浮かんだ連想は、西郷隆盛という人物と統帥《とうすい》権の独立との関係です。これも少し説明が込み入りますので、よく聞いていてください。みなさんも一度は、西郷さんはなぜ犬を連れて、着流し姿の銅像になって上野公園に立っているのだろう、と疑問に思ったことがあるのではないですか（笑）。ナポレオンとトロツキーと西郷隆盛に共通しているのは、軍事的なリーダーシップがあった、カリスマ性があったということです。討幕から明治維新を経た政局のなかで、西郷が果たした軍事上の大きな役割はよく知られていますね。江戸の無血開城など、その一つでしょう。同じ政治家でも、大久保利通《としみち》、岩倉具視《ともみ》、三条実美《さねとみ》、伊藤博文などには軍事的リーダーシップはなかった。いっぽう西郷は、明治天皇からのあつい信頼など、軍事的リーダーシップのみならず、政治家としての評価も非常に高かった。文武双方の指導力があったということでしょう。

その西郷が、一八七七（明治十）年の西南戦争で、政府に反乱を起こした勢力に担《かつ》がれてしまう。西郷は九月二十四日、鹿児島の城山《しろやま》で自刃《じじん》します。西南戦争が起こっ

流行星の珍説（熊本市立熊本博物館所蔵）

た年は、火星が大接近した年でもあったため、この年の八月上旬頃から、ひときわ大きく輝く星が東方の空に見えたといいます。この火星大接近にちなみ、また西南戦争で政府軍と戦う西郷を慕って、世のなかの人々は、これを「西郷星」と呼んで、錦絵《にしきえ》などさかんに刷られたのです。その一つを学習院大学の井上勲《いさお》先生という方が紹介しているのですが、面白いですよ。

この錦絵は、大礼服《たいれいふく》を着て馬に乗った西郷さんが部下の桐野《きりの》利秋《としあき》とともに丸い星のなかに描かれていて、その西郷星を、いろいろな人が拝んでいる構図になっているというものです。拝んでいる人々の多様さが、西郷さんの人気を物語っています。どのような種類の人々が拝んでいたのか。子供を背負ったおかみさん、女郎、権妻《ごんさい》（正妻ではないお妾《めかけ》さんです）など市井《しせい》の普通の人々です。その他、士族、百姓、町人、職人、役者に和尚《おしょう》。これもすべて普通の人々です。ここに出てこないのは、政府の役人や軍人や神主くらいでしょうか。つまり、現世において陽のあたる場所にいる人々とは縁のない人々によって西郷は拝まれている。政府に反乱を起こした西郷のほうを、市井の人々は愛していたということになります。

政治家としても他を圧する力があり、軍事的リーダーシップも持っていた西郷。この西郷は、西南戦争で自刃したからよかったものの、政府としては非常に胆《きも》を冷やしました。国民的人気もあり、文武両方の指導権を持った西郷のような指導者が、これ以降も現れて、再び政府に対して反乱を起こすようなことがあったら困る、このように政府が考えたであろうことは予測がつきますね。

統帥権独立という考え方は、山県有朋《やまがたありとも》が、西南戦争の翌年、一八七八（明治十一）年八月に、近衛《このえ》砲兵隊が給料への不満から起こした竹橋騒動を見て、また、当時の自由民権運動が軍隊内へ波及しないように、政治から軍隊を隔離しておく、との発想でつくったものです。自らこの年、参謀本部長となった山県は、軍令（軍隊を動かす命令）に関することはもっぱら参謀本部長の管知《かんち》するところ、との規則を定めます。山県の動きを見ていると、どうも、自由民権運動に怖《おそ》れをなして、軍隊への影響を止めるようにしたということだけではなく、自らも指揮した西南戦争における、西郷との戦いの教訓が大きく影響していると思います。軍事面での指導者と政治面での指導者を分けておいたほうが国家のために安全だ、との発想、これは反乱を防ぐためにも必要なことだったでしょう。

先に、レーニンの後継者がスターリンにされたことで人類の歴史が結果的にこうむってしまった災厄を話しましたが、この西郷の一件と統帥権独立の関係も、人類の歴史が結果的にこうむってしまった災厄の一つといえるかもしれませんね。日中戦争、太平洋戦争のそれぞれの局面で、外交・政治と軍事が緊密な連繫《れんけい》をとれなかったことで、戦争はとどまるところを知らず、自国民にも他国民にも多大の惨禍を与えることになったからです。

歴史の誤用

なぜベスト・アンド・ブライテストが誤ったのか

以上の話を思い返してみますと、政治的に重要な判断をしなければならないとき、人は過去の出来事について、誤った評価や教訓を導きだすことがいかに多いか、ということです。ここでは最後に、アメリカ人の歴史家、アーネスト・メイ先生の話を紹介しながら、歴史の誤用という話をしましょう。メイはハーバード大学の政治学の先生で、一九七三年に『歴史の教訓』という本を書きました。原題は *The Lessons of the Past*。〝歴史〟としたのは邦訳者の一つの解釈で、過去の教訓、過去のレッスンということですね。

メイ先生は、なにがきっかけで『歴史の教訓』という本を書かねばならないと思ったのでしょうね。メイ先生の「問い」とはなんであったのか。想像がつきますか？ この本の書かれた年代、一九七三年あたりがヒントです。

――オイルショックがあった。

そう、いいところをついています。なぜオイルショックが引き起こされたか、そこまで思いいたるとわかるのですが。

――ベトナム戦争が終結する。

そう、ベトナム戦争。見事です。ベトナム戦争が終わるのは一九七五年で、七三年はアメリカ軍がベトナムから撤退する年ですね。キッシンジャー大統領補佐官が北ベトナムとの和平調停案をつくり、ノーベル平和賞をもらうわけです。メイ先生はその頃なにをやっていたかというと、ベトナム戦争についての戦史を編纂《へんさん》するため、一時的に政府の機関に移っていました。

メイ先生はこういう問いを抱きました。「なぜこれほどまでにアメリカはベトナムに介入し、泥沼にはまってしまったのか」。ベトナム戦争に関する政策を立てていたのは、アメリカの政府機関のなかで、ベスト・アンド・ブライテスト＝best & brightestといわれた人たちです。つまり、アメリカのなかで最も頭脳明晰《めいせき》で優秀な補佐官たちが政策を立案していたはずだった。その彼らはなぜ泥沼にはまるような決断をしてしまったのか。メイ先生は史料や記録を見ながらずっと考えました。そして三つの命題にまとめました。

①外交政策の形成者（makers of foreign policy）は、歴史が教えたり予告したりしていると自ら信じているものの影響をよく受けるということ。

②政策形成者（policy makers）は通常、歴史を誤用するということ。

政策を形成しようとする者は、自らがこれから判断しなければならない問題を考えるとき、強いプレッシャーを感じつつ、歴史のなかから類推例を必死に求めようとします。過去の人々はどうやっていたのだろうか、あのとき政府はどうやったのだろうか、と。しかし、その過去の歴史について、真実がすべて明らかになっているわけではなく、また人々が思い浮かべる過去の歴史の範囲はきわめて限定されてしまっている。人々は、自分がまず思いついた事例に囚《とら》われてしまうものなのだ。最も優れた政策形成者でも、歴史の類推例を広範囲にわたって頭のなかで探しだそうとはしないものなのだ、と。メイ先生は、アメリカの政策形成者、つまり意思決定を行なう人々が陥ってきた、歴史の誤用について、このようなメカニズムで発生すると、まずは診断を下しました。

人々は重要な決定をしなければならないとき、自らが知っている範囲の過去の出来事を、自らが解釈した範囲で「この事件、あの事件、その事件……」と参照し、関連づけ、頭のなかでものすごいスピードで、どれが参照にあたいするのか、どれが今回の問題と「一致」しているか、それを無意識に見つけだす作業をやっているものです。そのような作業が頭のなかで進行しているとき、いかに広い範囲から、いかに真実に近い解釈で、過去の教訓を持ってこられるかが、歴史を正しい教訓として使えるかどうかの分かれ道になるはずです。ですから、歴史を見る際に、右や左に偏《かたよ》った一方的な見方をしてはだめだというのは、そのような見方ばかりしていますと、頭のなかに蓄積された「歴史」のインデックスが、教訓を引きだすものとして正常に働かなくなるからですね。

これを逆にいえば、重要な決定を下す際に、結果的に正しい決定を下せる可能性が高い人というのは、広い範囲の過去の出来事が、真実に近い解釈に関連づけられて、より多く頭に入っている人、ということになります。さて、最後にメイ先生のいう三点目も見ておきましょう。

③政策形成者は、そのつもりになれば、歴史を選択して用いることができる。

メイ先生のいいたいことをはっきりいってしまえば、政府を引っぱるような政策形成者は、歴史をたくさん勉強しなさいね、ということですね。メイ先生は、政府の意思決定に携わる人々が、きちんと自分の話を聞くように、第二次世界大戦以前の時期に、アメリカは歴史をいかに誤用したか、冷戦期に入ってどれだけ誤用したか、朝鮮戦争の時期にどれだけ誤用したか、ベトナムの体験でどれだけ誤用したか、それを実に面白く詳細に明らかにしました。メイ先生が歴史の誤用として挙げた例を少しだけお話ししてみましょう。

無条件降伏方式が選ばれた理由

メイ先生によれば、アメリカは第二次世界大戦の終結方法を選ぶとき、明らかに歴史を誤用した、といいます。それはなにかといいますと、「無条件降伏」の一件です。フランクリン・D・ローズヴェルト大統領は、ドイツやイタリアや日本などの枢軸《すうじく》国《こく》に対して、なぜ無条件降伏以外の降伏をさせないように主張したのか、これは第二次世界大戦の終結を遅らせることになりはしなかったか。こう、メイ先生は考えました。つまり、ドイツ、イタリア、日本の三国の国内を観察してみれば、実のところ戦争終結に向けた動きはあった。無条件降伏しか認めない場合と、条件つき降伏交渉を認めた場合と、どちらがアメリカ国民の損害を少なくできたか、こう考えたわけです。むしろ、第一次世界大戦までのすべての戦争においてなされてきたように、降伏条件を戦争の当事国同士で話しあうほうがよかったのではないか、という問いです。

ちなみに、一九四五（昭和二十）年七月二十六日に出された対日ポツダム宣言についてですが、現在の研究で判明しているところは、鈴木貫太郎首相が記者団に「ポツダム宣言黙殺、戦争邁進《まいしん》」と談話を発表していようがいまいが、アメリカ側は原爆投下のゴーサインを、ポツダム宣言発出の段階で出していたということです（このときの大統領は、四月に急死したローズヴェルト大統領の後を引き継いだトルーマン副大統領でしたが）。ポツダム宣言受諾の意思を日本側がもっと明確に連合国側に示していれば、広島と長崎に原爆は投下されなかったとの仮定は崩れることが史料から明らかになっています。

フランクリン・D・
ローズヴェルト

とにかく、なぜ、ローズヴェルト大統領が無条件降伏に拘泥したかという理由は、メイ先生によれば、第一次世界大戦の終結方法に関する一つの教訓が、ローズヴェルトの意識を縛ったことにあるといいます。ローズヴェルトは「とにかく妥協をしてはいかん。妥協して失敗したのは一九一八年であった」と考えていました。「一九一八年に妥協して失敗した」というのは、なんのことかわかりますか。

第一次世界大戦は、まず休戦というかたちで停戦されたのでした。ドイツ側が一九一八年十一月に停戦しようと考えたのは、アメリカ大統領のウィルソンが提示した十四カ条の内容を、穏健なものと判断したからでした。十四カ条をドイツが受諾したから、とにかく第一次世界大戦については休戦が成立した。しかし、一九年にパリで開かれた対独講和会議では、ウィルソンの提唱した理想主義的な講和案は、イギリスやフランスの反対によって葬《ほうむ》られ、そのため、アメリカ側はドイツ側から、休戦条件と講和会議の結論が違う点について、問い質《ただ》される関係に立つことになったのです。

休戦に応じなければよかった、というドイツ側の強い不満の感情は、カー先生のいう、危機の二十年間を通じて一貫して流れていました。つまり、アメリカ側が第一次世界大戦から学んでしまった教訓は、休戦の条件を敵国と話し合ってはならない、これでした。

メイ先生は、アメリカ国民の犠牲という点だけではなく、第二次世界大戦後の冷戦の時代を考慮に入れたうえで、さらにこう考えています。大戦末期のソ連の態度、スターリンの発言などを考慮すれば、ドイツが敗北し、日本が敗北した後、東欧や東アジアへソ連が影響力を行使するのは十分予期できたはずだと。よって、ソ連の戦後に予想される影響力を牽制《けんせい》するためにも、ドイツや日本の降伏条件を緩和すべきであった、こうアメリカの政策を批判しました。

戦争を止《や》められなくなった理由

メイ先生が二つ目に挙げている、アメリカにおける歴史の誤用の例は、ベトナム戦争になぜ深入りしたか、との点に関することです。いったいどのような過去の教訓、トラウマ（傷）がアメリカを縛ったと思いますか。最初の例は、第一次世界大戦のときのウィルソンの亡霊が第二次世界大戦のときのローズヴェルトを縛った、ということでしたが。ベトナムのときには、なんの亡霊がアメリカを縛ったのでしょうか。

――なんとなくなんですけど、朝鮮戦争が緊張を残したままで終わったこと。

一つ前の朝鮮戦争の体験が、アメリカを縛ったと。確かにそれは正しいですね。一九五〇年六月二十五日に北朝鮮軍が三八度線を越えて南に侵攻したとき、アメリカは不意討ちをくらったといいます。また、中国から人民解放軍が侵攻してくるとは当初、予期していなかった。そのような開戦初頭の見通しの甘さもあり、最後までアメリカは戦争のテンポを制御できませんでした。五三年七月二十七日に調印されたものも、休戦協定でしかなかったわけです。中途半端《はんぱ》で終わった朝鮮戦争の二の舞はごめんだという感覚でしょうか。

——第二次大戦のときに無条件降伏を求めて強硬にいった結果、ドイツ・日本は降伏して、とりあえず民主化したから、押していきゃなんとかなるんじゃないかと。

9・11以降の対イラク戦争に関してのアメリカの感覚は、日本の占領を成功例と考える意識からきているといいますね。強硬な戦争終結手段でつっぱった結果、アメリカは確かにドイツと日本を民主化できた。今のアメリカの十字軍的なものの本質をよくわかった議論だと思います。ただ、ベトナム戦争から足を洗えなかった理由は、もう少し大きい過去の教訓があったからだと思います。

——赤狩りとかがあって、共産主義に対する恐怖心が植えつけられて強硬にならざるをえなかった。

ああ、これは、ベトナムにアメリカがからめとられてゆく時代背景をよく見ている答えですね。共産主義のイデオロギー的な怖さについて、アメリカ人がベトナム戦争を通じて学んだとの見方は成立するかもしれません。共産主義国家の本家本元はソ連なのですが、ソ連とは第二次世界大戦中の仲間ですから。ナチス＝ドイツをともに敵として戦った国民同士ですから、ナチスを倒してくれた恩人ではある。ですから、ソビエトの共産主義とはまた違う、ベトナムへの恐怖を感じた、というのはあるかもしれませんね。ベトナムで進展している革命というもの、もしくはホー・チ・ミンたちの影響力を放置すれば、脱植民地化の進むアジアがどんどん社会主義にはまっていくのではないかと。

いろんな答えを挙げてくれまして、かなり迫っているのですが、私が想定していることはなかなか出にくいようですね。これは、戦後、かえって忘れられやすかった視角です。それはアメリカにとっての「中国喪失」の体験です。

第二次世界大戦が終わった段階では、蔣介石《しょうかいせき》率いる中国国民政府が、アメリカやイギリスとともに日本に対して戦い、勝利した国家だったのです。しかし、一九四五年八月以降、四九年十月の中国共産党の勝利にいたる中国における内戦の過程を、アメリカはどうすることもできないでいました。満州事変、日中戦争の時期においてアメリカは、中国の巨大な市場が日本によって独占されるのではないか、門戸開放政策が守られないのではないかと考え、中国国民政府を支持してきたわけです。それが、せっかく敵であった日本が倒れたというのに、また戦中期に大変な額の対中援助を行なったのに、四九年以降の中国が共産化してしまった。

　これはアメリカにとっては、嘆きであったでしょう。一〇億の国民にコルゲートの歯磨き一本ずつ売っただけで一〇億本分儲《もう》かる、とはよく言われた冗談ですが。こういった景気のよい資本主義的な進出ができなくなる。この中国喪失の体験により、アメリカ人のなかに非常に大きなトラウマが生まれました。戦争の最後の部分で、内戦がその国を支配しそうになったとき、あくまで介入して、自らの望む体制をつくりあげなければならない、このような教訓が導きだされました。ですから、北ベトナムと南ベトナムが対立したとき、南ベトナムを傀儡《かいらい》化して間接的に北ベトナムを支配するのに止《とど》まるのではなく、北ベトナム自体を倒そうとするわけです。

　以上が、ベトナム戦争にアメリカが深入りした際、歴史を誤用したという、アーネスト・メイの解釈です。アメリカが北爆、そ

<アメリカの歴史の誤用>
"中国喪失"のトラウマが
ベトナム戦争の泥沼化を導く。

してトンキン湾事件のフレームアップ（でっちあげ）をしたとき、国際社会や国内の強烈な反論を受け、大統領は何度ももうやめようと考えます。けれども、その考えを押しとどめてしまった一番強力なものは、かつての中国喪失の体験だった。十数億の人々を有する共産国を、ソ連に接して誕生するのを指をくわえて見すごした。この中国喪失体験が、ベトナム介入についてのアメリカの態度を強く縛りました。

本日お話ししてきたことをふりかえれば、人類は本当にさまざまなことを考え考えしながらも、大きな災厄を避けられずにきたのだということを感じます。私たちには、いつもすべての情報が与えられるわけではありません。けれども、与えられた情報のなかで、必死に、過去の事例を広い範囲で思いだし、最も適切な事例を探しだし、歴史を選択して用いることができるようにしたいと切に思うのです。歴史を学ぶこと、考えてゆくことは、私たちがこれからどのように生きて、なにを選択してゆくのか、その最も大きな力となるのではないでしょうか。

1章

日清戦争

「侵略・被侵略」では見えてこないもの

列強にとってなにが最も大切だったのか

日本と中国が競いあう物語

こんにちは。今回の講義からいよいよ本論に入っていきます。今日は一八九四年から九五年に日本と中国の間で戦われた日清戦争までの時代についてお話しします。まず、江戸時代の末期から明治時代のはじめにかけてを、教科書などがどう説明しているか、その記述を思いだしてみましょう。多くの記述は、アヘン戦争（一八四〇―四二年）とアロー戦争（一八五六―六〇年）での清国の敗北を描いた後、欧米列強の圧力によって開国を余儀なくされた日本が列強を目標に近代国家化をすすめる、といった構図で書かれています。

これ自体、まちがってはいませんが、このような記述では、欧米と中国、欧米と日本を別々にとらえてしまいがちですね。欧米列強の圧力のもとでの中国と日本との関係はどうだったのか、との発想では書かれていません。するとどうしても、どんどん落ちる中国、どんどん伸びる日本といった対比が読み手に浮かんでしまいます。落ちる中国、伸びる日本といった紋切り型の関係ではない日中関係に、今日は迫っていきたいと思います。

もう一つのよくあるパターンとして、弱い中国、強い日本、というものがありますね。一九三一年九月十八日、関東軍が満州事変を謀略として起こしたとき、蔣介石《しょうかいせき》と張学良《ちょうがくりょう》は武力で日本に対抗するのを避け、国際世論に訴えようとしました。中国共産党などの国内の反蔣介石勢力を抑えながら日本に対抗するためには、このような方式は合理的なものだったのですが、どうしても日本側から見ると、中国側は「弱かった」から連盟に訴えた、という解釈になってしまうのですね。当時も今も、そうした解釈は世のなかに多いです。でも、弱い中国、強い日本といったコントラストは、日清戦争（一八九四―九五年）頃までの明治時代や、辛亥《しんがい》革命（一九一一年）期以降の大正時代にはあてはまらないのです。これを今日は勉強しましょう。

ところで、日中関係を考えていく際に気をつけるべきことをきっちり述べた先生がいました。アメリカの歴史学者でウォーレン・F・キンボールという人です。この人はイギリス首相チャーチルとアメリカ大統領ローズヴェルトの第二次世界大戦中の往復書簡の編纂《へんさん》にあたりました。連合国を代表する二つの国のトップ同士の手紙が活字で読めるなんて夢のようですね。まだ日本語訳がないのが残念ですが。そのキンボール先生は、日中関係について、こんなふうに述べています。

> 日本人と中国人にとって、戦争や戦いは、give and take の一つの形態にすぎないのだった。日本と中国にとって、二国間の均衡をどちらがリードするか、それをめぐる長い競争は、文化的にも社会的にも経済的にも、また「知の領域」においても争われたのだった。

学者先生なのでちょっと難しい表現をしていますが、要するに、日本と中国は、東アジアでの日中両国の関係においてどちらがリードするか、そのことをめぐって長いこと競争をしてきた国であって、そのリーダーシップをめぐる競争という点では、軍事衝突などは、文化、経済、社会、そして知識人の思想やイデオロギーをめぐる競争の、ほんの一側面にすぎないとの見方です。日中戦争以降の日本が中国を軍事的に侵略したのはまぎれもない事実なので、日本人がキンボール先生のいうことを読むと、おや、と思います。中国の側からも、東アジアにおける日中関係の

侵略・被侵略の物語では
かえって見えにくくなることがある。

リーダーシップを握ろうとする試みがあったことを自覚的に見なければならない、と教えられるからです。

日本が中国を侵略する、中国が日本に侵略されるという物語ではなく、日本と中国が競いあう物語として過去を見る。日本の戦争責任を否定するのでは全くなく、侵略・被侵略といった文脈ではかえって見にくくなっていた、十九世紀から二十世紀前半における中国の文化的、社会的、経済的戦略を、日本側のそれと比較しながら見ることで、日中関係を語りたいわけです。

貿易を支える制度とは？

さて、ここからは十九世紀後半、イギリスやアメリカやロシアが東アジアにやってくる時代まで、話をさかのぼらせましょう。アロー戦争前後から、中国に対する列強の進出が激しくなってきます。それでは、みなさん、自分が東アジアに進出したイギリスの貿易商社のなかで最も有名なものの一つ、ジャージン・マセソン商会の社員になったと考えてください。長崎にあるグラバー邸で有名なトマス・グラバーは、このマセソン商会の代理人として、一八五九（安政六）年、長崎に着任した人でした。

さて、みなさんがジャージン・マセソン商会の本社から、日本や中国の鉱山から産出される銅を買い付けに行け、という指示を受けたとしましょう。商売をする際に大切なのは、日本や中国が「価格や産出量などを安定的に維持することができて、貿易相手の国に対しては、どの国に対しても等しい条件で対応してくれる国」であってほしいということでしょう。では、日本や中国がそれが可能な国かどうか、マセソン商会の社員が判断する場合、なにを基準に考えようとしますか。ある法律ですが、なにとなにがないとダメだと考えますか。

――法律の名前？

そう、法律の種類ですね。

――……。

こういうことがわかると、日本が永らく苦しんだ条約改正交渉などが少しずつわかってくるのですが。

――本国であるイギリスに有利な条件で買えるようにする。

ほう。つまり、銅を輸出させるにあたって高い関税を日本側に支払わなくて済むように考えるということですね。これは関税の話で、旧幕府時代に締結された、一八五八（安政五）年の日米修好通商条約のことを思い出しておきましょう。この条約は、アメリカの他、オランダ、ロシア、イギリス、フランスとも同様の条約を結んだもので、①神奈川・長崎・新潟・兵庫の開港、②通商の自由、③開港場に居留地を設け、一般外国人はそこに居住させ、国内旅行を禁ずる、④日本に滞在する自国民への領事裁判権を認め（治外法権）、⑤関税についても日本に税率の決定権がない（関税自主権の欠如）、という内容を持った不平等条約でした。

ですから、まずは、不平等条約を押し付けておくわけですね。これは前提としてあたっています。ですが、ここで私が聞きたかったのは別のことです。

たとえば、足尾銅山という、日本国内でたくさんの銅を産出する有数の鉱山から、鉱毒が川に流出し、付近の農民たちの田を荒らして米がとれなくなってしまった。住民たちは日本政府に苦情を訴えたとしましょう。住民たちは暴動を起こすし、鉱毒調査も必要ですし、一時的に銅の生産がストップしそうになる、そうしたときに、イギリスのマセソン商会社員としてはですね、なにに基づいて日本政府を脅かして、住民の苦情に立ち向かわせて、生産を続けさせますか。いや、実に嫌な社員になれといっているようで、気がひけますが（笑）。

——警察。

おお。警察力ときましたか。警察権力を動かして、付近の農民や住民を取り締まれるような規則ですね、これをつくっておく。まずは、取り締まり法ということですね。確かに明治政府はフランスの法学者ボアソナードを招いて、フランス法をモデルとする各種法典を起草させますが、一八八〇（明治十三）年に、まずは刑法と治罪法（刑事訴訟法）を憲法に先行して公布しています。やはり、憲法より早く、まずは刑法という発想はあたりですね。ただ、これは農民が暴力をふるったりした場合は出動できると思いますが、基本は銅の安定的な産出量の確保という、経済に関わることです。刑事と民事とで分ければ、民事ですよね。こういうものを守るための法律にはどういうヴァージョンがありますか。

——商法と民法。

ああ、やっと出ました。この二つの法律があれば、契約手続きというもので話が済む。たとえば、足尾銅山を経営している古河鉱業とマセソン商会との間の話で済むわけですね。そう、商法と民法でした。

しかし、なかなか商法も民法も整備が遅れる。条約改正のためもあって、政府は商法と民法の編纂を急ぎ、一八九〇（明治二十三）年には、商法、民法、民事・刑事訴訟法が公布され、法治国家としての体裁が整えられます。しかし、これらのうち民法は、いったん公布されましたが、一部の法学者の間などに、家族道徳などわが国の伝統的な倫理が破壊されるとの批判が起こりました。日本政府としては、条約改正のためもあって早くつくりたかったのだけれども、国内輿論《よろん》の反発でなかなか施行《せこう》できなかったというわけですね。結局、民法は一八九八年七月から、商法は一八九九年六月から実施されました。

日本側が早く不平等条約を廃止してくださいと言い続けたとき、列強が「それでは商法、民法を編纂してみてください」というのは、ある意味、正当な言い分ではあったわけですね。もちろん、不平等条約を相手国に強いておくのは利益がありますから、列強が簡単に交渉に応じようとしなかったのは当然ですが。商法や民法というような規則があれば、商売は安定的に安全に行なわれることになります。

ここまではわかりましたね。次に、列強が中国や日本から経済的な利益をあげようと考えていたとき、彼らにとって関心が高いものとして、「均等な待遇」という側面が考えられます。日本はイギリスと友好的な国だからイギリスにだけ有利な条件で売る、逆にフランスには売らない、などということを日本側が恣意《しい》的に行なえば、優遇された国と不利に扱われた国との間で紛争が起こってしまいます。ですから、イギリスにだけ運賃を割り引くといった措置は認めてはならなかったのです。

だからたとえばイギリスは、こう考えます。日本がイギリスの植民地になってくれる必要はない。イギリスの植民地としてしまうと、イギリスは日本をロシアなど他の列強の影響力から守るために日本に軍隊を置かなければならなくなる。それは経費もかかるし、かえってロシアとの紛争を誘ってしまう。よって、イギリスが日本に要求するのは、港湾税や運賃などを他の列強と差別せずに運営してくださいね、ということだけとなります。列強のなかに立ち、列強間の権利を等しく管理できる能力、これを持った明治政府であれば、誰が主人であろうとかまわない、こうした考え方であったと思います。こうした能力を持っている国なら、植民地化して直接支配するようなコストをかけなくていいな、という発想です。これは、自らの貿易の力、いざというときの艦隊の力を知っている、いわば強い者の論理ですね。

華夷《かい》秩序という安全保障

東アジアを舞台としたロシアの南下を、イギリス帝国全体としての利益にはならないと考えていたイギリスは、日本に対しては、とにかく列国間の対立や紛争に巻き込まれないだけの能力を持つように、すばやく法典編纂を行なってくださいね、とのスタンスで臨みました。事実、大日本帝国憲法は一八八九（明治二十二）年に完成します。憲法案の準備はもっと早かったわけですから、確かにイギリスの見通しはあたりました。

さて、日本とは全く異なる道を歩む国がいました。それが中国です。中国は日清戦争(一八九四―九五年)後、列強の勢力圏争いのもとで、国土のなかに列強の多くの利権を抱えるようになります。しかし、十九世紀半ばの中国は、いまだそうした事態にみまわれていませんでした。この時点での列強から見た場合、中国は「華夷秩序」という、列強にとっては大変うまみのある資産をたくさん持った国として映りました。

華夷秩序って、どういうものかわかりますか。

――朝貢《ちょうこう》貿易と同じ?

ああ、だいたいわかっていますね。華夷秩序というのは、東京女子大学の茂木敏夫先生という方の定義によれば、こうなります。世界、そして文明の中心である中国は、周辺地域に対して、「徳」を及ぼすものであり、その感化が人々に及ぶ度合いに応じて形成される属人的秩序なのだと。そのなかで、中国と東アジアとの関係を律する国際秩序を朝貢体制と呼びます。

一回聞いただけではなかなかイメージできませんが、土地を基本とする「属地」に対立する属人的秩序とわざわざ説明しているのは、たとえば琉球《りゅうきゅう》王国の例があるからです。琉球は清国に朝貢していましたので、清国の華夷秩序に取り込まれていたわけです。しかし、同時に琉球は日本の薩摩《さつま》藩にも朝貢していました。国境という線に囲まれた土地をイメージしますとこれは許されないことですが、琉球国ではなく琉球王が清国皇帝に対して朝貢儀礼をとっていると考えることで、両属関係（清国にも薩摩にも属する関係）が可能となるのです。

列強にとっては、こうした中国を中心とする、交易と礼に基づく東アジアの秩序というものは便利でした。たとえば安南《あんなん》と呼ばれたベトナムであっても、朝鮮半島の李《り》王朝（国号は大朝鮮国）であっても、列強がこうした地域・国々と貿易を行ないたければ、とにかく、まずは清国と話をつけさえすればよくなる。列強にとってみれば、朝貢体制のもとで李王朝や安南と話がしやすくなればこれは使わなければ損だということです。

そのような意味で朝貢体制は「きわめて安価な安全保障のための装置」だともいえますね。そもそも、朝貢関係にある国と中国とは、儀礼上の手続きをきちんと行なっている限り、中国側が朝貢国の内政や外交に干渉することはありませんでした。定められた儀礼の体系を守っている限り、緊張が必要以上に高まることはなかったわけです。中国と朝貢国との関係は、双方にとって軍事的に必要以上に負担がかからず、また、中国と朝貢関係にある国々と列強の間も、同じく必要以上に負担がかからない関係でした。

――具体的に、どんなふうに安価なのか、ちょっとわからない。

そうですね、中国が大家さんみたいな役割を果たしていたというとイメージしやすいかな。列強は、中国に「お願いしますね」といっておけば、中国から他の国に話をつけてもらえます。

たとえば、イギリスとロシアが朝鮮半島の、ある良港をめぐって緊張状態に陥りそうな事態が予測される。イギリスが朝鮮半島の港の使用許可を得ようという段になって、それを中国にいっておけば、中国からロシア、そして朝鮮政府にも事情を伝えておいてもらえる。「イギリスが港湾調査をするのは、べつに艦隊の基地にするためじゃなくて、こうこうこういうことですよ」といってもらえる。ロシアが朝鮮半島の東海岸を調査するときも、中国にいえば中国からイギリスにその旨《むね》を伝えてもらえる。朝鮮半島については中国に話をすればラクだ、安南＝ベトナムについても中国に話をすればいいんだねという、ある種大家さんのような役割を果たす機能を中国が持っていた。これは列強にとって便利でしょう。

日本的な列強への安心のさせ方と、中国的な列強への安心のさせ方が、一八八〇年代ぐらいまでは両方ありえた。だからこそ日中はそれぞれ、八〇年代に成長を遂げるわけです。これがなぜ競合というかたちになっていくのか。次に競争の側面が強くなっていき、日本が中国にとって代わるようになるには、いかなる契機があったのか、それをお話しします。

日清戦争まで

中国の変化

日清戦争は一八九四（明治二十七）年に始まって翌年に終わる、十カ月ぐらいの短い戦争です。なぜこの戦争が起こったのか、そしてこの戦争が起こるまでの間になにがあったのかを考えるために、まずは一八八〇年以降の中国の動きを見てみましょう。

列強が朝貢体制という安価な安全保障体制に便乗している間に、中国は少しずつ変わっていきます。このときの中心人物は李鴻章《りこうしょう》です。李鴻章は安徽省《あんきしょう》出身でして、この省は清国政府の多くの政治家や軍人の出身地として名高いです。明治のはじめ、一八七一（明治四）年、日本は清国と日清修好条規を結び、相互に開港し、相互に領事裁判権を認める条約を結びますが、このときの交渉相手が李鴻章でした。また、日清戦争が終わった後、彼は講和使節全権として日本の下関に来て、伊藤博文と交渉しています。二十年以上にもわたって外交のトップにいるというのは、やはりすごい人でしょう。

この李鴻章は一八八〇年代、中国の軍隊を近代的なものに改革しようとしました。そのうえで、八一年、李鴻章は、中国の西側の方策に手をかけます。この頃日本ではなにが行なわれていたか思い出しておきますと、国会開設の勅諭が出されていました。九〇年に国会を開きますよと天皇の名前で約束する。そして、伊藤博文が憲法調査にヨーロッパに向かう、その頃です。

李《り》 鴻章《こうしょう》

中国の一番西に、新疆《しんきょう》のイリ地方という地域があります。このあたりの地域はイスラム教圏ですが、中国としては清国の華夷《かい》秩序内の領域だとの認識がある。さてこのイリ地方で、ヤクーブ・ベクという人物がロシアの援助を受けつつ、新国家をつくりあげてしまう事態が起きます。そうすると清国はすばやく軍隊を出してこれを滅ぼします。ロシアに対しては、清国領土の一部を割譲して満足してもらうことで話をつけ、イリ条約というものをロシアと結び、イリ地方の秩序回復に努めました。つまり、李鴻章はこの問題に武力で対応したのです。

李鴻章のこうした決断力を目にした列強は、「ああ、中国は変わったな」と思ったのではないですか。中国やるな、という印象でしょう。これまでの華夷秩序の枠内であれば、中国はロシアとまず話をつけて、その後でヤクーブ・ベクの処遇を考えたはずですね。しかし、今回はすぐに武力で応じた。

で、この次が大事です。中国は朝鮮への態度も変えていきます。これまでは「礼《れい》部《ぶ》」という名前を持つお役所が対朝鮮政策を扱ってきました。礼部とは、名前が表わすように儀礼を交換する役所で文官がとりしきっていました。それを李鴻章は改めて、一八八一年、朝鮮や安南＝ベトナムを担当する場所を、自らが目を光らせることのできる場所、つまり直轄《ちょっかつ》下に置きます。

そしてちょうどこの頃、朝鮮では李王朝が揺れ動きます。日本はすでに、一八七六年に不平等条約であった日朝修好条規を朝鮮との間に締結していました。朝鮮は「自主の邦《くに》」としながらも、領事裁判権を認めさせ、関税自主権を奪うものでした。

中国につこうか日本につこうかということのなかで、八二年（明治十五）七月、壬《じん》午《ご》事変（韓国側呼称は壬午軍変）が起きます。これは、当時、日本への接近をはかっていた李王朝の国王・高宗《こうそう》の外戚《がいせき》、閔《びん》氏一族に反対する、大院君《たいいんくん》（国王の実父）を支持する旧式軍隊がソウルで反乱を起こし、これに呼応した数千の民衆が自国の官僚や日本公使館を襲撃した事件でした。閔氏一族はこれまで、日本にならった開化政策をとり、日本人将校を教官として訓練した新式軍隊をつくるなど、日本寄りの改革を進めていました。この政策に対する不満が、旧式軍隊や民衆のなかにあったといいます。

この反乱の鎮圧にあたったのが清国で、清国は事変に乗じて政権についた大院君を清国に連行し、閔氏政権を復活させる一方で、朝鮮への関与を積極化しました。その結果、朝鮮国内は、親清国派が力を得ることになりました。そもそも大院君を連行できたところに清国の力の大きさが表れています。

一八八四（明治十七）年十二月、清国の影響下にある閔氏政権を打倒するため、日本公使館の援助を受けた金玉均《きんぎょくきん》ら親日改革派（独立党）の人々が、甲申《こうしん》事変（甲申政変）を起こします。日本公使館側は、フランスと清国との間で起こっていた清仏《しんぷつ》戦争

大院君《たいいんくん》

に清国が気をとられている間を狙《ねら》って、事件を起こしたのでした。しかし、これも清国軍によって鎮圧されてしまったことで、朝鮮政府に対する日本の影響力は決定的に低下しました。

李鴻章は袁世凱《えんせいがい》（この人はのちに中華民国の初代大総統になる人です）を駐箚《ちゅうさつ》朝鮮総理という肩書で送り込み、また、中国の天津《てんしん》で開かれた伊藤博文との話し合いにおいて、八五（明治十八）年四月、天津条約を締結します。この条約は甲申事変で日本と清国は対立したけれど、戦争は避けたいですね、ということで交わした取り決めでした。両国は朝鮮から双方の軍隊を撤兵するかわりに、朝鮮に出兵するときには事前通告することに決し、これからしばらくの間は、朝鮮をめぐる日清間の衝突は回避されることになりました。

山県有朋の警戒

甲申事変後の処理でイニシアティブをとったのは、ここでも李鴻章でした。列強は、清国外交が旧来の華夷《かい》秩序維持という、古くさい体制から転換しつつあることを、イリ紛争に引き続き、再び感じとらざるをえませんでした。さらに清国は安南＝ベトナムとの関係においても対応を変えます。先ほど少し触れた、朝鮮の甲申事変と同時期に起きていた清仏戦争のことです。フランスは、イギリスが中国の長江流域、華中を勢力圏とするならば、その南、中国の華南と安南＝ベトナムに進出しようとかねてから狙っていました。そして八四年、フランスがベトナムの港を独占的に使用するような動きを見せたとき、清国は清仏戦争に打って出ます。清国は戦争のはじめの艦隊決戦には大敗しますが、その後の陸戦ではかなり善戦し、講和条約も、比較的、清国に有利なものでした。ここで、やはり列強は目を見張りました。清国が武力に訴えてでも、華夷秩序＝朝貢体制下にあった安南＝ベトナムを守ろうとした、ということに驚いたのです。

ロシア、フランス、日本というような国々が清国の華夷秩序＝朝貢体制に挑戦するような紛争を起こしたとき、清国がきちんと一つひとつ対応をとるようになった。また、そうするだけの力をつけてきた。ですから、八〇年代半ばの時点においては、日本型の発展の方向性、中国型の発展の方向性、どちらもが、可能性が十分あった。中国型の場合は、中国自身が華夷秩序を近代国家的に適応できるように少しずつ手直ししながらだんだんと力をつけていったわけですが。

こうした、「中国やるな」といった動きについては、さすがに、陸軍のトップにいた山県有朋《やまがたありとも》などは、本当に早い頃から気づいていました。山県が一八八〇（明治十三）年十一月に明治天皇に上奏した文書「進隣邦《りんぽう》兵備略表」（隣邦兵備略表をたてまつると読みます）では、まず、中国は広くて人口も巨大だ、と述べます。「今、清国版図《はんと》の大なる、其《その》十八省の幅員《ふくいん》は大略《たいりやく》本邦の十倍なりとし、四億万の人口は亦《また》本邦の十倍余なりとす」。清国の十八ある省を合わせれば面積は日本の十倍、人口も十倍以上あるのだと、まずはいいます。そして、中国に多く降りかかった開国以来の難題に対して、中国側もずいぶん努力しているのだと、こう続きます。山県は漢文の教養がありすぎる（笑）ので、言葉がとても難しい。

故《ゆえ》に兵制の改革と辺海の防禦《ぼうぎょ》とを以《もっ》て今日の急務となし、黽勉已《びんべんや》まず、福州《ふくしゅう》には大造船所を設け大小船艦を製し、［中略］各地に造兵局を建設し盛《さかん》に銃砲弾薬を製造し、［中略］要衝には悉《ことごと》く砲台を建築し、又李鴻章の郷勇《きょうゆう》二万は英式の精兵たり。

［よって中国は、兵制改革と周辺の海防を今日の重要課題として、一生懸命取り組んでいる。福建省にある福州という場所に大きな造船所をつくり軍艦製造に着手し、各

地に官営の軍需工場を建設して兵器を製造し、防衛にとって重要な場所にはすべて砲台を建築し、李鴻章率いる二万人の軍隊はイギリス式の訓練を受けているのだ。」

山県の文章からは、李鴻章の統率力によってどんどん軍備拡充の進む中国を眺める日本側の焦《あせ》りがよく伝わってくると思います。もちろん、山県が、中国側の優秀さを訴えることで軍備拡充への日本国内の支持固めをしようとしていたとの点は忘れてはなりませんが。

福沢先生の登場

それでは、このように中国が強い方向に変化しつつあったとき、日本ではなにが起きていたのでしょう。かつての人々が残した言葉から、当時の日本人が東アジア情勢をどう考えていたのか見ておきましょう。

まずは福沢諭吉です。生まれたのが一八三五年で、李鴻章と同じ一九〇一年に亡《な》くなっていますね。まさに二人は同時代人でした。福沢は、一八六〇（万延《まんえん》元）年、日米修好通商条約の批准書《ひじゅんしょ》をアメリカに届けるために太平洋を横断するポーハタン号に護衛として随行した咸臨丸《かんりんまる》に乗船していた一人です。適塾《てきじゅく》でオランダ語を学び、早くから海外へ目を向けていた福沢は、こうして渡米し、その後もイギリス、フランス、ドイツなどの各都市を最も早く訪問した人の一人となります。慶應義塾大学の創設者でもあり、朝鮮からの留学生に対しても自分の家に住まわせるなど、手厚く援助していた人物です。

その福沢が、一八八五年に書いたのが「脱亜論」でした。教科書にも出てくる、大変有名な一節です。

わが日本の国土は亜細亜《あじあ》の東辺にありといえども、その国民の精神は亜細亜の固陋《ころう》を脱して西洋の文明に移りたり。しかるにここに不幸なるは、近隣に国あり、一を支那《しな》といい、一を朝鮮と云《い》う。［中略］わが輩《ともがら》を以《もっ》てこの二国を視《み》れば、今の文明東漸《とうぜん》の風潮に際し、とてもその独立を維持するの道あるべからず。［中略］その国土は世界文明国の分割に帰すべきこと、一点の疑いあることなし。わが国は隣国の開明を待ちて共に亜細亜を興《おこ》すの猶予《ゆうよ》あるべからず。むしろその伍《ご》を脱して西洋の文明国と進退を共にし、その支那朝鮮に接するの法も、隣国なるが故《ゆえ》にとて特別の会釈《えしゃく》におよばず、まさに西洋人がこれに接するの風に従いて処分すべきのみ。

一八八五年三月十六日『時事新報』社説

[日本はアジアの東端にあるとはいえ、日本国民の精神は欧化に親しんでいる。しかし不幸なのは、日本の隣に中国と朝鮮という国家があることにある。私から見ればこの二国は、西欧文明が東にだんだんと進みその影響力を大きくしてくるなかで、独立を維持するだけの方策がないだろう。中国と朝鮮の国土は列強など文明国によって必ず分割されてしまうだろう。日本には中国や朝鮮の開化を待って一緒にアジアを担《にな》っていくだけの時間がない。むしろ、中国と朝鮮という列から離れて西欧列強と一緒になり、中国と朝鮮と接する方法も、隣の国だからという配慮はせずに、西洋人が両国に対してするような作法で行なえばよいのだ。]

国立国会図書館「近代日本人の肖像」より

福沢は、朝鮮の独立党の人々に期待し、朝鮮からの留学生を大切にしてきた人物でした。ですので、この文章を読むと少し意外な感じがしますね。朝鮮を支援していた福沢がなぜこのとき「脱亜論」を書いて発表しなければならなかったのか、わかりますか。

――列強の進出が迫っていて、このままでは日本も一緒にやられてしまうということで見限った。

この文章だけを読むと、そう思えますよね。もう一歩踏み込んで、朝鮮で起きていたことを思い出してください。

――朝鮮の出来事？

そう、少し前にお話ししたことです。福沢が「脱亜論」を書く一年前のこと。

――一八八四年の甲申事変。

そうです。甲申事変の結果、独立党が敗れて朝鮮政府への日本の影響力は決定的に下がった。これにともなう「脱亜論」の新しい解釈を示したのが、坂野《ばんの》潤治先生という歴史家です。この先生の「脱亜論」の読み方はなかなか面白い。まず注目すべきは、この社説が書かれた時期です。一八八五年四月に、伊藤博文と李鴻章の間で天津条約が締結される前に書かれています。

「脱亜論」のなかの一節「わが国は隣国の開明を待ちて共に亜細亜を興すの猶予あるべからず」は、これは素直に、朝鮮国内の近代化論者への支援を通じての日本の朝鮮進出は不可能になった、との敗北宣言だと読むべきだと坂野先生は言います。この場合の隣国とは朝鮮のことであり、中国は入っていません。そして、続く「支那朝鮮に接するの法も、隣国なるが故にとて特別の会釈におよばず、まさに西洋人がこれに接するの風に従いて処分すべきのみ」との一節は、今度は戦争という手段によって清国を討ってから日本の朝鮮進出を果たす以外にない、と解釈すべきであるといいます（参照・坂野潤治『大系日本の歴史13　近代日本の出発』小学館）。

欧米列強によるアジア分割が迫っているから、日本は泣く泣く連帯をあきらめて朝鮮や中国を捨てる、というような文意ではなく、朝鮮に日本が進出するには内部から改革する方法ではなく、中国を討ってから朝鮮に進出するという武力路線で行きますね、と、このように理解すべきだというのです。

シュタイン先生の登場

福沢を見た後には山県有朋を見てみましょう。

　山県は、一八八八（明治二十一）年十二月、地方制度調査のためとしてヨーロッパ派遣を命ぜられて、翌年十月までフランス、ドイツ、オーストリアなどを歴訪します。山県は明治期の地方制度（郡制や町村制）の基礎をつくった人ですから、もちろんこのような問題について調査したことも事実です。しかし同時に、山県は、当時は陸軍卿《りくぐんきょう》と呼ばれていた陸軍大臣ポストについたり、参謀本部をつくって自らが本部長になったりした陸軍のトップでありますから、日本の国防問題について、ひときわ関心を持って見聞を広めたはずです。そして八九年六月、オーストリアのウィーンで、山県は、当時、ウィーン大学政治経済学教授であったローレンツ・フォン・シュタイン先生と運命的な出会いをしました。

　シュタインは、伊藤博文が憲法調査のためにヨーロッパを訪問したときから、伊藤の心をつかんでしまった魅力的な学者で、伊藤に明治憲法の柱となる権力分立の基本構造や、国家による社会政策の必要性などを教えた人です。

ローレンツ・フォン・シュタイン

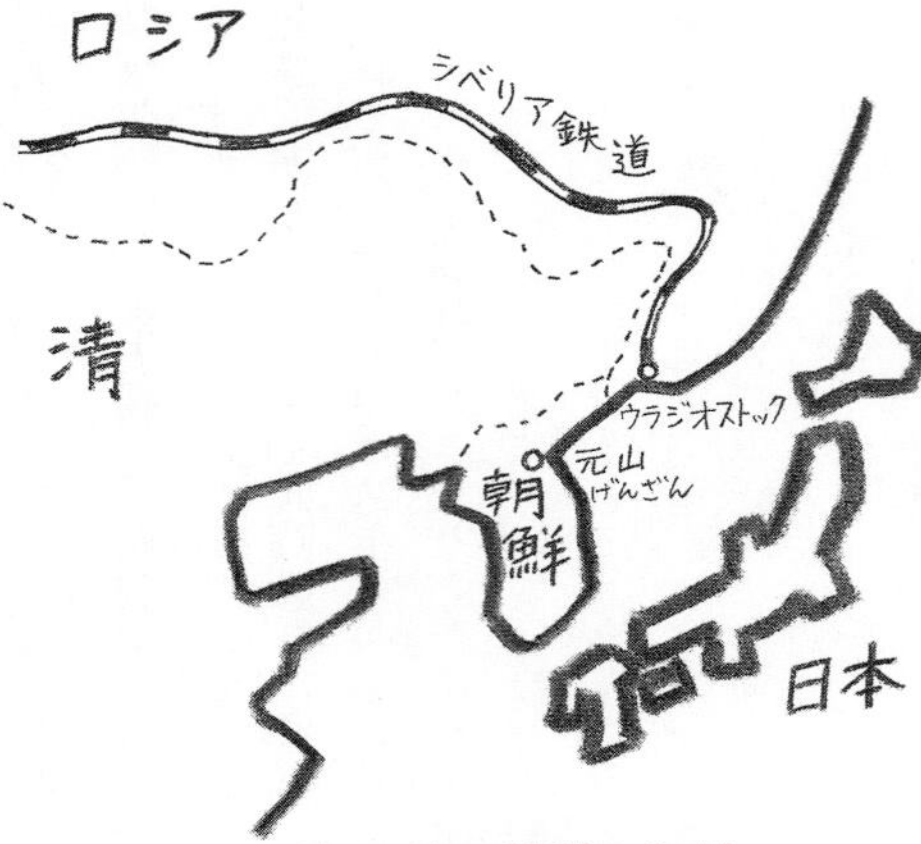

[シベリア鉄道と朝鮮]

このシュタイン先生は、伊藤に憲法を教えたように、軍人・山県には、主権線・利益線という、のちに山県が帝国議会で演説することになる重要な考え方を教えました。憲法を語った先生が軍事も語ってしまうところが面白い。

山県は、シュタインに会って、まずは一番心配していたことを相談しました。「シベリア鉄道ができたら日本はどうなるのでしょうか!!」。山県はロシアのことを心配しているのですね。この頃は、ロシアがシベリア鉄道の敷設《ふせつ》を一八九一年に始めるようだと聞こえてきたときでした。鉄道と国防は大いにかかわることです。ロシアがシベリア鉄道の工事に着手し、ウラジオストックまで全線を貫通させたとしたら、日本の防衛は危ないのではないか。この点への見通しを山県はシュタインに尋ねるのです。これまでは対馬《つしま》海峡、朝鮮海峡、津軽海峡、宗谷《そうや》海峡などの海峡の部分で抑えればよいと考えてきた。しかし、ロシアがウラジオストックまで来てしまって、ここに艦隊を置いたならば、もうアウトじゃないか。

するとシュタインは「まあまあ山県さん落ち着いて」といったかいわなかったか知りませんが（笑）、山県を落ち着かせて、やおら自説を展開します。シュタインはヨーロッパ各国の鉄道を全面的に活用した戦争を見てきた人です。どのようなことをいったかといいますと、次のようなことでした。

①シベリア鉄道がウラジオストックまで貫通したとしても、あなた（山県）が怖《おそ》れるほどに心配はいらない。その理由は、東アジアに到達する部分でシベリア鉄道は、中国の領土を通過しなければならないからである。これはロシアにとっては一つの制約要因となる（シュタインはこう見通しを述べていますが、実際にはシベリア鉄道は中国の領土を通過せず、ここに敷設されるのは中東《ちゅうとう》鉄道という鉄道です）。

②第二に、日本を攻めるロシア軍が仮に三万だとすれば、その兵員を客車で運ぶとなると九〇〇輛《りょう》も必要になる。シベリア鉄道は、荒涼たる土地に一本の線路を敷いたも

のにすぎないだろうから、全線を保全しつつ三万の兵力をアジアまで移動させるのは難しい。さらに、ようやくウラジオストックまで来ても、港は凍っているし、たくさんの輸送船を必要とするから、ロシアはこれだけの兵員を運ぶのは難しい。

　このような話を聞かされた山県は、きっと少し安心したはずですね。ところが、シュタイン先生は、安心した山県を一気に脅かしにかかります。

　シベリア鉄道は、ロシアが朝鮮を占領しようと思ったときに、決定的に重要な役割を果たすのだ。つまり、ロシアはこれによって、アジアに海軍を興すことができる。朝鮮に対する支配権ということと、海軍の根拠地を朝鮮半島の東側に置きうる、という点で、シベリア鉄道の着工は日本にとって大問題になる。

　私が山県だったら、シュタイン先生、早くこれを先にいってよ、と泣くはずですが。ロシアが朝鮮半島の東側に出てきたとき、日本の死命が制せられるのでは困りますね。我々日本人にとって日本海というのは、「津軽海峡冬景色」じゃないですが、寒くて凍っていて獲《と》れるのはおいしいズワイガニ、というイメージですが、朝鮮半島やロシアの人々にとっては今でも暖かい海というイメージです。大陸の厳しい寒さに鍛えられている人々にとって、日本海は暖かい海ということになる。

ロシアが朝鮮半島に下りてきて、東海岸の元山《げんざん》のあたりに港をつくることができたとすれば、極東艦隊の根拠地となってしまう。しかもここはリアス式海岸で非常に深く、大きな船が安全に泊まれる。シュタイン先生は実際に名前を挙げているのですが、日本海に面した元山沖の永興湾《えいこう》というところをロシアが艦隊の基地にしてしまったら、ここは暖かく凍らない海ですから、対岸の新潟などは本当に近く感じられる。よって、日本の進退は谷《きわ》まる、このようにシュタイン先生は脅かしました。

山県は、シュタイン先生に会う前からすでに、「我が国の政略は朝鮮をして全く支那の関係を離れ、自主独立の一邦国となし、以《もっ》て欧洲《おうしゅう》の一強国、事に乗じて之《これ》を略有するの憂《うれい》なからしむるに在り」（一八八八年一月頃までに書かれた山県の「軍事意見書」の一節）という考えを持っていた人でした。いうところの意味は、日本の政治と戦略は、中国の影響力から朝鮮を引き離し、ヨーロッパの強国（これはロシアが念頭に置かれているでしょう）が朝鮮を領有してしまわないようにする、という意味です。中国から朝鮮を引き離すという点で、先ほど見ました福沢の意見と同じであるということも確認しておきましょう。

非常に暗い顔になった山県に対して、シュタインは、日本がとるべき道に関して、いくつかのヒントをくれました。議論の前提として、シュタインは、まず、主権の及ぶ国土の範囲を「主権線」といい、次に、その国土の存亡に関係する外国の状態を「利益線」と呼ぶことを教えてくれました。そうなると、朝鮮を中立に置くことが日本の利益線となる、こう教えるのです。朝鮮を日本がただちに占領する必要はない、スイスやベルギー、あるいはスエズ運河の例のように、朝鮮を中立国とすることについて、イギリス・ロシア・清国・ドイツ・フランスなど複数の国家から承認をとるようにすればよい、これがシュタインの教えでありました。

ひとまず朝鮮を占領してしまえ、などといわないところが賢明でありますが、朝鮮を中立とすることについて、清国の他に列強からも言質《げんち》をとりなさい、といっているわけですね。中国のかわりに日本が朝鮮の中立を保障する、担保するという論理が出てきていることに注意しましょう。担保というのは、武力なりなんらかの実力で、ある状態を維持し続けることですが、山県とシュタインの出会いで、そこまでの意識が生まれているということです。これが、一八八九（明治二十二）年六月のことでした。翌年、大日本帝国憲法が施行され、初めての国会、帝国議会が開かれます。帰国した山県は、第

- 主権線
  ＝主権の及ぶ国土の範囲
- 利益線
  ＝国土の存亡に関わる外国の状態

一回帝国議会の面々と初めて対峙《たいじ》する総理大臣となっていきます。

民権論者は世界をどう見ていたのか

まずは国の独立が大事

ウィーンから戻った山県は、一八八九年十二月、黒田清隆から内閣を引き継ぎ、九〇年十一月二十五日に召集された第一回帝国議会で、定数三〇〇議席中の過半数を占めていた民党の人たちに、海軍建造費などの軍備拡張予算について、賛成してもらわなければいけない立場になるわけです。ちなみに民党とは反政府派の人たちで、帝国議会衆議院において立憲自由党と立憲改進党に所属する議員は民党に分類され、これらの人数は第一議会では一七一名に達していました。三〇〇議席の過半数を占めているのがわかりますね。

当時の選挙権と被選挙権は直接国税一五円以上を納める人々だけに認められましたから、選挙権を持つ人も、立候補しようとする人も、お金持ち、つまり地主が多かった。地主であれば、地租という税金が安くなるにこしたことはないので、立憲自由党の大部分を占めた地主層は、政府の進める富国強兵などよりも、とにかく民力休養＝地租を安くする、という考えを持っていました。今の常識で考えると、地主＝お金持ちであれば政府を支持しそうなものですが、このときは、地主たちは民党の立場をとって、地租軽減、反政府を掲げていたわけです。

さあ、そのようなときに民党側の人々は世界をどう見ていたのか。先に紹介しました福沢や山県などの東アジア認識と民党側のそれを比較してみましょう。しかし、その前にまずは少し時代をさかのぼって、十一年前の一八七九（明治十二）年、千葉県で県会議員をしていた幹義郎《かんよしろう》という人の日記を読んでみたいと思います。

この七九年という年は西南戦争の二年後で、お金が足りない、すわ一大事というわけで政府は紙幣を増刷し物価も高くなっていました。とにかく国会を開設してなんとかしなければならないとして国会期成同盟が結成され、国会開設要求が高まる一八八〇年、その前の年でした。

幹義郎は千葉の名望家で、自由民権運動を行なっていた人物でした。名望家というのは近世期には名主や村方三役《むらかたさんやく》などを務め、維新以降は郡役所の下で区長などを務めながら、地域で重要な役割を果たした人のことです。この人は、一八七九年から一九三一年まで、とても長い期間にわたって日記を書き残した人でもありました。

さて、幹義郎はこういっています。

我国の少しく字を知り事を解するの徒は口を開けば曰《いわ》く、国会起こさざるべからず、民権伸張せざるべからずと、予《よ》熟考するに国会の開設は固《もと》より急なり、然《しか》り急務のなお之《これ》より切なるものあり、何ぞや則《すなわ》ち条約改正、独立国の実権を我れに復する是《こ》れなり。［中略］故《ゆえ》に予が今日の持論を以《もっ》てすれば目下に急務の中、条約改正を先となし国会開設を後となすなり。

［日本では少し学問のある人はみな、国会開設、自由民権を論じている。だが考えてみれば、国会開設はむろん大切だが、それよりも緊急を要するものがある。それはなにか。条約改正である。日本が独立国だというには条約改正がなされなければならないのだ。よって国会開設は後でもよいから、条約改正を先にすべきだというのが自分の考えである。］

彼の主張を一言でいうと、なんでしょう。

――まず条約改正を先にしろと。

そうです。本当に簡単にいうとそこです。これは一八七九年の話ですから、政府が国会開設を約束する（国会開設の勅諭）二年前のことですね。最初に民権を唱えたのは板垣退助や片岡健吉など、士族層からなる、土佐の立志社《りっししゃ》などでした。立志社を中心に民権派の全国組織をつくろうとしたものが愛国社でしたが、この愛国社の大会が大阪で大規模に開かれたのが七九年だったわけです。

国会開設をこれだけ待ち望んでいるはずの民権派であっても、やはり先に条約改正だという。不平等条約を押し付けられて、国の主権が侵害されている、主権をどう取り戻そうかと考えたときに、商法と民法を頑張ってつくりますよということを、日本人があれほど考えたのは、国家の独立ということについて独特の強い気持ちを持っている人たちが、民権派のなかでも多かったのだろうということがわかる。

吉野作造という人物がいますね。東京帝国大学法学部の教授で、大正デモクラシーの理念的基礎をつくった人です。教科書などには、「憲政の本義を説いて其《その》有終の美を済《な》すの途《みち》を論ず」を、一九一六（大正五）年の『中央公論』に発表した人、民本主義を唱えた学者として登場します。その吉野のお弟子さんで、やはり東京帝国大学法学部の教授であった岡義武《おかよしたけ》という先生がいました。この先生も吉野作造に劣らずえらい人で、太平洋戦争末期、ソ連ではなくアメリカを通じた和平推進を、海軍の一部の良識派軍人などとともに極秘で進めていた東大法学部教授グループの一人でした。

さて、この先生は第二次世界大戦の前、一九三六—三八年、ヨーロッパ留学に旅立ちました。そこで、イギリス側の外交史料を見る。幕末維新期の日本の外交とイギリス外交の関係を一次史料からきちんとくらべた初めての学者であったといってよいと思います。そのとき、先生は、日本の民権派の自由民権思想と、ヨーロッパの、ルソー以来のデモクラシーの理論を比較し、ある違いに気づきました。日本の民権派の考え方は、どうも個人主義や自由主義などについての理解が薄いように思われる。この点はヨーロッパとは非常に違っている、こう気づきます。

こういうことを彼が論文として書いたのが、一九三五年あたりから、ヨーロッパ留学後の三九年あたりだというのは、かなり重要な意味があると思います。みなさんは理系の学者になるか、文系の学者になるか、あるいは億万長者になるかわかりませんが(笑)、いつそれをやったのかというのは、とても重要な意味があるんですね。

岡先生は吉野作造の二代目をついだ知識人です。その人が、ちょうど日本が日中戦争に突入する前後をはさんで論文を書く。また、第二次世界大戦が始まる直前に論文を書く。どうして日本においては、民権派の考えのなかに、個人主義的、自由主義的思想が弱いのか、「国家の独立なければ個人の独立なし」ではないですが、どうも明治のはじめから、民権派は国権を優先していたような気がする、と岡先生は気づいたのでしょう。国家か個人かといったとき、自由主義的なバックボーンがないと、時代状況によって、人々は、国家のなすことすべてを是認してしまうのではないか。確実に近づいてくる戦争の足音を聞きながら、岡先生としては、日本人はどうすればよかったのか、深く悩み考えていたに違いありません。昭和戦前期の戦争の時代にあって、明治期の日本人の心のなかをじっくりと振り返っているわけですね。

ここまでのお話で、民権派といっても、また反政府といっても、どうも事が外交や軍事に関する問題になると、福沢や山県の考えていることと、あまり変わらなそうだなぁというイメージが描けるのです。日本の場合、不平等条約のもとで明治国家をスタートさせましたから、自由だ民主だとの理想をいう前に、まずは国権の確立だ、という合理主義が全面に出てしまう、そのような見通しをまずはお話ししました。

それでは国会の意味とはなにか

ただ、国会開設が第一ですよ、不平等条約改正よりも国会が第一ですよ、という民権派ももちろんいたのです。しかし、そうした民権派の場合は、もっと過激といいますか、国会がなんで必要なのかという理由づけが実に面白い。法律や予算を論ずるため、といった美しい問題だけではないのです。そこで、同じ一八七九年の十月から十一月に書かれた、山梨県の、ある民権派の新聞記事を見たいと思います。
山梨県は長野県とともに養蚕がさかんな県で、蚕から生糸をとる製糸業などが発達している地域です。ですから、どのような法律ができて貿易や産業を守ってくれるのか、地租はどうなるのか、税金はどうなるのか、民権派の人々は地主層ですから、とても真剣でした。そういう方面から国会を論じているのかな、と思って新聞を読むとどうも違う。「国会論」という社説は、次のように書いています。その一節を紹介しましょう。

抑《そもそも》一国の兵力は兵士のみにあらずして其《その》本源は一国の人民一致の力に在るなり。［中略］兵力の生ずるは一国人心の集合に在り、何を以《もっ》て人心を集合せんとす、曰《いわ》く国会是《これ》なり。国会の急要なる正《まさ》に此《かく》の如《ごと》し。

［そもそも一国の兵力は兵士の力だけではなくその後ろにある国民一致の力にほかな

国会

らない。つまり、兵力とは国全体の民心の集合体なのである。それでは、なにによって国民の心は一致集合できるのだろうか。それは国会によってである。だから、国会開設を急がなければならないのである。」

「なぜ国会を開かなければならないか」と、問答型で説いていますね。目から鱗《うろこ》が落ちたのは、ここで兵力というのは、国民の集合体、一致集合のあかしだといっている。で、国民を一致集合させるのはなにか、という問いにいいかえていくわけです。そして、一致集合は国会によってできる、こうつなげてゆくのです。当時の人の頭のなかで、いわゆる兵力、パワーというものが、軍事力という狭い理解だけではなく、人心をまとめあげる場所、つまり国会でもあるのだ、という等式が成り立っていたというのは面白い。

ここまでのお話で述べたかったことは、国会開設第一という民権派の論調においても、どうしても軍事力、対外的に国家の力をどう集約するか、との観点からのものが多かったのですね、ということです。どうも日本の民権派、のちに民党の議席を占めてゆくはずの人々の議論を聞いていますと、反政府とはいいつつ、国のゆく道を左右する根本のところでは一致している。政府が薩長《さっちょう》藩閥だけで中枢《ちゅうすう》を占めていることや、北海道開拓などで国の予算を無駄遣いしていることを批判するという点では反政府なのですが、国会が果たすべき役割、あるいは対外的に日本はどうすべきかという点では、実のところ、民権派と福沢や山県の間には、差異があまりなかった。こういったところが見えてくるのではないでしょうか。

「無気無力の奴隷《どれい》根性！」

それではちょっと時代を先に進めて、日清戦争が近づいてきた頃の人々の戦争に対する感覚を見ていきます。まず、一八九三（明治二十六）年の自由党の新聞です。戦争が始まる一年前ですね。自由党とは、九〇年一月、大井憲太郎が第一回総選挙を前に再建したもので、選挙後、第一帝国議会を前に立憲自由党と改称し、この後、名前の変遷《へんせん》がなかなか面倒ですが、九一年板垣退助を総裁にもってきて、再び自由党とします。以降この党は、初期議会期において、民党連合の中心となって力を持った党でした。

当時の人々は、上は政府のお役人や知識人から、下は庶民まで、住んでいる世界が全く違っていたといってもいい。だから、ジャーナリズムの役割がなかなか面白かった。いわば落語の、八《はっ》つぁん、熊《くま》さん、ご隠居さんの世界に生きている人たちに対して、どうやって世界の動きや政府の動静を伝えたらよいか。民権派は、知識階層であったという点で、下の民衆よりは上のお役人の世界に近い文化的な環境に住んでいたのだと思います。だから、自由党は二種類の新聞を出していました。『自由党報』というものは民権派や政府当局者を意識した硬い文章でしたが、もう一つの『自由燈』という、絵の間に文字がありますというような新聞を発行して、自由党の考え方を下層階級・民衆に広めようとしました。これは「自由党」にかけて「自由燈《じゆうとう》」とも読むことを計算に入れたうえで、「自由の燈《ともしび》」と読ませるのです。なかなか粋《いき》です。

『自由燈』のほうは、民衆に向かって、演説といいますか、面白おかしく煽《あお》っているような調子の文章で書かれています。たとえば、こんなふうです。牧原憲夫先生という方が明らかにしたもので、『客分と国民のあいだ』（吉川弘文館）という面白い本に引用されています。一八八四（明治十七）年八月に書かれたものです。簡単な表記にして紹介しましょう。

我が三千七百万の同胞兄弟は、やれ徴兵やれ酒税煙草《たばこ》税と、内々苦情を鳴らす頑固親父《おやじ》殿は少なからぬも、外国との関係は何《どう》なって居《い》るか、白河夜舟《しらかわよふね》の高鼾《たかいびき》き〔中略〕これこそ無気無力の奴隷根性〔中略〕ああ、かようなる腰抜の人足は、タトヒ日本が赤髭《あかひげ》の属国になっても、同じくヘイ〳〵ハイ〳〵と頭を下げるに相違なく〔後略〕。

〔日本のすべての人々は、徴兵や税金の問題では、苦情を言う頑固親父が少なくない。しかし外国との関係についてては関心が全くなく、外交の話などすればすぐ寝てしまうのではないか。なんと無気力な奴隷根性を持った人々よ。このようなだらしのない人々では、日本がたとえロシアの属国とされてしまっても、おとなしくいうことを聞くに違いない。〕

うーん、下層階級の人々は有権者ではなかったにしろ、これだけ人々をだめだめだと煽って大丈夫なんでしょうか、と心配になってしまうくらい、煽っていますね。ただ全体の文章を見れば、民衆に向かって、とにかく外交問題について、しっかり目を見開いていなければロシアの属国になってしまいますよといって脅かして、脅かすことで、国会に興味を持ってもらおうと必死になっていることがわかります。当時の演説会などは、選挙権の有無は関係なく、民衆は一つのイベントと同じような気持ちで弁士の演説を聴きに行っていましたから、政党にとって、選挙権はないとはいえ、民衆は大切な顧客であったわけですね。

それでは、知識人、政府当局者に向けた『自由党報』ではどうだったでしょうか。自由党の主張が、山県とほとんど同じだなぁということがわかります。日清戦争直前の言葉を拾うと、「韓国の独立を擁護するための義戦」やら、「我が国の独立を守るための自衛戦争」やら、「開化と保守の戦争」やら、いいたい放題であります。

自由党の新聞の言葉は、福沢諭吉が、日清戦争が始まった後の、九四年七月二十九日に書いた次のような『時事新報』の記事（「日清の戦争は文野《ぶんや》の戦争なり」）と同じだったわけです。

彼等は頑迷不霊《がんめいふれい》にして普通の道理を解せず、文明開化の進歩を見て之《これ》を悦《よろこ》ばざるのみか、反対に其《その》進歩を妨げんとして無法にも我に反対の意を表したるが故《ゆえ》に、止《や》むを得ずして事の茲《ここ》に及びたるのみ。

福沢がいうのは、清国人は古い考えに囚《とら》われ、普通の道理を理解しない。朝鮮の改革に同意しないばかりかそれを妨害するので、日本はやむをえず、文明開化のために兵力に訴えるのだ、日本軍は文明を中国に知らしめるための軍隊なんだ、という論理構造になっています。

民権派や福沢が、日清戦争に双手《もろて》をあげて賛成しているのを見ると、少し変な気分がしませんか。

――別に変とは思わない。当時の人々に、戦争に「反対する」、「反対できる」なんていう気持ちはなかったのでは……。

あっ。そういう答えは予想していなかった。こ、困りました（笑）。そうか、みなさんの柔軟な頭では、民党＝反政府＝戦争反対、というような図式は、あまり頭に浮かばなかったということですね。うーむ。

しかし、百歩譲ってですね、反対をしそうだなぁ、あるいは反対すべきだったのに、日露戦争のときにはかなり反戦論者もいたのに、どうして日清戦争ではいなかったのかなぁ、といったように、少し設問を広くとって考えてみてください。

もちろん、先ほどお話しした、民権派が不平等条約からの日本の自立をかなり強く意識していたということもあります。けれどそれだけではありません。民権派は、日露戦争直前ほどは反対しなかった。それはなぜでしょうか。

――反対しなかった理由……？

日露戦争直前の議会の状況を知っているとわかるんです。日露のときには政友会とか、本当に反対しますよね。なんだろう、自由党が比較的、政府の、日本から戦争を無理にでもしかけてしまおうというような路線に乗れた理由は。

――……。

　思いつきませんか？　すごくうっちゃった答えと、深い答えの二通りがあると思うんですが。

――清は弱くて、日本の軍隊のほうが強いから、戦争が簡単に済むと思った。清国への侮《あなど》りがあったと。それはあるかもしれませんね。他にはどうでしょう。

――朝鮮に対する影響力を高めることができれば、輸出している生糸とかがもっと売れて、農村が儲《もう》かって、自由党に票が入る。

　今の答えは想像していなかったけれど、『自由党報』をじっくり読むと、実はびっくりするくらい好戦的で、その理由の一つはまさに、今いってくれた答えです。日清戦争に勝って、朝鮮に対する経済的政治的な影響力を独占できれば、日本の市場を拡大できる、との大変な期待はものすごくありました。

藩閥政治と対抗するために

今の答えを、政治学などの考え方でもう少しふくらませてみましょう。福沢諭吉はこういっています。民党は、議会では衆議院議員の八割を占め、常に政府の法律案や予算案の死命を制することはできる。だけど、きみたちは「藩閥政府、専制政府」と批判することしかできないだろう。……なんか現在の民主党（二〇一六年三月、維新の党などと合同して民進党に）など野党に対し与党側が行なう批判と同じようなことですが。政府には長州閥、それから薩摩《さつま》閥、土佐、肥前も加えると四つ、幕末の雄藩《ゆうはん》だけが、結局、政府ポストを独占している。だから、民党である自由党や改進党のメンバーは、金も頭脳もあっても、藩閥政府の内部に食い込めない。

今だったら国家公務員の一種試験など、試験による官僚の任用がなされていますし、内閣の大臣になろうとすれば、その半数は国会議員から選ばれるから、国会議員を狙《ねら》っておけば大臣にだってなれる。けれども当時、このような政党を基礎とする議院内閣制や国家の試験制度ができる前の人事は、藩閥政府が握っていました。それで福沢は、朝鮮が日本の自由になるなら、つまり日本の勢力圏に入れば、その新たな領土に対して、今こそ、政党員が新天地に出かけていってポストを取ったらどうか、こういいます。実際、日清戦争後には台湾が割譲され、朝鮮に対する日本の影響力は格段に大きくなりました。台湾総督府ができ、その後、日露戦争を経て朝鮮総督府もできる。これは、数千人規模の新しいポストができるということです。

私たち歴史家は、クリスマスであれお盆であれ、国立公文書館などで歴史史料のマイクロフィルムをジーッと見ているという因果な商売ですが（笑）、台湾総督府や朝鮮総督府で働いていた官僚の人々の職員録という一覧表を見たことがあります。日清戦争後、日本は台湾を植民地として獲得するのですが、そこに官庁ができて、日本人が行く。その数には驚かされました。小学校の先生、農業試験場などの技師、裁判所の裁判官、警察官、そして軍人も。太平洋戦争が終結したときの数字でいえば、台湾総督府には、四万三八七〇名の日本人官僚がいました。官僚のポストの数からいえば、これはかなり大きな数です。だから市場拡大とともに、福沢がいったのは、「今こそ民党は新たな植民地を獲得して、そこで官僚という、いままで自分たちが食い込めなかった行政に食い込め」ということ

「民党は、新たな領土（植民地）の官僚ポストを取れ」
—福沢諭吉

なのです。これが、自由党などが戦争に対して議会でそれほど強く抵抗しなかった理由の一つです。

あとはどうでしょう。

——……。

戦費をつくったのは我々だ

わからないかな。じゃあそろそろ答えをいいましょう。日清戦争は基本的には九カ月の戦争(一八九四年七月二十五日—九五年四月十七日)で、戦費が一カ月平均二千万円ぐらいで終わる。臨時軍事費が約二億で済みます。大隈《おおくま》財政以降、松方財政になって以降の話ですが、明治政府は国債を発行して歳入を増やすということに、ものすごく慎重でした。そういうことをやれば国の独立が危うくなると。ある意味、借金をしない国家だったわけです。

日清戦争の戦費は第一議会からの折衝によって用意されました。日清戦争の戦費の話に入る前にちょっと基礎的な説明になりますが、当時の予算についてお話ししましょう。国がお金を使うときは政府が予算案を立て、それが議会を通れば使っていいよということになります。これについては大日本帝国憲法の第六章「会計」というところに書かれています。なぜ、日本において明治維新以降、まがりなりにも国家が安定するようになったかというと、地租改正ができたということもあり、歳入歳出、つまり予算案が組めることになったことが大きい。これは大変な国家計画ですよね。たとえば戦艦を何隻《せき》か買おうというとき、十年で買うという予算が立てられるのは、とても大事なことです。地租のおかげで予算が立てられる。

ここで大切なのは憲法六四条一項の「国家ノ歳出歳入ハ毎年予算ヲ以《もっ》テ帝国議会ノ協賛ヲ経《ふ》ベシ」で、この項があるがために、政府は勝手に予算を決めてしまうことはできなかった。議会がその年々、「これだけの予算編成をしていいですよ」、とGOサインを出さなければダメでした。

日清戦争のときは議会で、明治天皇が御下賜金《ごかしきん》を十年間出して海軍をつくれといったり、政費節減という手段もありました。民党は地租などを絶対に増徴させたくない。だから政府にどのように要求したかといえば、たくさんいる官僚にかかるお金を節減しなさいといった。第一議会からいる民党側は、政費節減ということを大変強く主張してきた人々でした。

そこで、どういう発想になるかというと、自由党にしろ改進党にしろ、戦費をつくったのは私たちが政費節減を国家に強いたからですよ、という自負になります。このような民党議員の気持ちがなぜわかるかというと、やはり史料があるからです。田中正造《しょうぞう》が書いた年賀状です。

田中正造は日露戦争のときには反戦論・非戦論ではっきりした立場をとりました。けれども、日清戦争では違いますね。賛成するのです。この人は、のちに足尾銅山鉱毒事件で明治天皇に直訴状を出してしまう人です。明治天皇への直訴状は一九〇一（明治三十四）年、日露戦争の前です。田中は第一回衆議院選挙で当選し、立憲改進党の議員でしたが、日清戦争に関しては「良い戦争だった」といっているんですね。日清戦争中、まだ戦争は終わっていないけれど、どうも勝てそうだということがわかった頃、すなわち、一八九五年一月一日に出した年賀状にこういう言葉を残しています。

謹賀新年　文明の名誉は全世界に揚《あが》れり。海陸軍は連戦連勝、四百余州を圧倒す。剰余金二千六百余万円は五箇月間の軍費を支弁《しべん》したり。これ議会開設以来、民党が苦節を守て、僅《わず》かに経費を節省《せっしょう》したるの結果なり。思うに辛酸《しんさん》を共にするにあらずんば快楽を共にする能《あた》わず。嘗《かつ》て諸君と辛酸を共にしたるが故《ゆえ》に、今やその快楽を同じうす。豈祝《あにしゅく》さざるべけんや。

『田中正造文集(一)』(岩波文庫)

ほとんど漢文の世界ですね。こういうのが年賀状で来てしまうと、お屠蘇《とそ》気分も飛んでしまうというか。さて、四百余州というのは比喩《ひゆ》で、広大な中国という意味です。それから、剰余金、歳出であまったお金の二千六百余万円で五カ月間の軍費が払えた。これは自分たちが一生懸命、政府のお尻《しり》を叩《たた》いて節減させてつくりだしたものだ。当時は弾薬や軍艦など、多くをイギリスやフランスに負っていましたから、軍費支払いというのはシビアな問題でした。このような軍費を支払うことができたのは、我々のおかげなんだ。つまり、議会が政府に向かって節約しなさいと言い続けて、官僚の無駄遣いや海軍の汚職を叩いたりして、予算から少しずつ削ったお金で軍費をまかなえたんだと。

これはなかなか深い言葉です。つまり日清戦争の勝利は、山県や、海軍、陸軍によるものではなく、議会が一生懸命政府のお尻を叩いて、政費節減につとめさせたから、戦費を調達できたからなんだと。これは強いですね。天皇に直訴までしようと後に考える人々、筋金入りの民党の人たちがどういう発想で日清戦争を迎えたかの一つの例として、頭に入れておいてください。

最後に、日清戦争へと引っ張っていったのは、やはり外相の陸奥宗光《むつむねみつ》だったということをお話しします。以下の陸奥の言葉を味わってください。一八九三（明治二十六）年当時、帝国議会での演説のなかの一節です。

条約改正の目的を達せんとするには、畢竟《ひっきょう》我国の進歩、我国の開化が真に亜細《あじ》亜洲《あしゅう》中の特別なる文明、強力の国であると云《い》う実証を外国に知らしむるに在り。

意味は、列強と条約改正を達成するには、日本の発展ぶりを鹿鳴館《ろくめいかん》などで見せようと思ってもだめである。最終的には日本の進歩や日本の開化を欧米にわからせるには、日本がアジアのなかでも特別な文明、軍事力も備わった国であるとの実証を列強の目に具体的に見せなければだめなのだ、と。

この演説はやっぱり強いですよね。こういう人が外務大臣であるということは、朝鮮政府の財政改革を進めるか進めないかという話を名目として、日本と清国とが争った際、いかにして開戦にもっていくかという日本政府の立場を考えるうえでは大きかったと思います。

そして開戦直前の陸奥はこうも述べていました。「曲《きょく》を我に負わざる限りは如何《いか》なる手段にても執り、開戦の口実を作るべし」。軍部大臣ではないのです。外務大臣がまずは走る。イギリスをはじめとして、さまざまな国が、日清戦争が始まりそうになるとき、あるいは始まった後、さまざまに干渉してくるわけです。早くやめろとか、北京までは行っちゃだめとか。後から日本が批判されないような開戦の口実を、どのような手段を使ってもつくるんだと陸奥はいう。

——すごいな。

日清戦争はなぜ起きたのか

強い外務大臣

それでは日清戦争はどのように起こったのか。戦争直前のことをお話しします。はじめに陸奥宗光の『蹇蹇録《けんけんろく》』を

日本が特別な国であることを
実証し、見せるのだ

陸奥宗光《むつむねみつ》

国立国会図書館「近代日本人の肖像」より

見てみましょう。これは外務大臣であった陸奥宗光が、日清戦争も終わり、一八九五(明治二十八)年四月に講和条約が締結された直後、ロシア、ドイツ、フランスの三国から、日本が中国大陸の一部である遼東半島《りょうとう》を獲得するのはだめだ、中国に返しなさいといわれて、遼東半島を中国に返さなければならなかった事件(三国干渉)を受けた年の暮れに、「自分は日清戦争に関してこう行動した、こう戦った、しかし、このような干渉を受けてしまった」ということをしみじみと書いたものです。つまり、ある種の弁明が書いてある。『蹇蹇録』という変わった表題の意味は、中国古典の言葉「蹇蹇匪躬《けんけんひきゅう》」(心身を労し、全力を尽くして君主に仕えるという意味)からきているといいます。つまり、明治天皇に対して、自分はこのように戦争を開始し、勝利し、講和をし、しかし三国干渉を受けた、と説明したわけです。

陸奥の目から見た世界であることに気をつけつつ、この本によって日清戦争の開戦過程を見ておきましょう。この本の第一章は「東学党の乱《とうがくとう》」から書きはじめられ、最後の章の第二一章は「露、独、仏三国の干渉(下)」で終わっています。東学党の乱が起こったことを戦争の大前提としています。この乱の説明をまずはしましょう。

一八九四年、朝鮮国内で朝鮮政府に抵抗するための農民反乱が起きます。これらの農民たちが信奉していたのが東学《とうがく》であったことから、このような名前がつけられたわけです。東学というのは、西学《せいがく》（キリスト教）に対して名づけられたもので、儒教を根幹として、仏教、道教、民間信仰が合わさった、当時の朝鮮の民衆宗教でした。全琫準《チョンボンジュン》率いる東学党の乱（韓国での呼称は東学農民戦争、甲午農民戦争）が南部一帯に広がり、この年の六月に反乱はピークに達しましたので、朝鮮政府は清国に出兵を要請しました。

清国はこの頃、力に訴えてでも朝鮮を守ろうとしていました。「属邦を保護するため」として、李鴻章は巡洋艦二隻を派遣し、陸兵も二千余名、すばやく朝鮮に送ります。そして、六月六日、清国は日本に向かって、では今から朝鮮に出兵しますね、と断りを入れました。これは、当時、日本と中国の間に、朝鮮に関する取り決めがあったためです。少し前にお話ししましたが、伊藤博文と李鴻章が一八八五（明治十八）年に結んだ天津《てんしん》条約、つまり朝鮮になにか問題が起きて出兵するときには、事前に知らせますよ、といったルールです。条文上は日本と中国が平等の立場で書かれていますが、地続きの中国と朝鮮の関係と、海を隔てた日本と朝鮮の関係では、中国のほうが実質的に派兵に有利であったことはまちがいありませんでした。そして日本側も、六月七日、中国に出兵する旨《むね》を連絡します。

しかし、六月十一日、外国の干渉を嫌う朝鮮政府が農民軍側の要求をほぼ受け入れたことで、反乱は急速に鎮《しず》まり、清国軍はなにもしないで撤収しようかという雰囲気に包まれました。ところが、この前日、朝鮮政府も、出兵した清国側も驚くことが起きていました。六月十日、日本側がソウルに、数は少ないとはいえ、海軍陸戦隊四三〇名を入城させるという、信じられないような早業を見せたのです。続く六月十六日には、日本側は陸兵を四千名、仁川《じんせん》に上陸させています。陸奥は次のようにシブイ決め台詞《ぜりふ》を述べています。

我政府の廟算《びょうさん》は外交にありては被動者《ひどうしゃ》の地位を取り、軍事にありては常に機先を制せんとした。

陸奥のいわんとするところは、つまり「外交では日本は仕方なくこうせざるをえなかったという受け身のかたちをとります。けれど軍事においては着々と準備しますね」ということです。

昔の人の表現というのは面白いですね。「被動者」とは、今はほとんど使われない言葉ですが、自分がやりたいことじゃなくて「〇〇させられてしまった」という、受け身形ですね。「軍事では機先を制」する。いろいろな学者が研究していますが、広島から朝鮮半島の仁川へどれだけ早く軍隊を出せるかなどということは、かなり早く前から準備されていました。けれども少なくとも外交面では、とにかく「朝鮮に反乱が起こり、中国がまずは出兵しました」というのを待とうと陸奥は考えたわけです。

しかし、朝鮮の農民たちの反乱は鎮まってしまった。日本軍と清国軍が朝鮮で対峙《たいじ》してしまうことになります。日清戦争自体は、この一カ月後、一八九四年七月末（宣戦布告は八月一日）に始まるのですが、それではこの間、なにをやっていたのでしょうか。

陸奥宗光は日本と清国が一緒に朝鮮政府に改革を要求しましょう、と提案します。さらに「実効性のある改革が実を結ばないうちは兵隊を退《ひ》きません」ともいいます。これはなかなか微妙ですよね。日本軍と清国軍が対峙している。「改革をしなさい」というのは、たとえば予算編成をしなさいとか、税金を集める手立てをつくりなさいということです。でもこのような改革は、すぐにできはしないでしょう。日本は改革が着手されるまでは兵を退かないと提案する。

こういうことが「外交においては被動者」です。つまり、経済改革要求は誰も強く批判はできないものですよね。朝鮮政府が経済的な改革を必要としていたのは本当です。でも、兵を退かないというのは被動者とはいえないでしょうね。もうちょっとアグレッシブで攻撃的ですね。

中国側は、共同で撤兵することがまずは大切、と正論を述べます。そして、日本が持ちかけた内政改革要求については、「じゃあ日本が勝手にやれば」といいます。朝鮮政府の内部には親中国派が多いわけですから、日本のいうことを聞く勢力はいないわけですね。中国としては、この陸奥の強い姿勢は見せかけだけだろうと思っていました。日本はどうも帝国議会でもめていて、政府は憲法を停止しなければ予算を通せないようになっていると聞く、日本は外部に問題を起こしたふりをして、国内に向けて時間をかせいでいるのではないか。中国側の史料を見ますと、日本にいる中国公使などがそのように判断している文章が出てきます。

中国側の反論は？

陸奥が「兵隊は退かない。日本は朝鮮の改革を日本だけでも行なう決意だよ」などと強く出たとき、清国側は、大変に頭のいい反論をして日本側を弱らせました。清国から朝鮮政府に派遣されていたアドバイザーになったつもりで、日本側に反論するとしたら、どういうことがいえるでしょうか。

――……。いきなりで、難しいです。

ヒントは、相手が使った論理をそのまま使って反論するというのが、外交上いちばん効くということですね。清国は日本に対して、どのように「朝鮮の改革なんてこの際やる必要ないですよ」と反論したのでしょうか。日本はかつて、朝鮮と中国の関係を批判して、ある主張をしましたよね。それを清国はどのように逆手にとったのか。

――別に日本は朝鮮政府に呼ばれていないから。

そう、そうですね。朝鮮のソウルに日本軍と清国軍がいるといっても、清国軍の場合は朝鮮政府から出兵を要請されているのに、日本は呼ばれなかった。けれども、天津条約があったから、出兵そのものは実行できた。しかし、朝鮮政府に呼ばれているわけではない、と中国側に反論されて、日本は、「ぐっと」つまる。なぜ、つまるんでしょうね。

――朝鮮の意思を尊重しなければいけないから。

なぜ日本はそうしなければいけないのか。

――朝鮮は「独立国」だから。

そうそう、かつてどのような言葉を日本が使用したからですか。つまり、日本は朝鮮との間に条約を結び、どういう言葉を残しましたか?

──「自主の邦《くに》」。

そうです。そこなんです。こういうやり取りを見ていると面白いですね。清国側は「朝鮮王朝、李《り》王朝は独立であるといいだしたのはあなたじゃないですか」ときっちり日本に反論しました。一八七六年二月に日本が朝鮮と締結した日朝修好条規の第一条、さらにそれ以降もずっといっていたわけでしょう。福沢も「清国が宗主国として朝鮮の上にいるから朝鮮政府が改革を断行できない」と言い続けていました。朝鮮は「自主の邦」であると言い続けていたその日本が内政干渉ともとれる改革の強制をやるのですか、という清国側からの反論がありました。六月二十一日ぐらいのことです。

東学党の乱という突発的な事件が起こり、前に取り決めていた天津条約による両国の出兵があった。で、兵士をある一定の距離に置いて対峙していた状態で、外交の折衝がなされる。これが日清戦争直前の状況でした。このように見てくると、朝鮮政府の内政改革を進めるか進めないかについての日本側の主張はかなり強引なものでしたが、最終的には、朝鮮が「自主の邦」かそうでないかなどを清国が決める立場にある状態そのものを武力で崩してしまおう、と日本側は決意します。

日清戦争の国際環境

そして日清戦争は起こります。これは陸奥だけが頑張ったからではありません。この点について、国際環境から確認しておきましょう。ロシアが干渉してくるのを日本が怖《おそ》れるだろうというのは、清国としては織り込み済みでした。日清戦争というものは帝国主義戦争の代理戦争だというところでは、不可避だったと思います。

イギリスが「日本がやる気なら、やってもいいですよ」と背中を押すのが一八九四年七月十六日。これは、日英通商航海条約の締結というかたちをとりました。その直前までイギリスは、日清間に朝鮮問題でのごたごたがあると、ロシアが開戦に乗じて南下してくるのではないかと怖れていました。しかし、だんだんとイギリスは、ロシアと話をつけながらも、なにもできない清国の態度を弱いものと見なしはじめ、ならば日本を支持することでロシアの南下に対抗しようと、態度を改めます。そこでイギリスは日本に対して、関税自主権や、治外法権を改訂する話に応じることにしたのです。戦争の前にこのような手続きが進む。これはやはり帝国主義国としての一つのシグナルですね。イギリスは日本が戦争をするのなら見届けますとの立場をとる。

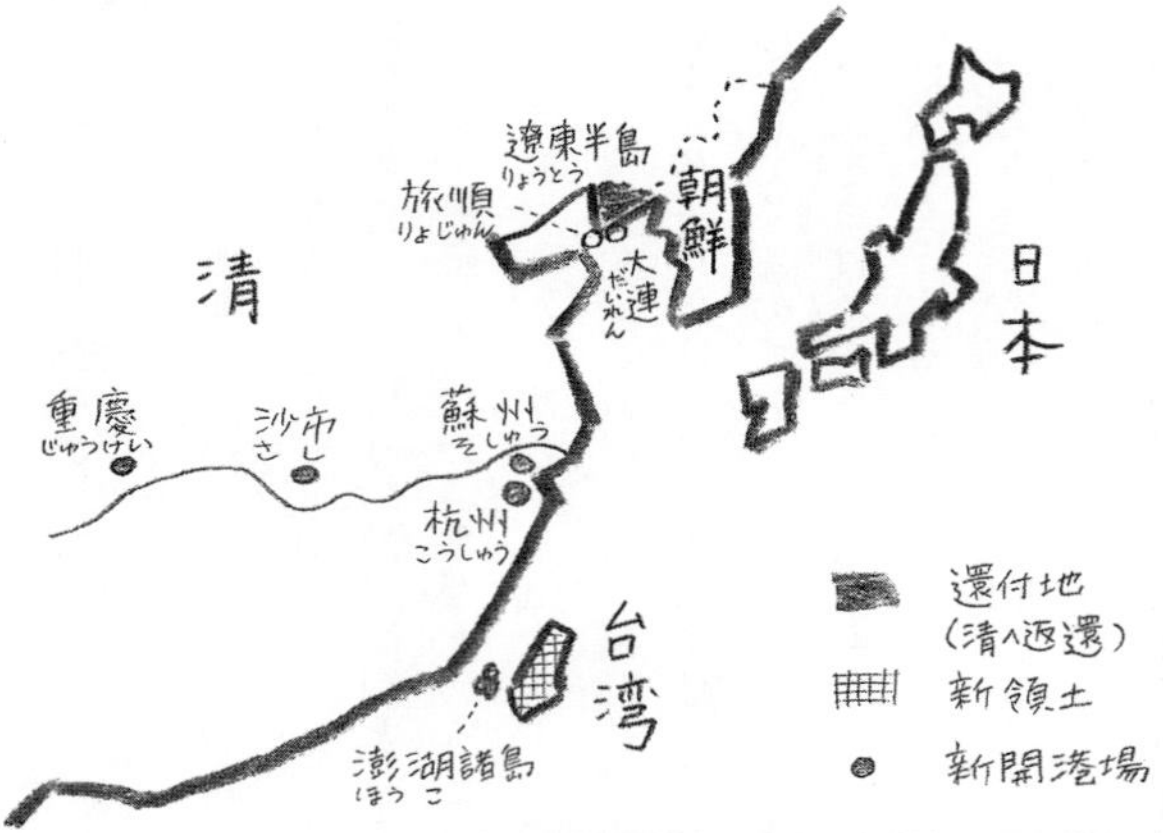

［日清戦争で日本が獲得した場所］

そしてロシアの代理が清国ということになる。日清戦争後、中国の李鴻章がロシアに接近するのは、戦争前の代理戦争の対立図式を正確に反映したものでした。

それでは、なぜイギリスとロシアは、朝鮮を舞台にした日清戦争で対峙しなければならないのか。経済的利益を中心に考えてみましょう。その答えは、日清戦争が終わった後に結ばれた下関条約を見ればわかる。日清講和条約は九カ月の戦争の後、一八九五年四月に調印されますね。条約の第一条に書かれた言葉は「清国は朝鮮国の完全無欠なる独立自主の国たることを確認す」だったわけです。朝鮮に対する形容句がだんだん装飾過多といいますか、今の感覚で眺めれば、なんだか、不思議な感じのする文章です。清国に代わり、朝鮮に影響力を持とうとする日本が、清国にこのような誓いをさせる。

一八七六（明治九）年の日朝修好条規では「自主の邦」と書いていたわけです。それが日清戦争後の下関条約で「完全無欠なる独立自主の国」となる。このような朝鮮に対する条約と開港場の設置などは、すべて列強にとって均等な条件で提供されることを日本が保障するということになるわけです。もちろん、地理的な近接性の有利さがありますから、日本がおそらく朝鮮の貿易市場で大きな利益を独占することは目に見えています。さらに、下関条約では、すでに貿易港として開港されていた場所以外にも、湖北《こほく》省の沙市《さし》、四川《しせん》省の重慶《じゅうけい》府、江蘇《こうそ》省の蘇州《そしゅう》府、浙江《せっこう》省の杭州《こうしゅう》府を開くことを認めさせました。日本に対する条件は、諸外国にも対等に適用されましたので、諸外国にとって、日本の勝利は貿易上の利益にかなったことになります。

普選運動が起こる理由

日清戦争は、近代日本にとって初めての大国との戦争でした。参謀本部が編纂《へんさん》した公式の戦史によれば、一八九四年七月二十五日から九五年十一月十八日までの陸軍の戦死者は一万三四八八人、傷病者総数は二八万五八五三人でした。死者自体は少ないともいえますが、傷病者が実に多いですね。海軍では、戦死者が九〇人、負傷者が一九七人との記録があるので、陸海軍合わせて約一万四千人くらいの犠牲者が出た。清国側の詳細な戦死者数はなかなかわかりづらいですが、原田敬一さんという、日清戦争研究の第一人者によれば、清国側が約三万人、朝鮮側もまた約三万人以上の犠牲が出たであろうと見積もられています。

それでは日清戦争が終わった後の日本を見てみましょう。日本では日清戦争という戦いを経て、さまざまなことが変わりました。先ほど、イギリスとの関連で少しお話ししましたように、一八九四年七月の日英通商航海条約では、領事裁判権が廃止され、関税自主権の原則回復がなされました。また清国からの賠償金二億両《テール》（遼東半島還付金も含めれば約三・六億円）は巨額なものでした。日清戦争時点の日本の国家予算が約一億でしたから、国家予算の三倍もの賠償金が手に入ったのです。

それでは、国内の政治においてはなにが最も変わったでしょうか。論述ですと、だいたい一〇文字ぐらいになるのですが。

――終わった後、すぐですか？

なかなかいい質問ですね。すぐではなくて、五年ぐらいの変化です。ヒントは、福沢諭吉もそういう事態を織り込んでいたような言い方をしているということ。

――賠償金を得て財政が好転する。

はい、清からとった賠償金で、六割はロシアを仮想敵国とした軍備拡張に使いましたね。八幡《やはた》製鉄所の建設費用にも使う、戦費に使った臨時軍事費を埋めあわせたことで財政も一息つけたというのは大きいですね。

――「アジアの盟主としての日本」という意識が国民に生まれた。

そうです。中国への目線の変化ですね。清国は大国で強い、怖い国でした。そして近世期までは文化の中心ですね。文人といえば清国や朝鮮の知識人だったわけです。日本の兵士たちは、中国の弁髪の兵士が、全然規格の統一されていない兵器で戦っているところを見て、ちょっと侮蔑《ぶべつかん》感を抱く。中国に対する蔑視の感情が現れてくるという点では正しい。東アジア盟主意識の萌芽《ほうが》ですね。ただ、私がここで想定していた答えとは違います。

――普通選挙運動とかそういう……。

そうそう、鋭い。そうなんです。日清戦争の二年後の一八九七(明治三十)年、長野県の松本を拠点に、民権運動家の中村太八郎や木下尚江《きのしたなおえ》たちが、「普通選挙期成同盟会」というものをつくりました。戦争が終わった後に、そろそろ制限選挙は問題ですね、という発想が生まれてくる。最初の第一回帝国議会の選挙は、九〇年の選挙でしたが、このときは直接国税を一五円以上納めなければ選挙権がなかったことは知っていますね。つまり、最初の普通選挙法は制限選挙でした。そしてこの七年後、松本で普通選挙期成同盟会ができる。それではなぜ、中村太八郎や木下尚江は突然、普通選挙が必要だ！　と自覚するのでしょうか。

——遼東半島を失って、国民が全体的に政府に対して失望感みたいなものを持って、それで、そういう運動に支持が集まると思った。

失望感という言葉、すごくいいと思います。選挙権を持っている人が四五万人。そのなかから帝国議会の衆議院議員を三〇〇人選ぶ選挙ですね。これについての失望感。そしてこのとき、三国干渉という題名がついた小説や論説がたくさん書かれるんですね。

徳富蘇峰《とくとみそほう》という人は思想家であり、『国民之友』という雑誌を出していた言論人でした。彼は民権的な発想でしたが、やはり三国干渉をさかいに国権論に転換していきます。ですから三国干渉というのは国民の大きな注目を集めた。注目を集めたから世論の支持が期待できるとして運動を起こした。あとはどんなことが思いつくでしょう。

——ロシアとの対立関係が鮮明になっていくにあたって、次の対露戦に徴兵されるかもしれないのに、参政権がないのは不公平だという考えの人が増えた。

なるほど。なかなか意欲的な答えで面白いですね。日清戦争では約一万四千人は亡《な》くなっている。どうも戦争になると徴兵されて死んでしまう。だから次の戦争を考える際には徴兵される自分たちこそ、選挙権というものの栄誉に浴すべきだという、普通選挙の思想です。だんだん近くなってきました。

——三国干渉を受けて返してしまった頼りない政府に対して、民意が反映されていないと感じた。

はい、今のが正解です。戦争には勝ったはずなのに、ロシア、ドイツ、フランスが文句をつけたからといって中国に遼東半島を返さなければならなくなった。これは戦争には強くても、外交が弱かったせいだ。政府が弱腰なために、国民が血を流して得たものを勝手に返してしまった。政府がそういう勝手なことをできてしまうのは、国民に選挙権が十分にないからだ、との考えを抱いたというわけです。

宣戦講和の権利は内閣、もしくは国務大臣の輔弼《ほひつ》によって天皇が行なう。で、議会において、外交についてはあまり議論ができない。法律で抑えることもできない。予算で抑えることもできない。議会はいろいろと制限はあるけれども、しかし、国民の意見を反映させる手段は議会にしかないのだから、少なくとも、国民にあまねく選挙権を持たせて政府に対する圧力の大きさを大きくするしかないのではないか。こう考えるわけですね。三国干渉への強い不満、このような意表をつくようなところからも普通選挙というものが期待されてきたということです。

戦争で得たものを、外交の失敗で奪われた。
もう、政府に勝手なことはさせない。
---->普通選挙運動へ

2章 日露戦争 朝鮮か満州か、それが問題

日清戦後

戦争の「効用」

こんにちは。今日は日露戦争のお話でしたね。そこでまずは、帝国主義の時代における戦争の「効用」ということからお話ししましょう。この点、日露戦争はどうだったのか。ロシアを相手に戦争をした日本は、この戦争に、ぎりぎりのところで勝ちました。その結果、日本は、欧米をはじめとする大国に、大使館を置ける国となったのです。当時のような時代では、大国に対して不平等な地位にある国は大使館を置くことはできず、公使館どまりです。イギリスとの関係を例にすれば、日本の公使館が大使館に格上げされたのは、一九〇五（明治三十八）年十二月のことでした。日露戦争の講和条約が結ばれたのはこの年九月でしたから、目に見えるかたちで、国の格がすぐに上がったということです。この時代の国際関係というのは、実にシビアな上下関係があったということですね。

1章（一五七ページ）で、すでにお話ししたと思いますが、中国と日本が戦争に入る前、イギリスは、領事裁判権の撤廃と関税率の引き上げ、相互平等の最恵国待遇を内容とする日英通商航海条約を日本と結びました。つまり、不平等条約の一つの項目が、日清戦争の直前になくなったのですね。残るいま一つの項目は関税自主権の回復だったわけですが、これについては、日露戦後の一九一一年に達成できました。

このような点から見れば、日清戦争の結果、アジアからの独立がまずは達成され、日露戦争の結果、西欧からの独立も達成された、ということができるかもしれません。日清戦争が一八九四年から始まり、日露戦争が一九〇四年から始まったのですから、その間、ちょうど十年ということになります。十年の間に二回の戦争を行なって、一つひとつ、独立という目標を達成していったというイメージでしょうか。いかにも真面目《まじめ》ですね。

さて、アメリカのスタンフォード大学にマーク・ピーティー先生という方がいますが、ピーティー先生は『植民地』という本のなかで、日本の為政者の間には、戦略的な思考とか、安全保障観の一致が広く存在していたと書いています。不平等条約を一つひとつ力で撃破してゆく、そうした方策への、政府の為政者の考え方の一致ということですね。ただ、ここで忘れてはならないことは、山県とシュタイン先生との間で話題となっていた、あの、日本にとっての朝鮮半島の重要性という点です。日清戦争で朝鮮半島の問題は解決したのではなかったか、と普通は思いますよね。でも、解決されたのは朝鮮をめぐる中国と日本の関係であって、朝鮮をめぐるロシアと日本の問題ではなかったのです。

日露戦争への過程を見ると、再び、朝鮮半島の問題が日本にとって悩ましい、島国としての安全保障観を大きくゆるがす問題となって迫ってくることがわかります。朝鮮半島を第三国に占領されないようにせよという、シュタイン先生の警告が、ロシアとの関係で再び問題となってくる。これが今日のお話のいちばん大きなテーマです。

日露戦争によって不平等条約の改正などが達成されるわけですが、戦争の結果としていちばん大きいのは、戦争の五年後の一九一〇（明治四十三）年、日本が韓国を併合し、植民地としてしまったことです。このことは、島国であった日本が、中国やロシアと直接接する韓半島（朝鮮半島）を国土に編入し、ユーラシア大陸に地続きの土地を持ってしまったことを意味します。日清戦争で日本が清国から奪った土地は台湾と澎湖《ほうこ》諸島でしたから、獲得した植民地自体、どちらも島だったわけですので、この点、大きな変化といえるでしょう。

なお、ここまでのお話で朝鮮と呼称してきましたのは、朝鮮の正式の国号が大朝鮮国であったことから、これを略してこう呼んできたものです。朝鮮は、一八九七年に国号を大韓帝国と改めます。日清戦後、日露戦争前の時期においては、朝鮮というよりは韓国、朝鮮半島というよりは韓半島というように、当時の日本側でも呼んでいたのです。

なにが新しい戦争だったのか

日露戦争はどのくらい大きな戦争だったのかということを、まずは確認しておきましょう。データの出典によって、数値はまちまちです。ほぼ一年半の間に、日本側もロシア側も約二〇万人以上の戦死傷者を出しました。

さてさて、本題に入っていく前に、日露戦争って、ロシア側にとってどういうものだったのか、先にちょっと見てしまいましょうか。けっこう面白いです。日露戦争をロシア側で戦った若き将校の一人に、スヴェーチンという人がいました。戦争が起きたときに、ロシアの参謀本部のアカデミーに在学していて出征した軍人です。この人は、ロシア革命で帝政が倒れたのちのソ連軍にいて、日本に対する戦争準備のための戦略家となるのです。

スヴェーチンが、のちの一九三七年、これはちょうど日中戦争が起きる年ですね、この年に「最初の段階にある二十世紀の戦略——一九〇四年から一九〇五年の陸海における戦争計画と作戦」という題名で、日露戦争について、なにが新しかったかということを振り返っているのですが、これがめっぽう面白い。慶應大学の横手慎二先生の研究で私はこれを知りまして、大変興奮しました。こんなふうに書かれています。

> 日本の計画の核心は、異なるカテゴリーの軍、つまり、陸軍と海軍を協調させることに向けられていた。この協調によって、なによりも、大陸戦略の基本をなす、軍の力の同時的利用という考えを拒否することになった。日本軍の展開は同時的なものではなく、階梯《かいてい》的で、陸と海の行動の協調を本質とするものであった。

ちょっと、聞いただけでは難しいですか。文中に書かれた「大陸戦略の基本をなす、軍の力の同時的利用」というのは、ドイツ（このときはプロイセン）軍が、日露戦争よりずっと前

⊙日露戦争の犠牲者数

	〈戦死者〉	〈戦傷者〉
日本	84,000人	143,000人
ロシア	50,000人	220,000人

の時期、一八七〇年にフランスと戦争をした際、採用した陸戦の定番というべき、大軍で相手を包囲して殲滅《せんめつ》する作戦を指します。日露戦争当時の日本軍が、そうしたドイツ流の戦略ではなく、「陸と海の行動の協調」つまり、陸海軍の共同作戦をとってきたことが、戦略家スヴェーチンにとって、特筆すべきことと考えられたのでしょう。

では、スヴェーチンが問題とした、日本側の行なった陸海軍の共同作戦って、具体的にいえばどの作戦のことでしょうか。

——日本海海戦?

これについては、陸軍は参加していなかったので、共同とはいえない。ヒントは『二百三高地』(東映映画、一九八〇年公開)などの映画でも、きっと出てくる場面で、日本兵とロシア兵が要塞《ようさい》をめぐって、血で血を洗うような肉弾戦がありますよね。あ、『二百三高地』は見ていない……。みなさんは生まれていませんでしたか。ならば、乃木希典《のぎまれすけ》が司令官だった作戦といったらどうでしょう。

——旅順《りょじゅん》の攻防。

そうです。そのとおり。乃木さんは、遼東《りょうとう》半島の南端にある、旅順という、ロシアにとって大切な艦隊が隠れている大きな軍港がありまして、そこを攻略する役目を負っていた陸軍側の第三軍という軍隊の司令官でした。海軍側からすれば、ロシア本国

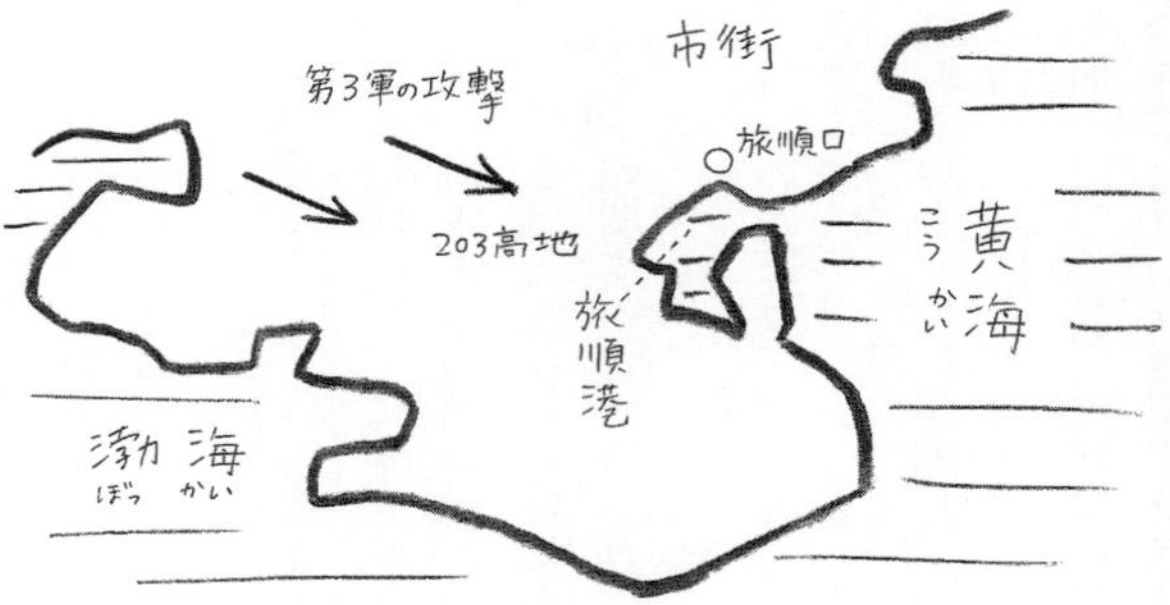

［旅順の攻防］

乃木希典《のぎまれすけ》率いる第３軍は、旅順港の裏手から攻め、203高地、旅順を陥落させた。

から日本に向かって巡航してくる予定のバルチック艦隊が旅順港にいるロシア艦隊と合流してしまうことが、一番避けたいシナリオでした。ですから海軍は、陸軍が遼東半島の、旅順港の裏側から砲撃を加えて要塞を陥落させ、そこから旅順の港に停泊しているロシア艦隊を砲撃してくれることを強く期待していたのです。この部分が、まさにスヴェーチンのいう、陸海軍の共同作戦に他なりません。

みなさんは、日本海海戦で活躍した東郷平八郎の指揮を支えた作戦参謀であった秋山真之《さねゆき》という人の名前を聞いたことがありますか。この秋山は、乃木に毎日毎日、手紙を書いて、どうかどうか、旅順の要塞を落としてくれと頼み込んでいます。たとえば、秋山から乃木に宛《あ》てた手紙はこんな具合です。一九〇四年の十一月三十日に出した手紙です。難しい言い回しは、簡単にしてあります。

実に二〇三高地の占領いかんは大局より打算して、帝国の存亡に関し候《そうら》えば、ぜひぜひ決行を望む。［中略］旅順の攻略に四、五万の勇士を損するも、さほど大なる犠牲にあらず。彼我《ひが》ともに国家存亡の関するところなればなり。

秋山真之《あきやまさねゆき》

秋山の手紙は、四、五万の陸軍兵士が犠牲になったとしても、この戦いには国家の存亡がかかっているのだから、乃木さん、どうかお願いします、という内容でした。これをいわれた陸軍側は、たまったものではありませんね。のべで一三万人いた第三軍は、三回にわたる総攻撃で戦死傷者が七割（戦死者一万五三九〇人、負傷者四万三九一四人、戦病者約三万人）にものぼる大損害を受けて、結局、秋山の願いのとおり、〇五年一月に旅順を陥落させ、五月の日本海海戦に間にあわせることができたわけです。

日本軍といいますと、陸軍と海軍とで、ものすごく仲が悪かったというイメージ、物資や予算獲得をめぐって競争しあったライバル関係、というイメージがどうしても浮かんでしまいますが、戦争の相手国の観察のほうが、当時の実態を正確に伝えているのかもしれません。

「二十億の資財と二十万の生霊《せいれい》」

それでは、今度は日本社会に与えた日露戦争の意義について、まずはざぁっと見ておきましょう。戦争にいたる過程を見る前に、この点を押さえておくと、日露戦争を学ぶ意義がはっきりしますから。

さて、旅順の攻防戦だけでこれだけの戦死傷者が出ましたので、日露戦争の後から昭和戦前の時期にかけてずっと、日本は約二十万の犠牲者と約二十億の金を支出して、満州（中国東北部）を獲得したのだ、という言い方をするようになります。事実、山県有朋などは、日露戦争が終わって四年後にあたる、一九〇九（明治四十二）年に書かれた「第二対清政策」という意見書のなかで、「二十億の資財と二十余万の死傷」

というフレーズを使っています。二十と二十で言いやすかったのでしょうね。

ずっと時代がくだって、一九三一（昭和六）年に満州事変が起こされる前後などにも、「二十億の資財と二十万の生霊（死者という意味です）によって獲得された満州の権益を守れ」というようなフレーズで使われるようになります。昭和期に入って、日本と中国との間で満州の権益をめぐって争いが起きたとき、日露戦争の記憶が、すぅーっと、日本の国民の記憶のなかに呼びさまされてくる。ですから、三三年三月、日本は国際連盟を脱退しますが、連盟の議場で日本の全権の松岡洋右《ようすけ》が、いったいなにを議論していたかというと、ポーツマス条約で日本がロシアから獲得した権益はこれこれであり、中国側が日本に認めた権益の内容はこれこれであるから、満州の権益をめぐっては中国側がまちがっていて、日本側が正しいのだ、という議論だったのです。もちろん、こうした、中国側がまちがっていて、日本側が正しいという松岡の主張が歴史的に見て正しかったのか、という点については、後で、満州事変のところできちんと説明します。

満州事変の根っこには、日露戦争の記憶をめぐる日中間の戦いがあった。

つまり、満州事変の根っこのところに、日露戦争の記憶をめぐる日中間の戦いがあったということだけ頭に入れておいてください。日露戦争を学ぶ意味は、昭和の戦争の始まりを考えることだからです。

シュタインの予言が現実に

日清戦争後に、ロシア・ドイツ・フランス三国による三国干渉がなされ、日本側は下関条約で獲得した遼東半島を清国に返すという事態になったことは、前の章で説明しました。三国干渉は日本にとってメンツがつぶれたというだけでなく、朝鮮と清、二つの国家が日本に対して、今後どういう態度をとるかという点で、大きな意味を持っていました。

簡単にいえば、「日本は弱いじゃないか。ロシアのいいなりじゃないか」ということですね。朝鮮の朝廷内では、日本側に不満を持っていた勢力が閔妃《びんひ》（明成皇后）のもとに集まるようになります。また、朝鮮政府内にもロシアに接近しようとする親露派が多くなりました。このような転換は、一八九五年七月、日清戦争が終わって三カ月後にはもう起こってくるのですね。実にシビアに転換がなされる。

これに驚いた日本側が行なった行為はひどいものでした。公使として赴任していた三浦梧楼《ごろう》は、もともと陸軍中将でした。三浦は大院君《たいいんくん》を再び擁立しようとして、公使館守備兵などに景福宮《けいふくきゅう》に侵入させ、なんと、閔妃暗殺事件を起こしたのですね。これは、なんといっても弁明のしようのない蛮行であり、クーデターです。日本側としては、親露派の中心人物である閔妃を殺して、日本側とともに改革を行なおうとする朝鮮政府内の人々を、再び政権につけたのです。

しかし、国母にあたる閔妃を暗殺されて、朝鮮側が黙って見過ごすはずがありません。閔妃のもとで親露派だった人々は、国王である高宗《こうそう》をロシア公使館に避難させ、ロシアの威力を背景にしつつ、再び、親露派を政権に戻すことをしました。まさに、ドラマになりそうな暗闘ですね。こうした勢いのなかで、一八九七年十月、朝鮮は、大朝鮮国だった国号を大韓帝国に変え、種々の近代化をめざした改革を行ないます。また、九九年には、憲法ともいうべき九カ条の大韓帝国官制を発布している。その第一条には「大韓国は世界万国の公認したる自由独立の帝国なり」との文句が見えます。自由独立、という言葉に注目してください。

さて、朝鮮が国号を大韓帝国としたとき、最初に「承認しますよ」といったのはロシアでした。ただ、ロシアも、ただちに韓国に対してそれを保護国にしようとか、日本を牽制《けんせい》しようとの強い意図はなかったのです。ロシアにとって、この頃いちばん気になっていたのは、中国東北地方、つまり満州地方でした。

ということで、日清戦争の勝利で、朝鮮国内に日本の圧倒的な優位が確立されたかに見えたのは一瞬で、その後に続いた事態は、韓国の、近代国家への模索と、日本とロシアが韓国をめぐって均衡しているという状態です。

日本に対して三国干渉をしてくれたロシアですから、日清戦後の中国が、ロシアとよい関係に立ったことは予想できますね。このときの中国、つまり、清国ですが、その政治を動かしていたのは李鴻章《りこうしょう》でした。そこで次に、ロシアの中国政策を見ていきましょう。李鴻章の対ロシア接近政策と呼応するように、ロシアの対中国政策も活発になるのです。先ほど、韓国よりは満州にロシアの興味はあったといいましたが、ロシアは中国の東北部、ロシアにとってシベリアの南に興味がありました。これは面白いです。

一八九六年、ロシアの皇帝、ニコライ二世が戴冠式《たいかんしき》を行ないます。そこに李鴻章を招いて、どうも賄賂《わいろ》を贈った。その額がはんぱではない。私は二〇〇五年の十月にモスクワに一カ月いて、クレムリン宮殿にあるダイヤモンド庫の財宝を見ましたが、まあすごいものですね。「こういうお宝で賄賂をもらったら、魂を売るくらいなんでもない」などと思ってしまいそうな財宝の山があるわけです。李鴻章の訪露をきっかけに、一八九六年六月、中国とロシアは「露清防敵相互援助条約」という秘密条約を結びます。内容は、日本が中国、あるいはロシア領を攻撃した際には、ロシアと中国が一致して日本にあたるという、れっきとした対日攻守同盟でした。これは世の中に公《おおやけ》にされない密約でした。

この条約では、さらに、中国とロシアの間で、黒龍江《こくりゅうこう》・吉林《きつりん》両省を通ってウラジオストックに通ずる中東《ちゅうとう》鉄道（東清鉄道とも呼ばれます）の敷設《ふせつ》権を、ロシアとフランスの銀行に与える条約も締結されました。つまり、中国の東北部である満州を横断する鉄道を、ロシア側が敷設できるということです。そして、九八年には、中国に起こった排外主義運動の責任と、中国が下関条約によって日本に支払った賠償金援助の担保として、ロシアは、とても重要なものを中国から奪ってゆく。ロシアは、なんと、旅順・大連《だいれん》の二十五年間の租借権と、満州を西から東へと横断する中東鉄道から途中で分岐して、遼東半島の南端、旅順・大連へといたる中東鉄道南支線の敷設権まで、中国から獲得してしまうわけです。

さて、ここで質問ですが、どうして私は、「なんと」などとおおげさな表現をして嘆いてみせたのでしょうね。

[**ロシアの中国進出**]
ロシアは1896年に中東鉄道の敷設《ふせつ》権を、
1898年には旅順《りょじゅん》・大連《だいれん》の租借権、
中東鉄道南支線の敷設権を獲得した。

――ロシアが日本から三国干渉で奪った、その遼東半島を、自分で中国からとってしまったから、ずるいなぁと。

まあ、そういうことです。一つには。当時の日本国民の気持ちになって慨嘆したのです。他にはどうですか。

――シュタインの警告がそのまま現実になっちゃったから。

いいですね。こういう答えを聞いたら、シュタイン先生も墓場で泣いて喜ぶでしょう。つまり、シュタインが山県にいったこと、「シベリア鉄道（中東鉄道として敷設されます）それ自体は怖くない。中国の土地を通過しなければならないから、それがロシアにとって制約要因となる」という条件が、まずは飛んでしまったということですね。さらに、中国がロシアと手を組んで、中国とロシアの合弁会社によって中東鉄道とその南支線が敷設されてしまえば、制約要因もなくなり、しかも、朝鮮半島の東ではないけれども、遼東半島の南に凍らない港を持つことができてしまう、つまり、極東の海に海軍を興《おこ》すことができてしまう。鉄道敷設に関して、中国とロシアの間で九六年と九八年の二度にわたって結ばれた条約は、日本にとって悪夢を見ているようなものだったに違いありません。

日英同盟と清の変化

ロシアの対満州政策と中国の変化

それでは、ロシアが進めた満州進出策を見てゆきましょう。ロシアは満州を横断する鉄道と、その途中の駅から、今度は遼東半島の南端である大連に向けて走る鉄道を敷く権利を得たというところまではいいですね。ここに、一九〇〇年、北清《ほくしん》事変が起こってしまう。これは、「扶清滅洋《ふしんめつよう》」をスローガンとした排外的な団体である義和団が中国各地で勢力を得て引き起こした農民闘争です。外国勢力の象徴として義和団の暴力の対象となったのが、各国から派遣されていた宣教師でありまして、宣教師の首を斬《き》ってしまうというような残酷な事件も起こった。また、北京にあった各国の公使館を包囲してしまう。これが義和団の乱で、これに乗じて、なんと清国政府は、列国に宣戦布告をしてしまうわけです。政府が干与してからの義和団の乱は、北清事変と呼ばれることになります。

ロシアはこの事変をチャンスと見ました。北満州に広がるロシアの権益を義和団から守るのだと称して、黒龍江沿岸地域の一時的占領に着手します。

このあたりから、中国とロシアの協調的な関係は変わってきます。なんだかロシアは怪しいぞ、信用していいのかな、ということになるわけです。確かに、李鴻章はロシアと結んで日本を抑える政策をとっていました。しかし、北清事変をきっかけにロシアは黒龍江沿岸を占領してしまい、その地域を占領するために入ってきたロシア軍が中国人を殺してしまうという事件が起こります。その結果、中国国内には「ロシアについていっていいのだろうか」との反応が生じる。これが中国側の変化です。そしてその翌年、一九〇一年に李鴻章が死ぬのです。

ロシアは中国の首都である北京にもたくさん兵を出していました。ロシアは、列国の連合軍（日本も参加していました）が義和団を鎮圧するまで、自分の権益を守るためだよ、ということを理由に軍隊を出すのです。一方で、一九〇二年までには段階的に撤兵しますよという条約を、中国側と結びました。

さて、北清事変から一年たっても二年たっても、段階的に撤兵するはずのロシアは満州から撤兵しません。そこで一九〇二年、イギリスが動きます。ロシアと中国というのは何千キロも地面で国境を接していますね。そしてそのロシアが良港である、旅順・大連を租借してしまっている。陸と海、二つの方面でロシアはあまりにも中国に影響を持ちすぎる国になってしまってはいないか。いや、そうに違いない、ということで、イギリスは、自分がここで黙っているのは、将来的にかなりまずいだろうと考える。首府の北京を、海の側からも陸の側からも襲える地位をロシアが手に入れるのはまずい、と。

しかも、一九〇二年に満州から撤兵しますよといったのに、ロシアは撤兵しない。中国と約束したはずの撤兵期限をなかなか守らないという事態を見て、イギリスは日本に同盟を提案するのです。こうして、〇二年一月、日英同盟協約が調印されます。ちょうどこの頃、イギリスは中国に影響力を行使する余裕がなかったのです。南アフリカ戦争（ボーア戦争）では苦戦を強いられていました。

このときの重要なポイントは、イギリスは、「日本とイギリスは協力しますよ、いいですね」、という態度をロシアに見せることで、ロシア側が態度を改めるのを期待していたのですね。日英同盟が結ばれたからすぐにロシアと敵対して戦争ということにはならない。確かに、そうでしょう？　日露戦争が起こるのは、日英同盟から二年もたった後です。

日本でも、一九〇〇年に伊藤博文によってつくられた政党である政友会などは、「日英同盟ができた。これはロシアに対して自制を求める同盟だ」と冷静に評価しました。そして、同盟の効用として、大海軍国のイギリスと同盟したのだから、これで日本はしばらく、海軍の軍艦建造をしなくて済むな、それならば地租を上げなくて済むはずだな、これは政党にとって歓迎すべきことだな、と考えます。

日英同盟が結ばれたのは、第一次桂太郎内閣のときでした。議会の三七六議席中、圧倒的多数を占めていた政友会と憲政本党という二つの政党は、ロシアとの戦争準備のために政府が海軍増強を続けようとの説得に応じませんでした。政党としては、日英同盟があるのだから、ロシアに対する海軍増強はいらないだろうと主張しました。少し前までの研究では、日英同盟を締結したことで、政府や軍などは早くもロシアとの戦争準備態勢に入っていったと説明しますが、最近の、政党勢力の動向を追った研究では、このような説は否定されることになりました。1章でもご紹介した坂野潤治教授や京都大学の伊藤之雄《ゆきお》先生などの研究で明らかになったことです。坂野先生は「日本国民のかなりの部分と支配層の一部は、日露戦争の直前までは、むしろ厭戦《えんせん》的であった」と述べています。

確かに、選挙結果を見ても政党は強いですね。一九〇二年十二月、桂内閣は帝国議会を解散しますが、翌年三月の総選挙でも、再び政府の予算案に賛成する議員は多くならない。政府は先にすすめなくなりました。解散して選挙をしても、三七六議席中、政友会と憲政本党が相変わらず勝って出てくる。つまり選挙民、いまだ財産制限による選挙権の格差はありましたが、国民の支持は政党側にあったわけです。海軍増強をしないほうが好きです、ということですね。

そして中国の国内も変わってゆきます。ロシアと協調していていいのかな、という外交上の疑念については触れましたが、内政についても変わってゆくのです。十九世紀末の一八九八年、戊戌《ぼじゅつ》の変法というのですが、清朝の開明的な一部の勢力によって、いくつかの改革が進められました。立憲君主制への道をめざすのです。考えてみれば面白いですよね。韓国においても、一八九七年に大韓帝国ができ、九九年に憲法ができている。東アジアにおいて、この頃は同時代的な変化が起きていたといえます。

改革の内容は、科挙《かきょ》という、官僚を選ぶための試験を廃止しようとか、政府や地方の省のお金で優秀な官僚や学生を留学させようとか、軍の近代化をはかろうといったことです。ロシアの態度に中国が疑問を持ちはじめた一九〇二年あたりから日露戦争後までは、中国において日本留学ブームが到来したといえます。どうしてかといえば、同じ漢字を用いる文化圏ですから、安価に早く留学の成果が出やすいということがありますね。『故郷』で名高い魯迅《ろじん》も〇二年に東京にやってきました。日本の陸軍士官学校にもたくさん留学生がきまして、たとえば、一九一三（大正二）年の時点で、中国陸軍の参謀本部の局長七人のうち五人までが日本留学組であったといいます。

もう一つの決定打は、日露戦争が始まってからのことですが、一九〇五年、帝政国家である清朝を倒そうとする革命結社が東京で生まれます。清朝が倒れて中華民国が成立する一九一一年の辛亥《しんがい》革命においては、こうした日本留学組などは一つの中核を構成するのですね。たとえば早稲田大学に勉強に来ていた宋教仁《そうきょうじん》などが中心になって、清朝を倒して新しい国をつくろうという動きが起こってくる。宋教仁はその後、辛亥革命の過程で袁世凱《えんせいがい》の手の者に暗殺されてしまうのですが。

開戦への慎重論

それでは、日露戦争にいたるまでの日本とロシアの動きを見てみましょう。開戦に積極的だった勢力、たとえば、東京帝国大学の教授たちを中心とする七博士が積極的に動き出すのは一九〇三年六月くらいです。東京帝国大学を中心とする、と書きましたのは、一人だけ学習院大学の先生もいたからですね。どうでもいい細かいことですが。つまり、小野塚喜平次《きへいじ》などの六人の東大の先生と、中村進午《しんご》という学習院の先生が、「満州問題に関する七博士の意見書」を、桂首相、小村寿太郎《じゅたろう》外相、その他陸海軍大臣や山県など元老に手渡します。

でも、これも決して早い動きではないですね。戦争が始まるのは翌年の二月ですから。参謀本部が、シベリア鉄道の完成前に開戦すべき、「早い開戦のほうが有利だ」といって、慎重な桂内閣のお尻《しり》を叩《たた》きはじめるのは一九〇三年の十月ぐらい。なんと開戦四カ月前です。

一部の人々は早期開戦を唱えていたけれど、桂首相や元老のほとんどは、戦争の前にまずは外交交渉だと。日露交渉に期待をかけていたと思ってまちがいありません。従来の研究では、戦前の時代に書かれた伝記などをそのまま信じた結果、桂も山県も小村も、本当に早くから、たとえば、日英同盟が締結されたときから日露戦争を考えていた、などといわれてきました。しかし、これは正しくないことが、昭和女子大学の千葉功《いさお》先生などの研究によってわかってきました。当時の手紙は、普通の人はなかなか読めない草書、つまり、くずし字で書かれていました。しかし、その読みにくい手紙をしっかりと千葉先生が読み込んだ結果、いろいろとこれまでわからなかったことがわかってきたのです。

この頃、最長老の元老は二人いました。伊藤博文と山県有朋です。伊藤は日露戦争の後、ハルビンで、韓国の独立運動家である安重根《あんじゅうこん》に殺されてしまいますが、とにかく日露戦争前には、この二人が最も重要な、明治天皇の相談役でした。この二人の元老、そして桂首相をはじめとする閣僚、議会の政党勢力は実のところ、開戦には非常に慎重でした。

たとえばこういう面白い手紙が残っています。桂首相は一九〇三年十二月二十一日、ロシアとの外交交渉がうまくいかないことで見切りをつけて、戦争の準備にとりかからなければいけない、ということで、閣議の後、元老の山県と伊藤に開戦許可のお願いの手紙を書くわけです。その最も重要な部分はこんなふうでした。

「朝鮮問題においては我が修正の希望を充分陳述し、彼《か》れ聞かざるときは最後の手段（即《すなわ》ち戦争を以《もっ》ても）を貫くこと」。簡単にいいますと、日本とロシアが外交交渉をしている、朝鮮問題つまり韓国問題については、日本の希望条項についてロシア側にいま一度くわしく説明して、それでもロシアが日本のいうことを聞かなかったら、戦争という手段を含めて日本側は決意をしていいですか、という内容でした。山県さん、伊藤さん、まちが

桂太郎

国立国会図書館「近代日本人の肖像」より

いないですねと、桂は手紙で最後の確認をするわけです。でも、これだって開戦二カ月前です。

山県はこのとき、いくつになっていたかというと、六五歳です。まあかなりの年齢ですね、当時にあっては。そこで、小田原など温暖な場所に建てた、見事なお庭つきの別荘で温まっているんですね。その山県が桂首相に返事を出します。桂は陸軍で経歴を積んだ人でして、山県のずっと後輩にあたります。山県にとっては桂も小僧《こぞ》っ子《こ》あつかいでして、「戦争開始の論は老生は承知いたさず」と、しぶいことを書きます。つまり、戦争までの決意を日本側がするなんて、自分は聞いていないよ、知らないよということを手紙に書く。

山県は、韓国問題では譲れないけれど、ロシアと日本側が交渉していたもう一つの問題である満州問題、たとえば満州の門戸開放などはロシアのいうとおりでいいじゃないか、急いで門戸開放などを求めなくてもよい、と妥協的なことをいいます。門戸開放というのは、ロシア

山県有朋

国立国会図書館「近代日本人の肖像」より

が中国との約束どおり満州から撤兵して、占領している地域の貿易や経済を独り占めせずに、門戸開放を達成してね、ということです。そういう条項は一切いらないと。韓国問題だけで妥協してロシアと話し合いを続けなさいということを、実は山県は、一九〇四年一月までいっています。なんと、開戦まで一カ月しかないわけですよ。

山県などが最後まで外交交渉に期待をかけていた理由の一つは、日本もお金はないけれど、ロシアにもお金がないと知っていたから。そして当時、ロシア帝国の支配下にあった周辺国家のポーランド、エストニア、フィンランドなどがかなり本国ロシアに対して反抗をしていた。ロシアはとても戦争をする力がないのではないか、足もとが危ないのではないか、と日本側は見ています。

ロシア史料からなにがわかったか

革命前はロシア、革命後はソ連、そしてソ連崩壊後はまたロシアという名前になってしまいましたが、今ロシアでは、たくさんの史料が公開されています。それを見た研究者たちが、いろいろ面白い発見をしてくれました。ロシアは面白い国で、「帝国政府がやったことは悪いことでも出してしまいましょう」というスタンスです。ペテルブルグにあるロシアの史料館で、日露交渉の史料をいちばんよく見たルコヤーノフ先生という方の研究から、なにが新しくわかったのかをお話ししておきましょう。

ロシアは当時、経済的にも困っていたし、帝国下の地方反乱にも困らされていました。ニコライ二世のもとでは、立憲君主制度は導入されていませんでした。閣議というものもないわけです。皇帝のもとで、それぞれの問題別に関係のある大臣たちが、それぞれ話をするということです。ですから、戦争を始めるかどうかの最終的な決定をするとき、ロシア側には極東問題をよく知っている、ウィッテ蔵相やクロパトキン陸相などは皇帝の側《そば》に、すでにいなかった。こうした人々は失脚している。

かわりに、舌を嚙《か》みそうな名前ですが、ベゾブラーゾフという人、この人を担《かつ》ぐ一派、ベゾブラーゾフ一派の宮廷での権力掌握が、一九〇三年十月ぐらいに決定的に起こったといいます。皇帝のお気に入りのベゾブラーゾフ一派の一人が、日露交渉に責任を持つ極東総督に任命されてしまうわけです。この極東総督が、実は、困ったことに日本が一番大切だと思っている韓国について、ロシアのなかで最も積極的な意見と野望を持っていた人でした。

これまで、ロシアの興味は満州にあったという話をしましたよね。ウィッテやクロパトキンなどは、中東鉄道とそこから遼東半島の南端に下る南支線を敷設して、この周辺に鉱山をはじめとする産業を興すという計画を立てていまして、かなり実現をみていたのです（のちに日本が南満州鉄道として、このロシアが敷設した鉄道の利権を継承します）。しかし、これは膨大なお金がかかるものでした。たとえば、ロシアが建設したハルビンの街並みは、それはそれは美しいもので、大変なお金が投下されたことがわかります。

このとき、極東総督はうまいことをいって皇帝を説得しました。「鉄道を通すよりも、もっといい方法があります。韓国をとっておけば、お金がかからないじゃないですか。日本なんてヘナチョコですよ」と。韓国あるいは韓半島を押さえておけば、ここから遼東半島の旅順・大連の港を守ることもできる。中東鉄道南支線のはしっこにある旅順・大連を、陸地から鉄道を敷設して町を建設して、そして防衛するのはお金がかかると。お金をかけずに旅順・大連を安全に保つためには、海の方向から、つまり、韓半島を押さえることのほうが安上がり。日本は戦争など本気でできやしませんよ。こういったのですね。

日清戦争は、朝鮮と朝鮮半島をめぐる戦いでした。そしてここで、また再び朝鮮問題、つまり韓国問題がロシアとの間に意外なところから再燃してくるのです。鉄道敷設と都市建設のお金をどうしたら安くして、しかも、極東の海に海軍を保てるかという、ロシアの経済事情と安全保障観に起因する。

日露戦争が起きたのはなぜかという質問への答え方には、時代とともにかなり変化があったのです。マルクス主義の唯物《ゆいぶつ》史観という学問が影響力を強く持っていた頃、一九七〇年代までは、日本という国は、帝国主義国家として成長してきたのだから、中国東北部、つまり満州ですが、そこに市場を求めて、ロシアに門戸開放を迫るために戦争に訴えたのだ、との解釈が有力でした。

しかし、ロシア側の史料や日本側の史料、これが公開されて明らかになったところでは、どうも、やはり朝鮮半島、韓半島のことですが、その戦略的な安全保障の観点から、日本はロシアと戦ったという説明ができそうです。日露戦争から百年たったのを記念して、日本、ロシア、アメリカなどの学者が集まって二〇〇五年に国際会議を開いたときに、このルコヤーノフ先生も報告したわけですが、日露戦争に関しては、どちらが戦争をやる気であったかという点では、ロシアの側により積極性があったのではないかと発言していました。戦争を避けようとしていたのはむしろ日本で、戦争を、より積極的に訴えたのはロシアだという結論になりそうです。

戦わなければならなかった理由

日露交渉の争点

さて、ここまで聞いてきて、一九〇三（明治三十六）年八月から開戦一カ月前までやっていた日露交渉において、どうも日本側とロシア側は、満州問題と韓国問題と、二つの論点で対立していたらしい、ということがわかったと思います。でも、大学の先生というのは、わかっていることをどういうわけかわからないように説明するので、まあはっきりいえば説明がヘタなので、自分たちには、満州問題とはなんであったのか、韓国問題とはなんであったのか、さっぱりわからない、と。みなさん、そういう顔をしていますね（笑）。

なので、具体的に、どのような項目を日本側はロシアに認めさせようとしていたかを見ておきましょう。こんなことを主張しています。

露国は韓国における日本の優勢なる利益を承認し、日本は満州における鉄道経営につき露国の特殊なる利益を承認する。日本が韓国に、露国が満州に出兵する際の限定・迅速な兵の召還。露国は日本が韓国に改革の援助を与える専権を認める。

日本がロシアから言質《げんち》をとりたかったのは、明らかに韓国における日本の優越権でした。「優勢なる利益」というのは当時の言い方で、植民地、もしくはそれに比する特殊な権益をある国が持つということです。つまり、ロシアは、韓国については日本が勢力圏に入れてしまうのを認めなさい、と日本は主張していました。そのかわり、確かにロシアの満州占領はまずいけれども、しかし、満州における鉄道の沿線はロシアが勢力圏としていい、中東鉄道とその南支線などはロシアが「特殊なる利益」を持っていると日本側は認めます、との主張です。

このような交渉内容は、当時から広く知られていて、満韓交換論と呼ばれていました。それぞれの国の勢力範囲について、日本は韓国、ロシアは中国東北部の満州、その優越権をお互いに承認しあいましょう、こういうことです。

これに対してロシア側がなんと答えていたかを見ると、ああ、大きな国は強く出るのだな、と思います。「そもそも日本は、満州について論じる資格がない」と。すごいハードボイルドですね。そして韓国については、日本の優越権など認められないという。で、その際、「まあ、ある条件を日本が認めるなら、韓国における日本の優勢なる利益を認めてあげてもいいよ」と答えてきます。

それではどのような条件とするかというと、まあ、これが大変にずうずうしい(笑)。いや私がそう思うのではなく、当時の日本側がそう思っただろうということです。条件とは、ロシアが朝鮮海峡を自由に航行できる権利を日本側が認めること。つまり朝鮮半島、韓半島の南側と日本の間に広がる朝鮮海峡をロシアが自由航行する権利を認めるなら、まあ日本の「優勢なる利益」を認めていい、と。さらに北緯三九度以北の韓国を中立化して、日本が韓国領土の軍略的使用をしないならいいですよ、こういいます。のちに朝鮮戦争というものが第二次世界大戦後に起こり、半島は、北朝鮮と韓国に分断されるわけですが、その際、北緯三八度線近辺が軍事境界線となりますね。このあたりは地形的に分けられるとの判断が、もともと生じやすい地形だったのでしょうか。

この、韓国に関するロシア側の提議は、日本側にとっては絶対に認められなかった要求でしたでしょう。元老や首相、閣僚はみな、大国ロシアに対する戦争に慎重でしたが、ロシアから返ってきたのはかなり厳しい条件だった。朝鮮半島、韓半島の軍略的使用をしちゃいけないというのは、かなり強い縛りです。また、朝鮮海峡をロシア艦隊が自由に航行できるというのでは、まさにシュタイン先生の警告のとおりになってしまいます。

韓国問題では戦えない

これまで見てきたように、韓国問題は日本にとっては絶対に譲れない問題でした。ロシアも本当は戦争をしたくないならば、どうして、この点で、日本側にもう少し妥協的な話をできなかったのでしょうか。

ロシアは、日本がこれほど韓国問題を重要視していることに気づいていなかったふしがあります。それはなぜでしょうか。ロシアは、日本が先制攻撃をしかけるまで、日本側が戦争に踏み切るとは思っていなかった。ロシア皇帝や極東総督は、日本が韓国問題のために最終的に戦争に訴えてでも戦うと考えていたのをなぜ、理解できなかったのでしょうか。ロシアは日本の考えを正確に理解していなかったと思われます。ロシアは、なぜ見誤ったのか。

――それまで日本が、朝鮮は独立しているとしかいってなかったから。

日清戦争後から一九〇五年の十年の間、日本側が朝鮮、韓国に対する権利の主張を増大させていることについて、ロシアは無自覚であったということですね。モスクワやペテルブルグに行って皇帝の財宝などを見たら、ロシアが「日本ごときが」などと軽視してしまうことは、すごくよくわかります。他にはどうでしょう。これはどうかな、という奇策、奇怪な答えはありますか。

——ロシアは内政的に不安要素が多かったので、外交で日本に妥協すると、国内にロシア皇帝の力を示すことができないから。

確かに、奇策です（笑）。日本がどうであれ、ロシアはとにかく戦わねばならなかったという説明ですね。当時ゆるみがちであった帝国支配を引き締めるため。ロシア皇帝への統合力を高めるために必要だったと。

——日本が朝鮮の独立を主張するのは、日本の本土防衛のためだから。

はい、非常に大人な答えです。山県はあれだけ安全保障をやかましくいってきた人間だと。基本的に、韓国が中立化されれば日本の心配は防げるだろうという、そこですね。ロシアが日本の韓国への見方を誤っているという点ではあっていると思います。

——日本の狙《ねら》いが大陸での利益にあると思ったから。

ＯＫです。私はそこだと思う。日本は日露戦争を準備する段階で、ロシアを非難するために、つまり戦争の正当化を日本が大々的に宣伝するときにできたことは、満州についての門戸開放、このスローガンだけだったのですね。アメリカやイギリスが本気になって日本を応援し、お金を貸し、軍艦の購入に便宜をはかってくれるためには、大義がなければならない。アメリカ、イギリスにとって、韓国問題というのは、もう過去の話でした。中国と日本が日清戦争を戦いましたね、日本が勝ちましたね、今、ロシアと日本で韓国をめぐって、どちらが優勢か争っているけれども、これは、まあ、イギリスやアメリカの貿易とは関係ないな、と。

英米にとって死活的だったのは、やはり満州でした。大豆という世界的な輸出品を産する中国東北部をロシアが占領したままにするのか、中国の首府である北京にすぐ近い位置にロシアの軍隊がいて、陸からも海からもロシアが中国に最も影響力を及ぼせるような状態は、嫌だねえと。このあたりの事情を日本側はよく理解していて、ロシアを非難する際に、韓国のことはあまりいわずに、満州、あくまで、満州の門戸開放、という。先ほどご紹介した七博士の議論も、満州の門戸閉鎖は非文明だといって、非難していたのです。この頃、政友会の指導層の一人であった原敬《はらたかし》の日記を読んでみましょう。

我国民の多数は戦争を欲せざりしは事実なり。政府が最初七博士をして露国討伐論を唱えしめ、又対露同志会などを組織せしめて頻《しき》りに強硬論を唱えしめたるは、斯《か》くして以《もっ》て露国を威圧し、因《よっ》て日露交渉を成立せしめんと企てたるも、意外にも開戦に至らざるを得ざる行掛《いきがかり》を生じたるもののごとし。

『原敬日記』一九〇四年二月十一日

ここに紹介したのは、原が日露開戦後に記した日記です。内容を簡単に要約しますと、こうです。日本の国民の多くは、戦争を欲していなかった。政府が七博士や対露同志会などの強硬派にロシア強硬論を唱えさせたのは、日露交渉を有利に展開するためだけの話だったのに、意外にも本当に開戦ということになってしまったのだ、と。

なぜここで原日記を引用したかというと、大事なのは「(政府が)対露同志会などを組織せしめて頻りに強硬論」というところです。七博士とか対露同志会はこういっていました。満州に中東鉄道と南支線が敷設されてしまえば、中国の東三省はロシアの支配下になってしまい、たとえば重要なハルビンという都市などがロシアの都市となって門戸閉鎖されてしまう。他の国は全然、経済的にも進出できなくなってしまう。それでは困るでしょう、アメリカさん、イギリスさん。七博士はこういうことを意見書に書いていたのです。対露同志会もそうです。

つまり、なんで日本がロシアと対抗しなければならないかといったとき、日本は韓国問題をほとんど語ってこなかったのですね。日本はアメリカとイギリスに、日露戦争のためのお金を借ります。そのとき、「韓国問題で戦争するので貸してください」といったとしたら、「あれ？ 韓国問題は日清戦争のときのテーマじゃなかったんですか」ということで、相手方の反応が悪いのは予測できますね。日本の韓国への希求がシュタイン先生以来の「優勢な利益」の確保であるのは、わかってもらいにくい。それよりむしろ「アメリカは南部の綿花でつくった綿布を輸出したいでしょう。大豆の世界商品化をはかりたいでしょう」といえばいい。このようなときの満州のインパクトの大きさはとても重要だったのです。

全世界において、満州市場は一九〇〇年から〇五年、拡大の一途をたどっていました。たまたまそこでロシアが、鉄道運賃を差別します、港の関税、使用税は自分の国だけ安くして、アメリカやドイツやイギリスからは高くとりますよ、といっていたとすれ

☞欧米に向けて語る
戦争正当化の論理と、
日本にとって本当に重要なものとは
ズレている。

ば、他国は警戒する。

日本が遅れてきた帝国である一つの悲しさは、欧米に向けて語る戦争の正当化の論理と、自らの死活的に重要なものを説明する言葉がズレてしまうことです。

日露戦争がもたらしたもの

日本とアメリカの共同歩調

日清戦争は帝国主義時代の代理戦争でしたが、日露戦争もやはり代理戦争です。ロシアに財政的援助を与えるのがドイツ・フランス、日本に財政的援助を与えるのがイギリス・アメリカです。日清戦争が始まる直前、イギリスは、日英通商航海条約で不平等条約の一部改訂を約束して日本の背中を押しました。面白いことに日露戦争の前には、それと同じことをアメリカがやっています。

まだ開戦の決意はしていない頃ですが、軍部が陸海軍の共同演習をやりはじめた一九〇三年十月八日、アメリカと日本は同時にあることをやりました。日本と清国の通商条約、そしてアメリカと清国の通商条約を同時に、日本とアメリカが申しあわせて改訂を発表したのです。この二つは関係ないように見えるのですが、実はここからも代理戦争だということがわかる。

日本と清の通商条約の改訂は、「日本は東三省における満州部分の門戸開放をやりますよ」というシグナルでした。つまり日本と清国は通商条約を結んで、清国はこれまで以上に都市を外国に開きましょうと決めた。そしてアメリカは通商条約の改訂によって、清国に対していくつかの都市を開くよう要求しますよと示した。この同時発表の条約を見れば、日本とアメリカは中国の満州地域の門戸を開放し、都市に外国商人が自由に入れて、会社なども経営できるようにするのだよ、とのシグナルであったことがわかります。

「門戸開放」が
戦争のプロパガンダになる。

こういう条約をつくることで、日本とアメリカは、戦争の後になにが起こるかを世界の人々に知らせるプロパガンダをしたんですね。アメリカが、日本が戦費を集めやすい構造をつくってくれているということになるわけです。こういう背景を知れば、全然関係のない条約の名前を見ても「これは戦争へと背中を押したんだな」ということがわかる。もちろんこれは一八九九年、アメリカの外務大臣にあたるジョン・ヘイ

フランス
ドイツ
ロシア
満州
??
中国
機会均等
日本
アメリカ
機会均等
機会均等
イギリス

国務長官が門戸開放宣言をしたときより、もうちょっと進んだ段階での要求になっているんですね。

代理戦争の際必要な作法というのはこういうことで、「この戦争が終われば、こんなよいことがあるよ」というのを、他の帝国主義国に見せているわけです。

——ドイツとフランスは、どうしてロシアを支援したんですか。

これはやはり独自の長い物語があって簡単には説明できないですが、フランスがロシアを支援した理由の一つは「乗りかかった船」ということでしょう。ロシアが中東鉄道を敷く際、フランスの銀行がロシア政府をバックアップしていたとお話ししましたよね。だからロシアが負けてしまうと、自分たちが一八九〇年代以降投資した東洋への鉄道公債が回収できなくなる。ロシアが日本と戦争を始めるようだと知って及び腰になりますが、「仕方ない、とにかく負けないで勝ってね。ちょっと勝ってくれればいいから一年半以上は戦争しないでね」、というのがフランスです。

ドイツでは、一八九〇年以降、中部ヨーロッパや東部ヨーロッパとの国際関係を魔術師のようにコントロールしていたビスマルクが引退します。ドイツにはヴィルヘルム二世という、ドイツの資本主義を育てることにおいて非常に力のあった皇帝がいました。その皇帝はこう考えます。背中にいるロシアがドイツを押してきたらちょっと嫌だな。だからロシアには別の方向を向いていて欲しいと。ロシアという背後の潜在的な敵を東へ向けておく。これが三国干渉期にドイツが熱心にロシアの背中を押したといわれる理由です。ヴィルヘルム二世は日清戦争末期から黄禍論《こうかろん》を唱えはじめる人ですが、「アジアは恐《こわ》い。日本は恐い。ロシアは早く抑えておいたほうがいいですよ」、と論じる際の理由として、ドイツはロシアの関心を東に向けておきたかったという説明があります。ドイツはフランスよりも多くのお金をロシアに貸します。ロシアは向こうで戦争していてください、というドイツの東方政策というのでしょうか。その戦略がロシアを押していたということが一つの理由だと思います。

戦場における中国の協力

それでは、この頃の中国の動きを見てみましょう。日清戦争の後、ロシアと協調していた中国が、それからどのように変わっていったか。これもまた複雑怪奇です。先ほどお話ししたように日本は「満州、満州」と七博士が騒いで、門戸開放をすべきだと主張したわけです。清国は「ロシアがお金をくれたのはうれしい。けれどロシアにくっついたままだと、どうも国をとられてしまうんじゃないか」と思うようになる。だったら、ロシアより弱い日本と協調して満州を門戸開放してもらったほうがよい、開放までならいいじゃないか、と日本に近づく。

日露戦争中、中国は中立の立場をとっているのですが、日本軍がロシアと戦っているとき、中国側は日本にお金を寄附してくれます。中国の地方の知事にあたる人たちが日本軍に義捐金《ぎえんきん》を渡したりする。彼らは面白い。のちの蔣介石《しょうかいせき》の時代の戦争もそうだったのですが、ある将軍が勝利したりすると、現ナマが渡されます。日本の戦争は悲しいかな、日清戦争でも日露戦争でも、誰かが見事な戦闘をしたからといって現ナマが現地軍の将軍に渡るなんてことはありません。このとき、袁世凱も日本に上海《シャンハイ》銀二万両《テール》を送ってきたりしました。

最も重要だったのは戦場における中国側の協力です。このときの戦場は満州でした。奉天《ほうてん》、旅順、大連、金州《きんしゅう》。万里の長城以南には入りませんが。もちろん満州には満州人や中国人が住んでいます。ここでの諜報《ちょうほう》作戦は、日本軍が圧倒的に勝ちました。それは中国の、中立とはいえ日本を援助する地域の官僚たちのバックアップがあったからです。土地勘のある農民たちが日本軍の諜報のために働いてくれた。

彼らは文字を読めないけれど、たとえばロシア軍に馬が何頭いるとか、ⅠかⅡかⅩかという数字の区別はつくわけですね。中国の農民たちに、兵隊さんがどんな番号をつけているかを見に行かせる。この手のレベルの諜報だったら、人さえたくさんいれば可能です。これにより、日本はかなり正確に鉄道沿線でのロシア軍の配置をつかむことができたようです。面白いことに、こういうことを研究しているウルフ先生というアメリカ人の研究者が北海道大学のスラブ研究所にいます。

小説などでは、明石元二郎《あかしもとじろう》の諜報が有名でしたが、むしろ、いま話したような地道な諜報で日本側はかなりの成果をあげる。これが、日露戦争における日本軍の辛くもの勝利をもたらしたといえるようです。

戦争はなにを変えたのか

日露戦争で日本はなにを獲得できたか。ポーツマス条約にはこうあります。

第二条　露西亜《ろしあ》帝国政府は日本国が韓国に於《おい》て政治上、軍事上及《および》経済上の卓絶なる利益を有することを承認し、

八万四千人という、ものすごい死者を出したうえでの勝利ですが、この勝利のおか

げで日本は日露交渉で要求していたものを獲得できたわけです。韓国での「優勢なる利益」が、この条文の「卓絶なる利益」ですね。日清戦争のときには「完全無欠なる独立自主」という言葉でしか書けなかったことが、「政治上、軍事上及経済上の卓絶なる利益」となった。ものすごくしつこいですね。この文章からしてもう、日露戦争が終わった後は、韓国は日本に植民地化されるということが既定の路線になったというのがわかる。

そしてポーツマス条約の第三条が、ロシア以外のすべての帝国主義国にとって福音でした。

> 第三条　露西亜帝国政府は清国の主権を侵害し又は機会均等主義と相容《あいい》れざる何等《なんら》の領土上利益又は優先的若《もし》くは専属的譲与を満州に於て有せざることを声明す。

ロシアが黒龍江《こくりゅうこう》省、吉林《きつりん》省、遼寧《りょうねい》省という三つの省を占領していたことで排除されていた国々が平等に満州に入れるようになった。アメリカやイギリス、そして戦争中、ロシアを援助していたドイツやフランスも含まれます。「さあ、帝国主義国のみなさん、いらっしゃい」と中国東北部を開いた。これが日露戦争でした。

それでは、日露戦争によって、日本の国内ではなにが変化したのでしょうか。これは日清戦争のときの変化と連続線上にあります。まずは、不平等条約の改正について一九一一年に実現できる確約を列国から得た点。条約改正達成、真の意味の独立ですね。では、国内的な変化でいうとなにか。二つか三つ、これが変わったなといえると思います。日露戦争における死者は、八万四千人です。日清戦争の死者は一万四千人ですから、六倍の死者が出た。その戦争によって、どう変わるのか。

――うーん……ちょっとわからないけれど、いままでよりも反政府的な思想というか考えが広まったということ。

そうですね。幸徳秋水《こうとくしゅうすい》らが明治天皇の暗殺を企てた、ということにされて大逆事件が起こるのは一九一〇年です。第二次西園寺《さいおんじ》公望《きんもち》内閣の社会主義取り締まりの緩やかさもあり、社会主義がやや広まって、すぐにまた冬の時代を迎える。それ自体の指摘は正しいと思います。それと、国が一つの目的を達成したということで、「時代閉塞《へいそく》の現状」などを書いて、日露戦後状況を批判した石川啄木《たくぼく》なども登場してきますね。他にはなんでしょう。

――戦争の負債がたくさんあり、死傷者も大勢出たのに、賠償金がとれなくて政府批判が高まる。

そうですね。講和条約で賠償金がとれないということで、みんながっくりくる。「日清戦争のときの夢をもう一度」ができなかった。あとはなんでしょう。国民は戦争中に巨額の戦費の負担をしたのに、というあたりがヒントです。

――……？

難しいでしょうか。日清戦争の後に起きた変化は、初めての政党内閣ができたことでした。憲政党を与党として第一次大隈《おおくま》内閣ができました。日露戦争の後でも、選挙にかかわる大きな変化が起きるのです。日露戦争のときの議会の状況を見ると、日清戦争のときより、日本は実は戦いたくなかったということがわかります。原敬の日記のなかにも書いてありましたね。それは戦費のために外債をたくさん借りなきゃいけないということもあった。

「非常特別税法」というものは知っていますか？　ここでまた経済がかかわるんです。桂内閣は基本的に、ものすごい増税によってこの戦争をまかないました。地租、営業税、所得税の三つが戦前期における直接税でした。割合としては地租が最も多い。そして企業が多数できてきて、個人の勤労所得も上がってくるにつれて、営業税や所得税も、地租とは異なる直接税として国を支えるようになります。

この税金の増税の割合がすごいんです。地租は、田畑の場合、まあ二倍ぐらいで済んでいます。一律地価の2・5％だったものが、戦争前に「この戦争の間だけ増税します」という非常特別税法という法律ができて、地租は田畑の場合、5・5％に増えました。市街地に対してなされた地租はもっと増えていて20％になった。これはかなりの増税だと思います。そして所得税は一律1・7倍に増徴しました。

井口和起《かずき》先生の『日露戦争――世界史から見た「坂の途上」』（東洋書店）というブックレットによれば、非常特別税法が一九〇四年の四月と十二月の二回にわたって行なわれた結果、国民は〇三年に歳入として国家に納めた税金の額と同じ額をもう一回分支払ったことになるそうです。地租、営業税、所得税を納めたのに、特別税法になった途端、同じ額をもう一回納めなければならない。一年に二回納めたことになる。

この増税は時限立法で、本当は戦争が終わったら元に戻すはずでした。けれども政府はロシアから賠償金を得られなかった。賠償金を三〇億円とるつもりだったといいますから日本人も肝が太いといいますか、しかしニコライ二世は一コペイカだって払うまいと最後まで頑張って実際払わない。これに日本政府は泣かされました。だから税額の七割増などというのが恒久税にされてしまう。非常特別税法の「本法律は戦時中にだけこれを適用する」という、条文一つだけ削ればそのまま生きるでしょう。政府は、この条文を外すという法改正をゴリ押しして、これが恒久法になっちゃうわけです。ここでなにかが起こるんです。

戦争前の一九〇〇年、山県内閣は衆議院選挙法を改正しました。それまでは直接国税を一五円納めていなければ選挙権を持てなかったのですが、五円下げて一〇円以上の納税者にした。その結果、選挙権者は九八万人になったのだそうです。最初の選挙法のときの有権者数は四五万人だったので、増えていますね。選挙制度を変えて、地主以外の意見も上がるようになってきた。

そして、日露戦争によって、税金を一年に二回払うのと同じ事態が起こりました。選挙法は一九〇〇年のまま変わってないのに、特別税法で税金が高くなった結果が現れる一九〇八年の選挙では、選挙人口が一五八万になっている。選挙権者が一五〇万の大台に乗ったんだということは頭に入れておいてください。戦争の前と後でこれだけ変わっている。政府もこれを自覚していたかどうかはわかりません。

ですから、日露戦争後の国会や地方議会、県会などに出てくる人たちの質が変わります。これはすごく大きかった。どんなふうに変わったのかわかりますか。

――……？ 議員として選ばれる人たちが変わってくるということですか。

そうです。選挙権を持つ人たちが増えて、有権者の層が変わる。だから選挙で選ばれて政治家になる人たちも変わってゆく。それまでは主にどういう人たちが選挙権を持っていたでしょう。

——地主。

はい。地主など、豊かな農家の人たちですね。それがだんだん変わってくる。たとえば会社を経営していたり、銀行などの給料のいいところに勤めているような人が払う直接税は営業税、所得税です。戦争時の増税によって、一〇円を超える税を納める人が増えた。選挙権を持つ人のなかに、会社経営者や銀行家などの金持ちが増えただろうというのは想像がつきます。

けれど、それをどうやって調べるのかという難問がある。じゃあなにを見ればいいかというと、新しくつくられた政党なんです。このとき、「自分たちは実業家の利益を守るために政党を組織しました」という旗を掲げる人たちが出てきます。これが一九〇八年の第一〇回総選挙でした。戊《ぼ》申《しん》倶《く》楽《ら》部《ぶ》という、実業家たち四五人の政党ができた。これは初めてのことなんです。

そして地主の政党といわれていた政友会のなかでも、このときの選挙では、落選す

戦争のための増税で
選挙権者が戦前の1.6倍に。
そして、政治家の質も変わる。

る大地主議員がいたり、会社を持っている政友会議員が生まれたりしました。日露戦争後、地方の商工会議所などで活動していた実業家が初めて団体を組織して政党を名乗った。実業家である議員が公然と活動を始めたということです。

山県内閣というのはあまり注目されないのですが、いろいろ意味のあることをやっていたんですね。一九〇〇年の選挙法改正は、納税資格は一五円から五円しか減らされないけれど、実は日清戦争後の産業の発達を担《にな》う、商工業者や実業家に頑張ってほしい、そのためにも彼らに議会での地位を与えなきゃと、いろいろ操作しました。選挙区の割り方を変えたり、大きな工場がある都市部に議席をたくさん分配したり。そうすることで、産業を担う層を議会に吸収しようとした。なぜなら、地主さん議員がいると地租増徴ができないわけです。まだこのときは日露戦争をやるとは決意していませんが、戦後の軍費拡張を支える予算は、地主議員がいると反対が多くてできない。商工業者を大切にすべきだということで、被選挙権も広げました。

被選挙権とは選挙に立候補する権限ですが、これは最初の一八八九年の選挙法では立候補だけしてみようという人は立候補できないようになっていました。ある程度の得票がされないとお金をとられちゃうし、直接国税一五円以上という制限があった。それが一九〇〇年の山県内閣の選挙法では、被選挙権は基本的に納税資格がなくなります。だからたとえば都市商工業者などが、「新聞記者あがりの彼は弁が立つ。帝国議会へ彼を送り込むんだ」と思ったとき、その人を送り込めるようになった。このような政府側の意図、つまり地主議員を圧迫して、もっと違う考えの人を議会に入れようということが実現されてきます。国税を納める人が一〇円以上になって、実業家が実際に選挙権を持った。じゃあ、あの人を入れよう、この人を入れようというとき、山県内閣で被選挙権の制限をなくしたことが、日露戦後の一九〇八年の選挙で、実はじわーっと効いてくるわけです。

山県はいろいろ悪口をいわれた人でした。キリギリスというあだ名もあったらしい。顔が細いからでしょうか。大正天皇は、山県と一緒にご飯を食べるのは嫌だといったそうです。大正天皇は鉄道オタクだったので、鉄道をたくさん敷設するために頑張った原敬のことは大好きだったのですが、山県は嫌われちゃうんですね。その山県が商工業者、産業家、実業家たちが議会に登場してくる基盤をつくっていたというのはとても面白い。

日露戦後、増税がなされたことで、選挙資格を制限する直接国税一〇円を結果的に払う層が一・六倍になり、選挙権を持つ人が一五〇万を超えたこと、これが大切なポイントです。

3章

第一次世界大戦

日本が抱いた主観的な挫折《ざせつ》

植民地を持てた時代、持てなくなった時代

世界が総力戦に直面して

こんにちは。今日は第一次世界大戦のお話でしたね。この戦争は、セルビア、イギリス、フランス、ロシアなどの連合国とオーストリア、ドイツ、トルコなどの同盟国が戦った世界規模の戦争で、開戦は一九一四（大正三）年七月二十八日。ドイツが休戦協定を受け入れ、戦争が終結したのは一九一八年十一月十一日のことでした。講和条約の調印は翌年です。

まずは戦死者と戦傷者の数を、世界と日本の場合とでくらべてみましょう。世界全体で戦死者が約一千万人、戦傷者が約二千万人出ましたが、日本の場合は青島《チンタオ》攻略戦での戦死傷者が一二五〇人とだけ記録されています。ものすごく違っていますね。世界では一千万の単位で戦争の犠牲者が出たにもかかわらず、日本では千人の単位しか出ませんでした。

ですから、この戦争でなにが変わったかという点について、世界の場合と日本の場

合とで分けて考えてみましょう。まず、世界という点では、ヨーロッパで長い伝統を持っていた三つの王朝が崩壊してしまった。これが最も大きな変化といえます。一つ目がロシア。連合国の一員であったロシアでは、長引く戦争の混乱から国内に革命が起きてロマノフ朝が崩壊します。ここにいう革命とは、一九一七年十一月（ロシア暦では十月）、レーニンとトロツキーに率いられたボリシェビキ（多数派を意味するロシア語です）によって起こされたロシア革命のことです。二つ目がドイツ。同盟国側の中心であったドイツでは、一八年十一月、国内で労働者による武装蜂起《ほうき》が起き、皇帝だったヴィルヘルム二世が逃亡した結果、ホーエンツォレルン朝が崩壊します。三つ目がオーストリア。ドイツと同じく同盟国であったオーストリアも敗戦によってハプスブルク帝国がなくなります。帝政崩壊後の一九年、ドイツではワイマール共和国が生まれ、ロシアでは内戦ののち、二二年、ソ連（ソビエト社会主義共和国連邦）となります。

日本においては、天皇を中心とした立憲君主制による統治はゆるぎませんでした。けれども、幼少期にかかった病気の影響から元来病弱であった大正天皇の病状のさらなる悪化や、シベリア出兵（ロシアがドイツと単独に講和条約を結び、連合国を離脱したことで、戦線の崩壊を怖《おそ》れた連合国側がロシアの内戦に干渉戦争をしかけたもの。日本は最も積極的に参加）が噂《うわさ》されるなかで起きた米価高騰《こうとう》に対し各地で起きた米騒動の状況を見て、元老・山県有朋《やまがたありとも》が原敬《はらたかし》を首相にする決意をしたことは最も大きな変化でした。これまで首相を天皇に推薦する際、最も力を持っていた山県は、政党内閣の誕生に反対していました。しかし、内外の状況の悪化を見て、原を首相とし政友会を与党とする政党内閣を誕生させることもやむをえない、と考えるようになったのです。世界の激動とは次元は違いますが、外務大臣、陸海軍大臣以外の閣僚を全部政友会員で揃《そろ》えてしまった原敬の本格的政党内閣（一九一八年九月二十九日―二一年十一月四日）が生まれたのは大きな変化に違いありません。

　第一次世界大戦が総力戦であったこと、膨大な死傷者が出たことなどによって、国家が国民に対して新しい社会契約を必要としたことについては、序章ですでにお話ししましたね。三つの帝国が崩壊し共和国となったことなども、新しい社会契約が実現した表れでしょう。また、あまりに犠牲の多かった戦争だったので、戦争が二度と起こらないような国際協調

◉ 第一次世界大戦の犠牲者数

世界全体　戦死者…… 約1,000万人
　　　　　戦傷者…… 約2,000万人

日本　戦死傷者…… 1,250人

の仕組みをつくろうということで、一九二〇年、国際連盟が設立されました。連盟は、第一次世界大戦の持った新しい戦争の側面を象徴していると思います。

戦争の影響の二つ目は、帝国主義の時代にはあたりまえだった植民地というものに対して批判的な考え方が生まれたことです。植民地獲得競争が大戦の原因の一つとなったとの深い反省からです。帝国主義とは、ある国家や人民が、他の国家や人民に対して支配を拡大しようとする努力一般を指しますが、これまで国家の名前で堂々となされてきた植民地獲得や保護国化が、そのままでは世界から承認されないようになったのです。旧ドイツ領植民地を連合国側が処分するにあたっては、国際連盟がそれぞれの連合国に対して、その地域の統治を委任するというかたちをとることにしました。事実、日本がこの戦争で獲得した赤道以北の旧ドイツ領の南洋諸島などは、委任統治権を日本に与えるというかたちがとられました。

日本が一貫して追求したもの

ただ、公式に植民地獲得が是認されなくなったとはいえ、世界が急に聖人君子だけからなる国家になれるわけでもありません。委任統治の実態がその本質では植民地支配であったことも事実です。公式であれ非公式であれ、植民地という点で日本はこの大戦からなにを得たのでしょうか。日本はこの大戦においても、過去の戦争と同じように一貫した姿勢で、植民地を獲得していたのでしょうか。これを見ておきましょう。日本は、日清戦争で台湾と澎湖《ほうこ》諸島を、日露戦争で関東州（旅順《りょじゅん》・大連《だいれん》の租借地）と中東鉄道南支線（長春《ちょうしゅん》・旅順間）、その他の付属の炭坑、沿線の土地を獲得し、さらに日露戦争の五年後の一九一〇（明治四十三）年に韓国を併合しました。そして、第一次世界大戦では、山東半島の旧ドイツ権益と、赤道以北の旧ドイツ領南洋諸島を得たのです。あいかわらず着々とした獲得ぶりです。日本の植民地統治の仕方の特徴などについて研究している先生がマーク・ピーティーさんで、アメリカでも五本の指に入るスタンフォード大学の研究者です。前にもちょっと出てきた名前でしょう。ピーティー先生は日本の特徴をこう表現しています。

近代植民地帝国の中で、これほどはっきりと戦略的な思考に導かれ、また当局者の間にこれほど慎重な考察と広範な見解の一致が見られた国はない。

日本の植民地はすべて、その獲得が日本の戦略的利益に合致するという最高レベルでの慎重な決定に基づいて領有された。

先生の言葉のなかで大事なのは「戦略的」というところでしょうか。確かに日本が獲得した植民地を考えてみると、ほぼすべて安全保障上の利益に合致する場所といえますね。台湾を考えてみれば、そのすぐお向かいに中国の福建省《ふっけん》がありますし、台湾と福建省の間の海域は台湾海峡となっており、ここは海上の輸送を考えたときに重要ですね。また、朝鮮半島と日本の間の海域は朝鮮海峡で、これはもうシュタイン先生直伝の重要ポイントです。

それでは日本と比較するためにも、欧米の帝国主義国であるイギリス、フランス、ロシアのケースを考えてみましょう。他の帝国主義国はどのような理由で植民地を拡大することが多かったのか。産業革命前に、十五世紀から十八世紀頃の絶対王政をとるヨーロッパ諸国が、国富を増大させるためにとった貿易政策を重商主義といいますが、この頃の植民地獲得の理由も含めて考えてみてください。

――市場を拡大して経済を活発化させるため。

はい。まず重要なのは商業的なもの。資源と海外市場獲得のための植民地獲得は十五世紀ぐらいから始まっていました。

――農産物をプランテーションみたいなかたちで、効率的に大量生産する。

プランテーションというのは、植民地の広い土地に単一の農産物を大規模に栽培することですね。主にアジアやアフリカでなされ、茶、コーヒー、カカオ、天然ゴムなどが栽培された、と。あとはなにかありますか。

――キリスト教を布教するため。

確かに、豊臣秀吉や江戸幕府がキリスト教を禁じた一つの理由は、キリスト教の布教と貿易を武器にした日本への影響力拡大という点で、スペインやポルトガルなどを、そのときどきの権力が警戒したからですね。オランダや中国に交易を許したのは、これらの国々が貿易だけに専念する国と見なされたからでした。その他はどうでしょう。

――……。

うーむ。ちょっと思いつかないですか。それではこちらからお答えを。それは、海外の植民地を、国内の過剰人口のはけ口として、また国内の失業問題の解決策として用いるといった発想で、社会政策的な理由から植民地の獲得がなされる場合です。ビスマルクやヴィルヘルム二世時代のドイツなどがこのような政策をと

日本は
安全保障上の利益を
第一目的として、
植民地を獲得した。

［**第一次世界大戦後の日本の領土**］

1905年に樺太の南半分（北緯50度以南）、1910年に韓国を併合。
第一次世界大戦では山東半島の経済的利権と南洋諸島を獲得した。

りました。このような例にくらべると、日本の場合は、貿易のため布教のため社会政策のためというよりは、第一には安全保障上の考慮というものが大きく働いていたといえそうですね。このような発想で植民地を支配していた日本という国は、ピーティー先生のいうとおり、確かに珍しいのかもしれない。

日米のウォー・スケア

それでは、日本から遠いヨーロッパの戦争に、どうして日本がかかわってゆくのか、その点を考えておきましょう。それを考えれば、ドイツが持っていた山東半島の権益と南洋諸島を、なぜ日本が獲得するようになるのか、これがわかるはずです。

一九一四（大正三）年七月二十八日、オーストリアはセルビアに宣戦布告しました。直接のきっかけはとても小さなことで、その一カ月前、オーストリアの皇太子が親露的なセルビア人に殺害されたためです。ただ、すでにその前、バルカン半島の民族問題と、ドイツ・オーストリア対ロシアの対立が深く進行していました。八月一日にドイツがロシアに宣戦布告すると、八月四日にロシアと同盟関係にあったイギリスがドイツに宣戦布告し、世界を巻き込む戦争が始まります。フランスもイギリスと行動をともにします。

日本は、八月二十三日、ドイツに宣戦布告しましたが、参戦の仕方はなかなか強引でした。このときの主役は、第二次大隈重信《おおくましげのぶ》内閣の外相であった加藤高明《たかあき》です。大正天皇が夏休みで、栃木県は日光の田母沢《たもざわ》の御用邸で涼んでいたとき、夜中に日光までおしかけて行って天皇の裁可をもらってきてしまうわけですね。学問・軍事・技術などを、長らく学んできた先生にあたる国家であるドイツと戦うことについては、元老の山県などにはためらいがあったといいます。でも、加藤高明はずんずんすすむ。

それではこのとき、島国である日本がドイツに対して参戦して得ようとした安全保障上の利益はなんだったのでしょうか。列強がヨーロッパでの戦争に手一杯のときに、火事場泥棒的に日本は中国への影響力を強めたのだ、とはよくいわれますね。確かにそれは本当で、列強がアジア向けの輸出ができなくなってしまったとき、日本の中国への輸出額は増大します。しかし、これは経済的な観点でして、戦略的にはどうでしょうね。この戦争を機会にめざされた、島国としての安全保障上の利益はなにか。ヒントは海軍です。

——南洋諸島？

そう。南洋諸島を委任統治領にしたことについては、すでに触れました。赤道以北と以南の実によい場所、太平洋のど真ん中にドイツは多くの島々を持っていましたから、それを奪ってしまおうと考えたのは理解できます。まずは、一つ目の正解ですね。日本がアメリカと戦争しようとするときには、太平洋の真ん中の島は、海軍の根拠地として必要になりますからね。

実はこの第一次世界大戦から、みなさんが海外に遊びに行ったりするような島々が、列強の国々の念頭に置かれるようになるのです。アメリカはあまり植民地を持たない国だったのですが、一八九八年の米西戦争という、スペインとの戦争でフィリピンとグアムを獲得します。そしてハワイ、サモアも併合する。日本とアメリカでは、太平洋の反対側の国を恐ろしいと思うかどうかという点で、アメリカのほうが日本よりも早くそう思った可能性がありますね。アメリカでは日露戦争が終わった後、一九〇七年「ウォー・スケア」というものが起こりました。ウォー・スケアとは、日本人が海を越えて襲ってくるのではないか、戦争が始まるのではないか、との根拠のない怖《おそ》れです。

どうしてこのような怖れが広がったかといえば、その根には、前年の一九〇六年四月十八日、サンフランシスコで起こった大地震がありました。サンフランシスコにはチャイナタウン（中国人街）がたくさんあって、大勢の中国人がいました。そして中国からアメリカへ渡った移民たちはアメリカ人労働者より低賃金で喜んで働くという点でアメリカ社会から敵視されていて、差別的な状況下で暮らしていました。大地震が起こったとき、アメリカ人は大きな恐怖に襲われて、チャイナタウンの中国人が襲ってくるのではないかと考えるのです。このような雰囲気のなかで大地震が起こったために、くわしい数値は不明ですが、チャイナタウンの中国人に対する暴行と略奪が起こりました。そして同じ現象が日本でも生じる。一九二三（大正十二）年九月一日に起きた関東大震災の際、中国人や朝鮮人に対する虐殺《ぎゃくさつ》事件が起きました。その背景には「ふだん虐《しいた》げられている朝鮮人が日本人を襲ってくるかもしれない」との根拠のない流言がありました。数千人の朝鮮人と約二〇〇人の中国人が犠牲になったといいます。アメリカと日本はともに大地震によるウォー・スケアを体験した国だった。

カリフォルニア州の白人の目から見れば、中国人も日本人も同じ東洋人です。一八九一年から一九〇六年の間に数千人の日本人移民がカリフォルニアに渡っていました。カリフォルニアでは、日本人移民に対して、低賃金で働き、アメリカ社会の一体性を混乱させる者と決めつけ、〇六年には日本人学童の公立学校への入学拒否、〇七年には日本人移民を排斥する条項（ハワイ、メキシコ、カナダなど米国本土以外を経由した日本人移民を排斥する条項）を含む連邦移民法も可決されてしまいます。ロシアを打ち負かした好戦的な国家というイメージが、急速にアメリカ社会のなかでふくらんでいったことがわかるでしょう。

西太平洋の島々

さて、日米関係がぎくしゃくしているとき、西太平洋の島々を持っているのがドイツであることの重要性に日本は気づいたことでしょう。たとえば、マリアナ、パラオ、カロリン、マーシャルなどのミクロネシアは、アメリカが太平洋を横断してくる際のルート上にある島々です。はい、そこで大戦が始まったと。すると加藤高明外相は、日本はイギリスと日英同盟協約を結んでいるから、それを理由に参戦しようとしますが、イギリスは警戒的でした。イギリスが「いや、まだ日本の協力はいらないかも」といって消極的な反応を示しているうちに、加藤は「日英同盟協約の予期せる全般の利益を防護する」というまわりくどい表現をしながらも参戦してしまう。

そして、イギリスが西半球の海で安心して戦えるようにということで、日本海軍は一九一四（大正三）年の九月から十月の、非常に短期間の戦闘でドイツ領の島々を占領してしまいます。南洋諸島、つまりマーシャル諸島のヤルート、カロリン諸島のポナペ、トラック、ヤップ、マリアナ諸島のサイパンなどにドイツは海軍基地を持っていたのですが、これを日本が占領するのです。今名前を挙げた海軍基地は、のちの第二次世界大戦のとき、よく耳にするような場所だということに気づかれましたか。サイパンなどは、ここをアメリカにとられたら日本本土に対するB29など大型爆撃機のサイパンの基地からの出撃が可能になってしまうということで、日米間で死闘が繰り広げられた場所でした。つまり、日本にとってもアメリカにとっても常に重要な地点だったということです。

南洋諸島などといいますと、今では観光地以外では身近な存在ではないですね。でも一昔前は違いました。お祖父《じい》さんやお祖母《ばあ》さんから、『酋長《しゅうちょう》の娘』という歌を聞いたことはないですか。題名を聞いてもわからないと思いますが、次のような歌詞をいえばどうですか。「私のラバさん／酋長の娘／色は黒いが／南洋じゃ美人／赤道直下／マーシャル群島／ヤシの木陰で／テクテク踊る」とか、そんな歌詞です。

かなり怪しい歌詞でしょう。日本は一九一四年にドイツ領の島々を占領します。そして一九年のパリ講和会議で、委任統治して経営しなさいと南洋諸島を預けられるのです。それから、水産や貿易を行なうため現地に移住する人も増えて、島の人々と日本人との交流も生まれる。そのような背景から、一九三〇（昭和五）年につくられた

歌ですね。

ですから、個人的な話をして恐縮ですが、私の母は、満州事変が起こる一九三一年、栃木県の佐野市に近い田沼町（現・佐野市）という小さな町で生まれましたが、この母の記憶によれば、小さい頃、南洋から町にお嫁にきた褐色の肌の女性がいて、子供というのは残酷なものですから、この『酋長の娘』を子供みんなで唱《うた》いながらはやしたてて、彼女のあとをついて歩いたといいます。頭の上に器用に大きな甕《かめ》などを載《の》せて、ゆっくりと歩いていたらしい。昭和の初期になれば、田沼町などといった小さな町にも南洋出身の花嫁がやってくるようになったのです。

山東半島の戦略的な意味

太平洋の島々が戦略的に重要な場所であり、それを日本は戦争の勃発《ぼっぱつ》とともに占領した。ここまではいいですね。とすると、中国の青島を占領するというのは、戦略的にいえばなぜでしょうね。その理由を考えながら、中国大陸において、日本が獲得した地点を見ておきましょう。

陸軍は、ドイツ領である青島を攻略します。このとき日本側は、ドイツが敷設《ふせつ》した膠済線《こうさい》（青島―済南《さいなん》）という鉄道を占領する。これは膠州湾《こうしゅう》に臨む重要都市・青島から済南まで、山東省を東西に走る鉄道でした。ドイツが十九世紀末に着工し、一九〇四年に全線を開通させた鉄道です。日本は、この青島と膠済鉄道をとっちゃったわけです。パリ講和会議では、この旧ドイツ権益をめぐってものすごくもめます。アメリカは中国に直接返しなさいと言い、日本はドイツに勝利したのだから、まずはドイツから日本に移管し、そのうえで適当な時期に、日本から中国に返還しますから、という。

それでは、このとき日本が山東半島の鉄道を自分のものにしなければならないと考えた理由はなんでしょう。陸軍などは、どのような安全保障上の理由でこの鉄道を欲したのか。

――……。

地図をよーく見てください。

――満州はこの鉄道の近くですか。

おお、いい質問ですね。満州は、中国東北部の三省、遼寧省《りょうねい》・吉林省《きつりん》・黒龍江省《こくりゅうこう》のあたりですから、少し遠いかな。日本は日露戦争で長春《ちょうしゅん》から旅順まではとった。そして、旅順から北上すると奉天《ほうてん》という場所がありました。これは現在の地名で瀋陽《シェンヤン》で

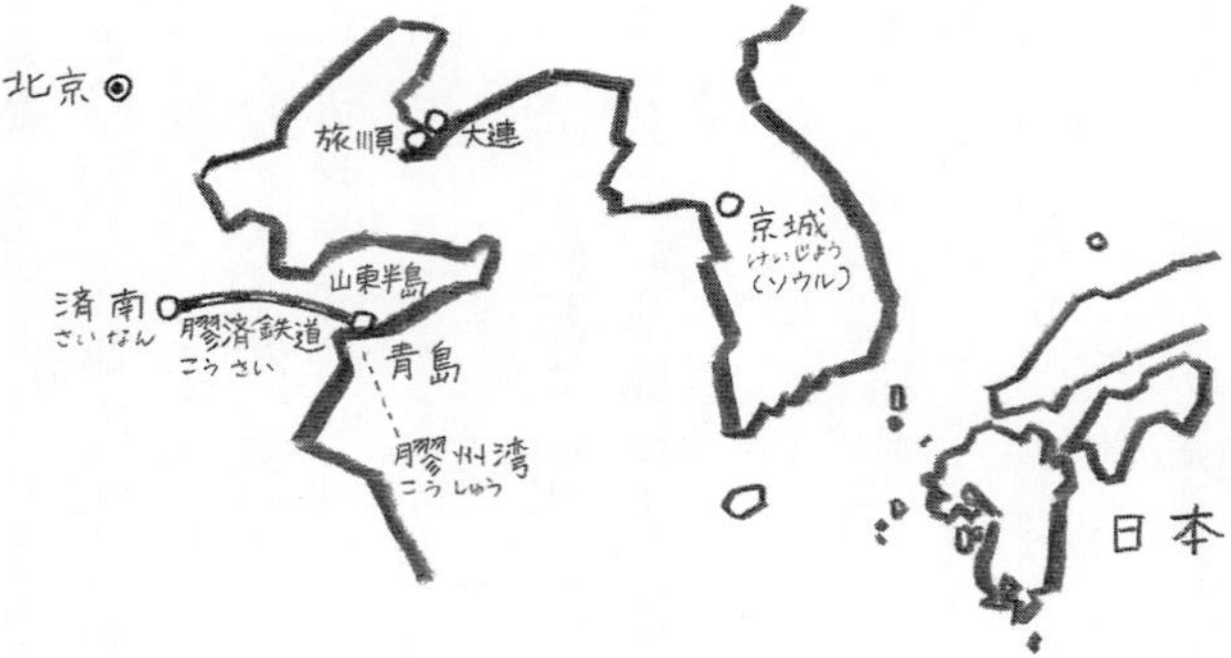

［**青島と膠済鉄道**］
日本は、ドイツ領であった青島《チンタオ》租借地と膠済《こうさい》鉄道を獲得した。

すが、この奉天には、朝鮮と満州の国境にあたる新義州《しんぎしゅう》（朝鮮側）、安東《あんとう》（満州側）から鉄道が通じていた。つまり、日露戦争と韓国併合によって、日本、朝鮮、満州という方向へと、日本から連絡船を経て、半島、大陸へと連絡する鉄道が延ばされていた。そして次の戦争で山東半島の鉄道を獲得する。

——ちょっとわからないけれど、中国国内の内戦に介入しやすくするため。

なかなかいい線いっています。ただ、内戦というよりは、国家統一への過程上の争いといったほうが適切かな。ちょっと横道にそれますが、一九一四（大正三）年あたりの中国の状況をお話ししましょう。

一九一一（明治四十四）年、早稲田大学に留学していた宋教仁《そうきょうじん》やハワイで革命結社を起こした孫文《そんぶん》などの革命派、新しい制度のもとに編成された軍隊＝新軍内部の改革派、国会開設を求める政治家、以上の三つの勢力が力を合わせて、清朝打倒に動きます。これが辛亥《しんがい》革命と呼ばれるものです。中国に最も影響力を持っていたイギリスは、清朝が倒れても、官僚中の実力者であった袁世凱《えんせいがい》を中心として政府が運営されればいいと考え革命に干渉しませんでした。

こうして一二年、清朝が倒れ、中華民国が誕生します。革命の原動力となったのは南京《ナンキン》や広州《こうしゅう》をベースとする南方の革命派・孫文でしたが、清朝の最後の皇帝・宣統帝《せんとうてい》を退位させるときにうまく動き、北京を根拠地として持っていた袁世凱には、一二年の時点では競《せ》り負け、袁世凱はこの年三月、臨時大総統に就任するのです。一四年という時期は、袁世凱が北京政府を治めてはいるけれど、孫文などの革命派や新しい思想と力を持った地方の軍人たちがいつ南

袁世凱《えんせいがい》

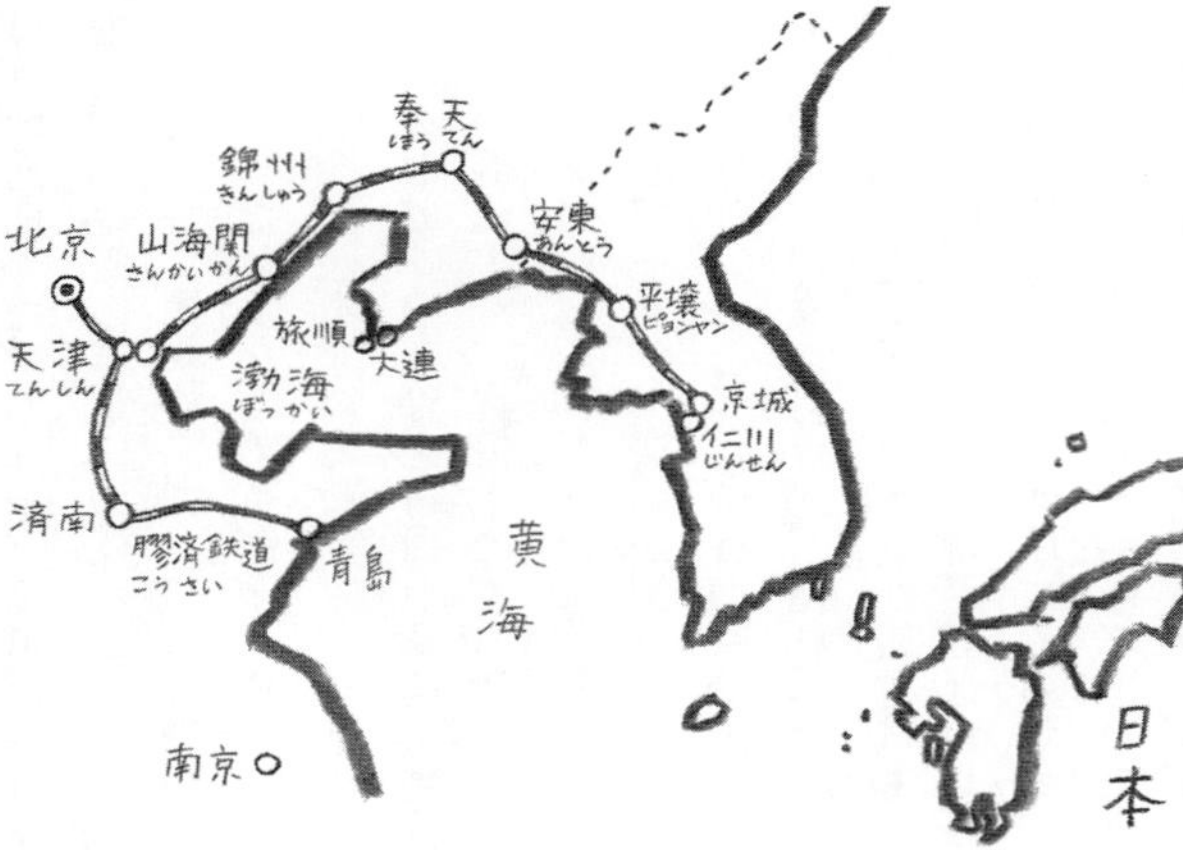

[膠済鉄道の意義]

膠済鉄道によって済南、天津、北京へ。海陸両方から北京を攻めることができるようになる。

方を中心に勢力を拡張するかわからないという状況でした。「中国の内戦、内乱の怖れがあった」というのは非常に深い、よい答えです。他にはどうでしょう。日本側の軍事的な面から見ると、実はかなり戦略的にすごいことをやっているのだけれど。

――その、湾がありますよね、遼東半島の一番南に旅順があって、山東半島がとれれば二つの半島にはさまれた部分の湾を……。

そう、ここは渤海《ぼっかい》湾ね。すると山東半島の鉄道をとればなにが可能になるか。

——中国を海と陸の両側から攻めることができる。

そのとおりです。戦争が終わった後は、日本側がなにを獲得すべきかについて、陸軍軍務局長（陸軍のなかで他省庁などとの政治関連の折衝にあたる職務）であった山田隆一という人物は、会議の席で次のような意見を述べています。青島租借地よりも膠済鉄道が大事、こちらが大事ということを強く主張していることがわかります。

山東省においては青島租借地のごときは価値なく、本鉄道［膠済鉄道のこと］が軍事上、経済上、植民上、唯一《ゆいいつ》の価値ある重要物件。

日本は中国になにかあった場合、山東半島の南側の付け根にある膠州湾や青島などに上陸して、そのあとは鉄道で西に進んで、軍隊をバーッと済南まで運んでしまえば、中国の鉄道で天津《てんしん》、北京というルートで北京まですぐに北上できる。それ以前の日本が北京に達するためには、まずは朝鮮半島の仁川《じんせん》に上陸し、そこから鉄道で満州の安東まで行き、そこから奉天、錦州《きんしゅう》、山海関《さんかいかん》を越えて天津、北京という陸のルートをたどるしかなかった。

中国の心臓部分を走る最もいい鉄道はイギリスが持っていました。イギリス以外は握ったことのないとても重要な地点を、第一次世界大戦で、日本はドイツ領だからという理由でサッととるのです。海陸両方から北京を攻められる条件に恵まれている国というのは、いままではなかった。「陸と海から行きますよ」というのは、やはり、中国に地理的に近い帝国としての日本の有利さだった。日露戦争の新しさについて、ロシア人のスヴェーチンという軍人が、日本の展開した陸海軍の共同作戦が新しいのだと見ていたことは、2章のはじめでお話ししました。第一次世界大戦においても、こうした陸と海の共同という発想は生きているということですね。

当時、青島に常駐していたドイツ艦隊は巡洋艦等二隻《せき》と軽巡洋艦三隻にすぎませんでしたが、ロシアの海軍力が東アジアの海域から駆逐された後では、日本に最も近い位置にある列強の海軍はドイツのものだったので、参戦を契機に、日本がドイツ艦隊を一掃しようとした理由もまた理解できるのではないですか。

なぜ国家改造論が生じるのか

変わらなければ国が亡《ほろ》びる

第一次世界大戦が日本に与えた影響は、おそらく第二次世界大戦の次、もしくは第二次世界大戦と同じぐらい大きかった。戦後の日本がどう変化したかという点については、原敬による本格的政党内閣が成立したという点から説明しました。ただ、日本国内の変化を見ると、政党内閣が成立しましたというだけでは済まない、より大きな変化が見られました。その点を深く見てみたいと思います。

ヨーロッパは三千万単位の死傷者が出たのに、日本では千人単位。日本の死傷者は非常に少ない。序章でお話ししましたが、戦争で膨大な死者が出ると、社会は緊張を強いられ、戦後に大きな変化が生じることになります。基本的な社会契約が書きかえられなければならない。この側面から考えると、第一次世界大戦の日本への影響は少ないはずだ、と。

日本の戦争は一九一四年八月に始まって、実際上には三カ月後の十一月ぐらいで終わってしまった。むろん、地中海における連合国の兵員輸送にはその後も従事しますが。ただ、とにかく全体の死者は驚くほど少ない。ですがこの戦争の結果、日本国内においてはたくさんの「国家改造論」が登場して、とにかく日本は変わらなければ国が亡びる、とまでの危機感を社会に訴える人々や集団がたくさん生まれました。

①　普通選挙
②　身分的差別の撤廃
③　官僚外交の打破
④　民本的政治組織の樹立
⑤　労働組合の公認
⑥　国民生活の保障
⑦　税制の社会的改革
⑧　形式教育の解散
⑨　新領土・朝鮮、台湾、南洋諸島統治の刷新
⑩　宮内省《くないしょう》の粛正《しゅくせい》
⑪　既成政党の改造

なぜ、このような強い危機感が戦後に生まれたのか。そこでまず、どんな要求が挙がってきたかを眺めてみましょう。

一一の項目がありますね。この項目は一九一九（大正八）年以降にワラワラと出てくる、改造団体といわれた団体の典型的な主張を集めたものです。聞いただけでは、ちょっと想像できない項目もありますね。⑤の労働組合の公認というのは、当時は団結権・団体交渉権・団体行動権など、第二次世界大戦後の日本では認められた権利が

なかったため、このような要求が出てきたものです。また、⑦の税制云々《うんぬん》というのは、地主や資本家に有利な税制は止《や》めろということでしょうね。⑨の新領土云々というのは、日本が植民地や委任統治領とした地域に憲法なりを適用し、選挙権・被選挙権などを与えたらどうか、という要求を含んでいると思います。⑪の既成政党の改造というのは、地主や資本家が支持する政友会や憲政会以外の政党ができてくるべきだ、ということでしょう。

この時期の改造団体は、一九一九年のパリ講和会議に参加するために出かけ、パリに滞在していた少壮政治家、ジャーナリストなどによって創設されたものが多かった。全権とともにパリに赴いた外交官や軍人以外に、政治家やジャーナリストたちも、自費であったり会社に負担してもらったりして、ずいぶん講和会議を見聞に行っていたのです。先ほどの一一項目は、パリに行った政治家、ジャーナリスト、実業家などが日本に帰ってきて、「日本はだめだ。日本は終わった」との危機感から掲げた運動目標だったのです。

日清戦争後に起こった改造運動は、せいぜい「普通選挙が必要だよ」という一項目でした。いわば点でした。日露戦争後に起きた改造運動は、実業家や地方議会の議員などが「悪い税金をなくしましょう」と主張する経済的な運動でしたね。いわば、線にまで伸びた。それが、第一次世界大戦後には、包括的な内容の国家改造論というべきもの、線から面にまで主張が広がった。その理由と背景はなんでしょうね。

けっこうすごい改造論ですよ。南米などで、軍人が指導者となったクーデターを起こしたとして、これらを革命政権のスローガンとしてもおかしくない。普通選挙をやります、身分差別を撤廃します、官僚外交はだめで秘密外交は止めます、労働組合をつくって国民生活を守りますと。なぜここまで徹底した改革が三回目の戦争で唱えられたのか、考えてみてください。むしろ日清戦争、日露戦争のほうが戦死者はずっと多かった。緊張感もあったはずだし、お金もかかった。それにくらべて第一次世界大戦は一五億円儲《もう》かったわけですからね。

——欧米と日本の政治制度や社会制度の差を見て、日本が軽視される原因はここじゃないかと思って、日本を改革しようとした。

そうですね。これまでも岩倉使節団など、さまざまな人たちが先進国である欧州の状況を学ぶ機会はありました。けれども、ジャーナリストたちが自分の目で見たことを記事に書き、それが東京朝日新聞などに掲載され、多くの人が知ることになった。今回は記事が電送されたりして、時々刻々と会議の様子が本国に伝わってくる。なにがだめなのか、欧米との差が明らかになったことで、このような改造論が生まれたのだ、ということですね。

――アメリカの力が大きくなってきたり、ソ連が誕生したりして、仮想敵国の勢いが増してくるだろうと予想した。だからその政策をまねして、日本を成長させようとした。

これはまたすごい答えです（笑）。仮想敵国ときましたか。しかし、大事な点です。ロシア帝国が崩壊し、その後、ソ連邦となるのはパリ講和会議の三年後の一九二二年ですから、こうした改造要求が出された少し後になります。革命後のロシアが新しい国家として誕生してくることを見越して、世界の新しい環境に適応して準備しましょうという、そのような課題として一一項目を見るということですね。他にはどうでしょう。

――ヨーロッパで勝利した側と、日本との大きな相違点がここに挙がっている一一項目で、結果的にそれが戦勝国を勝利に導いたから。

勝った側と負けた側、そして日本を比較したときに見えてきたものがこれだろうと。ドイツはギリギリまで勝っていました。さっき話題にのぼったロシアの状況をつなげて見てみると、一九一七年三月にロシア革命が起きて、ロシアは「もう戦争をやめてください」とドイツに申し入れます。序章でトロツキーを紹介したとき少し触れましたが、ブレスト・リトフスク条約で、なんとロシアは、ドイツにいろんな地域を賠償のためにとられてしまう。革命を起こした直後でしたから、とにかく、革命に没頭するために戦争のほうをやめようと必死だったわけですね。フィンランド、ロシア領ポーランド、リトアニア、ウクライナ、エストニア、ベッサラビアなどをドイツに割譲します。近代となって以降、一つの国家が割譲した地域としては、これは最大だといわれています。ロシアから割譲してもらった、非常に豊かな広大な土地を持った状態で、なぜかドイツは倒れてしまって、講和会議に被告人として呼ばれる。

この最後の部分でドイツになにが足りなかったのか。これはなかなかに同時代人にとっては知りたい秘密だったはずです。最後の部分でイギリスやフランスが優れていたのはなにかと考えた結果、冷静に見れば、敗北したドイツと、勝利した英仏の、国家や社会の差というのは、ここに挙げた一一項目ぐらいだったのではないかと。ちゃんと宮内省の改革をやっておかないと、三つの王朝も倒れたのだから、ということです。今の答えは、私が想定していなかったものですが、当たっています。とてもよい解答です。他には。

——第一次世界大戦におけるヨーロッパの惨状を目《ま》の当たりにして、今回は日本にとってはそんなに被害が出なかったけれど、次に降りかかってきたときは大丈夫だろうかと不安が広がった。

将来の戦争

戦争の損害はわずかであっても、第一次世界大戦のヨーロッパでの惨状を我が事のように見た、ということですね。想像力を働かせてみたとき、なかなかこれはすごいと。日露戦争のときに、戦争の全期間で使用した弾薬の量を、第一次世界大戦の激戦地では一、二週間で使い果たしたわけです。日露戦争で日本側は八万人を超える死者を出している。とすれば、将来の総力戦に向けて大変な不安がよぎる。飛行機も偵察用として使われはじめました。

日本側が感じた恐ろしい予感は、一九二三（大正十二）年に日本を襲った関東大震災の際の恐怖などによってもリアルに感じられたはずですね。第一次世界大戦での講和会議の開催地・パリがひどい戦禍を受けたことは、多くの人間が実見した。けれど日本人が痛切に「総力戦というのはこういうことかもしれない」と、ヴィジュアルに感じたのは大震災の光景だった。地震とその後に起こった火災によって、死者や行方不明者は一〇万人を超えたといいます。地震が起きて第一次世界大戦の惨状を身近なものとして不安に思う。この不安をよりくわしく見れば、答えになってゆくはずです。

基本的に人間の頭で考えますと、やはり歴史は螺旋《らせん》状に変化してゆくイメージがあるでしょう。日清戦争では八千人ぐらい死んだ。日露戦争では八万人が死んだ。第一次世界大戦では日本は免れたけれど、ヨーロッパでは市民も含めて一千万人が死んだといわれている。次の戦争はどれほどのものになるのだろうか。おそらく豊かな資源が残されている中国という柔らかい美味《おい》しい部分に、戦争を終えたヨーロッパの国々が国内の痛手を早く回復しようとして殺到するだろう。中国の資源と経済をめぐる戦いが一九二〇年代以降の戦いだと予測しているのです。これは、日本の中長期的な戦略をまとめた文書「帝国国防方針」の改定過程を見ればわかります。

帝国国防方針は、日露戦後の一九〇七（明治四十）年、日露戦争が終わった段階で日本の将来的な国防の設計をどうしようかということで、のちに原敬内閣期に陸相となった田中義一《ぎいち》などが案文を書き、山県有朋が手を加えてつくったものです。軍が主導して作成し、首相でさえ内閣や議会が干与しうる予算関係の部分について見るだけの機密文書です。このときの国防方針では、想定敵国の第一とされたのはロシアでした。

一度目の改定は一九一八（大正七）年になされるのですが、最初のヴァージョンから十一年後になされていますね。このときは、想定敵国の第一としてロシア・アメリカ・中国の三国が同列に書かれていました。最初の改定の間隔からすれば、次の改定はもっとゆっくりでよかったはずでしたが、五年後の一九二三（大正十二）年に再改定されている。改定の間隔が短縮されている。想定敵国の第一に、陸海軍共通としてアメリカが挙げられている点に特徴があります。想定敵国もずいぶん激しく変化していました。

改定の間隔の短さ、また想定敵国の変容、それだけを考えても、第一次世界大戦後の日本の緊張感がいかにすごかったかがわかるはずです。

第一次世界大戦によって、なぜ日本は大きく変わってゆくのか。私が想定した答えは、とても複雑なものです。ちょっとこれは、みなさんの想像の範囲にはないでしょう。

危機感の三つの要因

それでは、答えを説明します。大きく分けて、三つの段階すべてに、大きな変化の要因がありました。まずは、この戦争が始まるときに起きたこと。次に、終わった後に日本が直面したこと。最後に、講和会議が引き起こした日本の統治下での動きという三つです。この三つが日本に主観的な危機感を抱かせた。

具体的には、一つ目は、日本が第一次世界大戦に参戦する際にイギリス・アメリカとの応酬があったのですが、その事実が帝国議会で暴露されたとき、激しい政府批判が社会に巻き起こったということ。次に、戦争が終わった後、パリ講和会議で日本が直面した、中国とアメリカからの対日批判に、深く日本側が衝撃を受けたということ。そして最後に、日本統治下の朝鮮で三・一独立運動がパリ講和会議の最中に起こってしまう。この脅威です。第一次世界大戦以来、日本はさまざまな苦悩を体験し、それによって大きな主観的危機感に迫られるのです。

それでは、この観点からもう一度開戦時にさかのぼって、第一次世界大戦を見てゆきましょう。えー、また最初からやるの、などといった顔を、まあしないで（笑）。同じ時

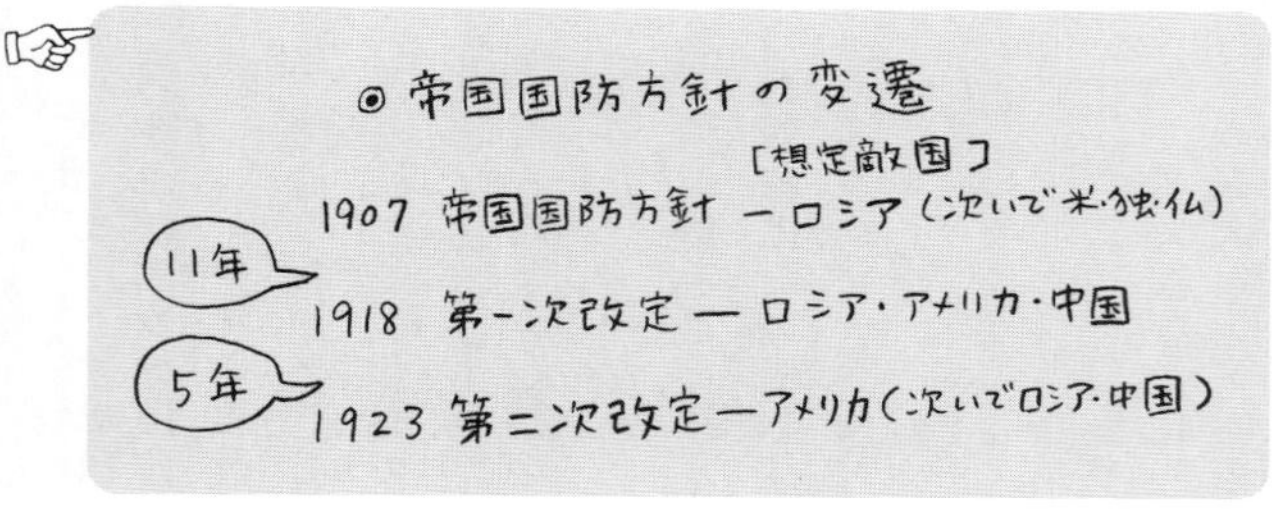

間軸でも、全く違う歴史像が見えてきますから。心配しないで。

開戦にいたる過程での英米とのやりとり

加藤高明とエドワード・グレイ

日本が参戦する一九一四年八月の状況を、少しくわしく見てゆきましょう。第二次大隈内閣で、外相は加藤高明でした。加藤が大正天皇のところに押しかけたこと、元老の山県の躊躇《ちゅうちょ》を押し切って開戦したことまでは、すでに話しました。

加藤外相は、幕末維新期から活躍していた政治家とは違い、東京帝大法学部を卒業し、まずは三菱《みつびし》に入り、その後に大蔵省を経て外務官僚となった人間です。つまり、明治国家が安定期に入ってからの世代でした。なかなか立派な顔をしていますよね。妻に迎えた女性は三菱の創業家である岩崎家の出身でした。だから加藤がなにに困らなかったかといえば、選挙資金です。彼は憲政会という、のちに政友会とともに二大政党といわれる政党を率いていきましたが、選挙資金は基本的に三菱に依存できるので、党員の選挙費用に困ることはなかったといいます。

駐英大使を務めたこともある加藤ですから、加藤が「日英同盟協約の予期せる全般の利益を防護する」との名目をドイツに対する最後通牒《つうちょう》に書き入れ、ドイツとの戦争に飛び込んでいったとき、人々は、英国病の加藤だから仕方がない、と思ったのです。なんでもかんでもイギリスのいうことを聞く人物という意味で、英国病と呼んだのですね。しかし、二国間の外交というのは、そのような単純なものではなかったはずです。今日の講義の前半で少し触れましたが、実は日英同盟の名目で日本が参戦することに、イギリス側がまずは反対するのです。当時、イギリスの外相はエドワード・グレイという人でした。グレイ外相はバード・ウォッチングやフライ・フィッシングなど、自然と親しむイギリス上流階級の趣味一般に通じた人でした。『釣り師の休日』という、素敵なエッセイを書いています。

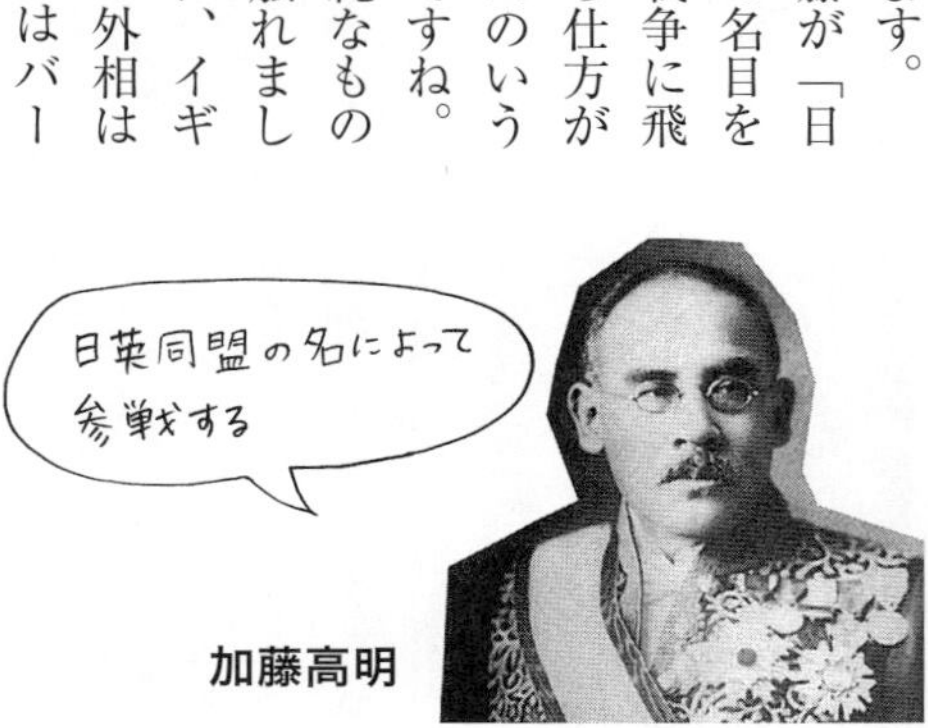

加藤高明

グレイ外相自身は日本への深い理解を持っていた人でした。しかし、イギリスははじめ、日英同盟との名目で日本が第一次世界大戦に参戦するのはやめてくれと断っています。確かに、日英同盟は一九〇二年に締結されて以来、この時点までに二度の改定を経ていましたが、その目的は「東亜およびインドの地域における全局の平和」の確保と、「中国の独立と領土の保全」の確保にありました。この条文をじっくり眺めてみると、東亜、インド、中国という地域についての安全保障に関する条約ということで、必ずしもドイツとの戦争で発動されるべき条約でなかったのが、一つ目の理由です。

また、一四年八月の時点では、いまだ戦争が長期化するかどうかは不明でしたので、当面は東アジアの海域におけるイギリス商船の護衛くらいでいいのだから、と。そのようにして一度断ったのですが、イギリスは加藤から迫られて、「まあ、日英同盟のよしみから参戦する点について対外的に説明することまでは了解しました」と、認めます。ただしグレイは日本側に条件を出す。軍事行動の範囲を「シナ海の西及び南、ドイツの租借地である膠州湾以外には広げない。太平洋には及ぼさない」と声明するこ

エドワード・グレイ

とを日本側に要求したのです。これはけっこうシビアな要求ですね。

　この要求に加藤外相が応じないでいると、イギリスは、日本の軍事行動の範囲を「シナ海の西及び南、ドイツの租借地である膠州湾以外には広げない。太平洋には及ぼさない」という点で日英政府は一致したとの趣旨を、日本に知らせずに勝手に公表してしまうのです。イギリスやるな、という感じですよね。

　なぜイギリスは、同盟を結んでいる最も重要な国である日本に対して、軍事行動の範囲を限定する声明を出すことを要求したのか。その答えの一つはイギリス連邦や自治領側が日本に対して抱いていた警戒感から説明できます。太平洋のずっと南には、オーストラリアやニュージーランドがあるわけですが、これらの国々は、日本の南下を怖《おそ》れていた。日本が日英同盟を理由に参戦したとなれば、歯止めがきかなくなって、日本は戦闘領域の制限を超えてドイツ領を占領するだけでなく、自分たちの国にも迫ってきやしないかと怖がる。

　しかし、これ以外に、実はもう一つ理由があって、こちらの理由のほうが、グレイ外相の懸念《けねん》としては大きかった。日本が日英同盟を理由に参戦してしまう場合、イギリスにとって最も懸念される問題としてなにがあったのでしょうか。

——日本があまり広い範囲に出ていっちゃうと、イギリスの海軍力の強さが脅《おびや》かされるんじゃないかって。

当時、イギリスの海軍大臣はのちの第二次世界大戦時の首相・チャーチルでした。実はこのときのチャーチルとイギリス海軍は、とにかく日本に早く全面的に参戦してもらいましょうといっています。当時、ドイツは短期決戦で戦争を終わらせるしかないと考えていて、あらゆる地域の海域で自国艦隊を動かし、開戦初頭から各地で戦闘を始めていました。よって、チャーチルに率いられたイギリス海軍は、戦闘区域をできるだけ制限しようとしていたグレイ外相やイギリス外務省と違って、日英同盟による日本の全面的参戦をむしろ期待していたのです。

――……わからないんですけれど、日本とアメリカとでなにか事が起こると困るから。

はい、アメリカに対してイギリス側が配慮したということはありますね。正解の一つです。あとはどうでしょう。

――日本が必要以上に勢力を増やすと、極東が不安になるっていうこと。

「極東の不安」というところは、すごくいい。極東の秩序維持といったところがヒント。

――うーん、……極東ですか……。

そう、これまでの話のなかでもチラリと触れてきたのですが。極東でイギリスが最も利益を持っている場所は？

――中国。

そう、中国です。中国のなかにそれぞれの勢力圏をつくっていたヨーロッパの国々、つまりイギリスやフランスなどはヨーロッパを戦場としてドイツと戦っている。その間、もちろんドイツも中国の権益に目を向けるひまがない。その間、日本は中国に対してなんらかの権益強化をやるだろう。おそらくドイツの勢力圏であった山東半島はとるだろうというのは予想できるわけです。まあ山東はドイツ領だからとってもいい。しかし、中立宣言をして、大戦に巻き込まれないようにしている中国自体の権益の一部を、ドイツに関係するからという理由で日本の陸海軍が接収したりすれば、中国内部からは強い反発が起こるだろう。日本に対する中国の反発が、日英同盟という理由から、イギリスにまで及ぼされてはたまったものではない、こうイギリスは考える。

イギリスが怖《おそ》れたこと

イギリスにとって最も嫌なのは、対中貿易の利益が減ることです。日本が旧ドイツ領を占領するのは嫌ではない。イギリスの対外貿易のうち、中国市場は一割だったでることが、なにより苦痛で心配だったわけです。しょうか。日本が中国に対してなんらかの措置をとることで、中国に擾乱《じょうらん》が起こることをイギリスは警戒した。これは日本のお家芸とまで当時いわれていましたが、たとえば中国の南方の革命派と手を結んで資金を提供し、袁世凱の北京政府に対して革命を起こさせるとか。日本はいかにもやりそうなのです。イギリスは、中国で南北の擾乱が起こることによって、上海・香港《ホンコン》を拠点とする中国へのイギリスの貿易額が下がることが、なにより苦痛で心配だったわけです。

次ページのグラフ［中国の輸入相手国の変遷］を見てください。ここには、一九一二年から三一年までの中国の輸入相手国の割合が示されています。第一次世界大戦、戦後恐慌《きょうこう》、世界恐慌、そして一九三一年の満州事変までがカバーされていて、ここからいろいろなことがわかるグラフです。

第一次世界大戦が起きた一九一四年を見ると、アメリカはもちろん最下位です。日本は真ん中につけていますね。イギリスはトップ。戦争が本格化する一五年ぐらいまではイギリスは無傷で貿易を頑張ります。急激に変わるのが一七年あたりで、日本がイギリスを追い抜きます。日本はイギリスを追い抜いてホッとしたのもつかの間、一九年にはまた下がりはじめてイギリスが戻ってくる。そして戻ってくるけれど、日本が下がっている部分をアメリカが埋めているという関係になります。

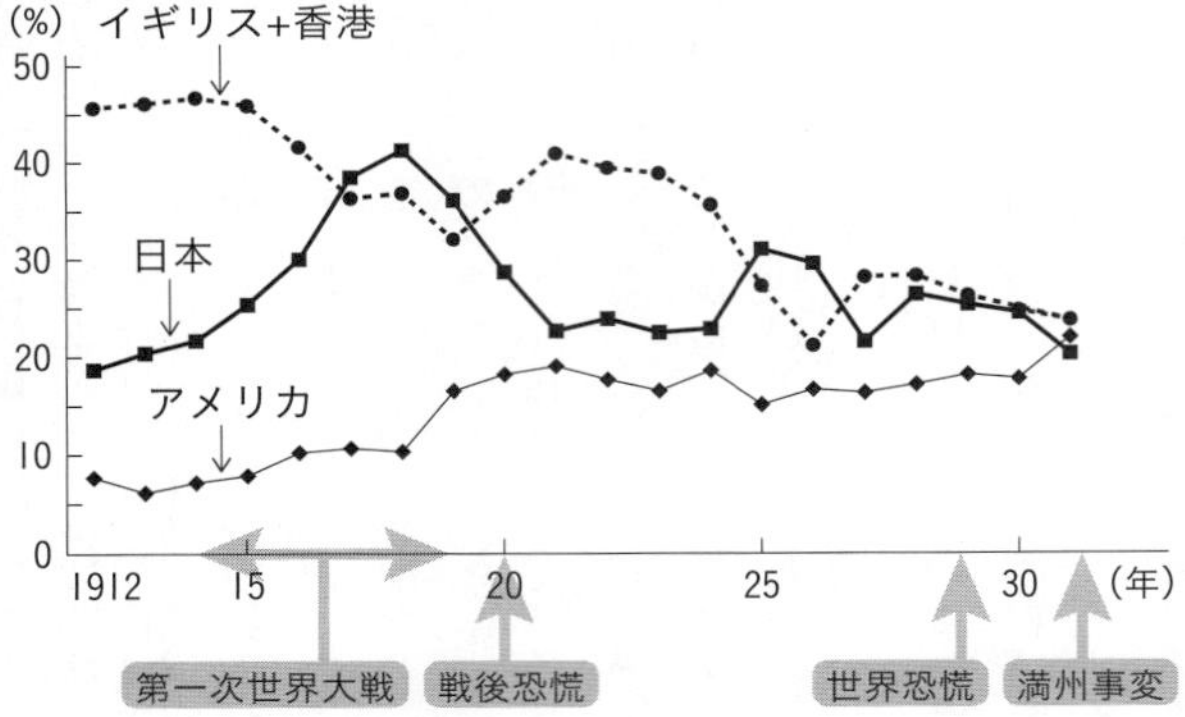

[中国の輸入相手国の変遷]
1912年から1931年までのイギリス＋香港、日本、アメリカの割合
出典：加藤陽子『満州事変から日中戦争へ』(岩波新書)p.34

三〇年以降になると三《み》つ巴《どもえ》の死闘になる。アメリカがどんどん上がってゆく。日本はゆっくり下がる。イギリスは二五年以降大きく下がり、それから一時上がりますが、全体的に下がってゆく。二五年になにが起こっているかというと、中国共産党が上海で組織した反英ストライキが起きていますね。イギリスへのボイコットに中国は動く。ストライキの矢面に立たされることなどは、非常に困る。イギリスは、とにかく、貿易面で打撃をこうむりたくないので、参戦しようとする日本に対し、あ

まり南にまで活動しないでね、とかなりしつこくお願いするのです。

アメリカの覚書

そしてアメリカも、日本の参戦にあたって、実はうるさいことをいっていたのです。日本がドイツに対して一九一四年八月二十三日、宣戦布告を行なったとき、アメリカはこういうことをいう。

①アメリカ政府は、日本が中国において領土拡張をはかる意図がなく、その行動が日英同盟によるものであることは、アメリカ政府の満足するところである。
②中国国内に擾乱《じょうらん》が発生した場合、日本あるいは他の諸国が措置をとる必要があると日本政府が考えた場合には、事前にアメリカ政府との協議を遂げられるよう、アメリカ政府は希望する。

①は、日本を牽制《けんせい》しているのですね。「日本は戦争するのですか。わかりました。けれども、日本は中国でなにかしようとなど思わないですね。領土拡張などはしない、

とアメリカは考えていますよ」、と日本の行動を縛るコメントをしているわけです。また②では、中国に内乱や革命などが起きたとき、日本はまずアメリカに相談してねと、こういっている。

このようなアメリカ側の覚書が二国の政府間だけの秘密であればなんにも問題はなかったのです。しかし、ニューヨークからの特電として日本側の野党に知られてしまう。当時の第二次大隈内閣は、立憲同志会が与党だったので、野党であったのは政友会です。アメリカ側の覚書は政友会にバレて、一九一四年九月、大隈内閣が臨時軍事費増額を審議するために開いた臨時議会では、加藤外相に対する政友会側からの激しい非難が巻き起こりました。こうした非難は、次の議会、同年十二月の通常帝国議会でも繰り返されます。政友会の松田源治という代議士は、アメリカと日本政府を批判して、こういっていました。

日本の自主権、日本の独立権、日本の宣戦行動に関する一大制限。

独立自主、宣戦布告の権利、こうした基本的な日本の主権をアメリカが侵したのではないか、というのが政友会の政府批判でした。なかなか立派なことをいっていますね。政友会の議員らは、このような、英米からの制限や牽制について激しく怒りました。第一次世界大戦に参戦するという政府の判断は、まあよいでしょう。けれども、イギリスから「シナ海の西や南だけにしてください。膠州湾以外に行かないでください。太平洋を南下することはやめてください」と確約させられたとはどういうことだ、と。しかもアメリカからも、日本が中国大陸においてとろうとしている行動に対して牽制する覚書を発せられている。これは、日本の主権に対する侵害だという議論です。これはけっこう大きな問題ですよ。

主権に対する侵害、という点について説明しておきましょう。宣戦布告や講和締結に関する権利というのは、明治憲法では天皇の大権の一つとされていました。もちろん天皇が専断するのではなく、外務大臣の輔弼《ほひつ》を受けるということで、事実上、内閣が宣戦布告や講和締結を行なうわけですが。政友会の議員たちの考えによれば、いつ、いかなる国を相手として戦争に訴えるかは他国からの干渉を受けるべき問題ではないから、加藤外相が、こうした英米からの

第一次世界大戦の始まりから
（連合国同士なのに）
イギリス、アメリカへの反感が芽生えていた。

「干渉」について黙っていたのは許せない、こういう発想になりますね。つまり加藤外交は軟弱だとの批判がなされた。ドイツに対して一緒に戦うべき同じ連合国であるイギリス、そして、のちに連合国に加わって参戦するアメリカへの敵意が、日本のなかに芽生えているというのは不思議なことですね。協力しあうべき連合国同士なのに。

野党であった政友会の議論は、むろん、政府を攻撃するための方策として、あえて宣戦布告をめぐる主権への、英米からの干渉と騒ぎ立てた側面はあります。ただ、一九一四年九月の臨時議会でのこの議論は、のちに、一九年のパリ講和会議の際に、英米仏と日本との間で戦われた激論につながってゆくのです。

それは、ドイツが持っていた山東半島の権益を、日本の手を経ないで中国へ直接返すべきか、それとも日本側が敗戦国ドイツから受領した後で、適切な時期に中国に返還するか、をめぐる激論でした。この激論がなされたとき、苦い記憶として、一四年の臨時議会での議論が、日本国内で再び思い出されることになるのです。パリ講和会議のときの日本の政府は、原敬を首相とし、政友会を与党とする内閣でしたので、パリで生じた外交上の難題は、すべて、一昔前の第二次大隈・立憲同志会内閣が悪かったからだ、加藤外相がだめだったからだ、このような記憶が強調されてしまう。そのような構造が、長い戦争の期間にできてしまったのです。

二・二六事件ののち、青年将校に思想的悪影響を与えたことで死刑となった民間右翼の北一輝《きたいっき》は、パリ講和会議で山東問題について激論がなされたことを「ヴェルサイユにおいて支那と米国とからいっせいに排日の泥を投げつけられる」ことになってしまったと評していました。

パリ講和会議で批判された日本

松岡洋右《ようすけ》の手紙

戦争が終わり、一九一九（大正八）年一月十八日からパリ講和会議が始まります。約半年間の会議は終わり、六月二十八日、ヴェルサイユ講和条約が締結されました。この会議は世紀の見物《みもの》といわれ、講和会議に直接関係する外交官以外にも、世界各国から優秀な若い人材が集まったことでも知られています。ドイツが休戦に応ずるきっかけをつ

松岡洋右《ようすけ》

国立国会図書館「近代日本人の肖像」より

くった、アメリカ大統領ウィルソンの十四カ条を書いたといわれる、若き秀才、ウォルター・リップマンなどは、会議に出席するため「どのような資格でもかまいません。参加させてください」とウィルソンの側近に頼み込み、会議にかかわったといいます。

さて、会議の終わった一カ月後の、一九年七月二十七日、松岡洋右は、牧野《まきの》伸顕《のぶあき》に宛《あ》てて手紙を書きました。その手紙が国会図書館の憲政資料室に残っています。牧野は大久保利通《としみち》の子供で、西園寺《さいおんじ》公望《きんもち》とともに全権となった人物です。松岡は長州、つまり山口県の出身でした。松岡の家は元は名家でしたが維新期に没落します。松岡はアメリカに渡ったのち苦学してアメリカの大学を卒業し、日露戦争まっただなかの一九〇四（明治三十七）年十月、その年の外交官試験に首席で合格した人物です。その名前は、一九三三（昭和八）年二月、満州国をめぐる問題で日本が国際連盟を脱退する際、全権として最後の演説をし、国際連盟総会の議場から去っていく映像で著名な人物です。

さて、手紙の日付は一九年七月のことですから、脱退どころかそもそも連盟もまだできていない頃です。松岡はパリ講和会議に報道係主任として行きました。報道係主任というのは、いわゆる情報宣伝部長のこと。松岡は、プロパガンダの専門家として会議の期間中、牧野を支えていたわけですが、半年にわたって、ともに一大国際会議を戦ってきた二人が、戦いが済んだのちにどのような意見を交換していたのか、興味ぶかいところですね。文章は簡単な表記にしてあります。読んでみましょう。

いわゆる二十一カ条要求は論弁を費やすほど不利なり。そもそも山東問題は、到底、いわゆる二十一カ条要求とこれを引き離して論ずるあたわず。しかも二十一カ条要求については、しょせん、我においてこれを弁疏《べんそ》せんとすることすら実は野暮なり。我いうところ、多くは special pleading にして、他人も強盗を働けることありとて自己の所為の必ずしも咎《とが》むべからざるを主張せんとするは畢竟《ひっきょう》窮余の辞なり。

内容を要約しますと、松岡の主張はこうです。いわゆる二十一カ条要求は日本側が弁明すればするほど不利となる。そもそも山東問題は二十一カ条要求と分離して論ずることはできない。日本側が弁明するのは無駄なことだ。日本の弁明は、しょせん、泥棒したのは自分だけではないといって自分の罪を免責しようとする弁明にすぎず説得的ではない、と。なかなか素敵なことをいっていますね。松岡はアメリカの大学を、すごく苦労して卒業した人です。special pleading というのは、特別訴答《とくべつそとう》と訳される法律用語でして、ここでは、自己に有利なことのみを述べる一方的な議論、という口語的な意味で使われています。こういう片寄った議論をしていてはだめだと松岡は述べているのです。

日本が批判をあびたのは山東問題のことです。日本は、一九一四年八月、「中国に還付するの目的をもって」といいながら開戦したのに、一五年五月、二十一カ条要求を袁世凱につきつけて、山東に関する条約というものを無理矢理でっちあげた、と。中国に返還するためといってドイツから奪ったのに、結局、日本は自分のものにしてしまったとの、世界および中国からの非難が激しかったことがわかります。

手紙文からは松岡の苦悩が伝わってくるようです。自分は頑張ってプロパガンダをした。けれど、他の人だって強盗を働いているのだから自分が咎められる筋合いはないという弁明は、「人をして首肯せしめるは疑問」、つまり本当に人を納得させることはできないといっている。松岡といえば、連盟脱退演説をしたり、のちに第二次近衛《このえ》文麿《ふみまろ》内閣のとき日独伊三国軍事同盟を締結したり、どちらかといえば極端な外交を行なう人物というイメージがありますが、この時点での松岡は、実にまっとうな苦悩を抱える外交官であったということになります。このような、胸をうつ手紙を書いた松岡のことは、ぜひ忘れないでほしい。

松岡は、日本政府に対してかなり批判的な気持ちを抱きながら、パリ講和会議での自分の職務に任じていたことがわかる。世界を説得できていないことを自覚しつつ報道係を務める。これはなかなかにつらいことだったでしょう。このような松岡の苦悩一つとってみても、改造運動の要求として掲げられた包括的な一一項目などに、外交官のなかからも共鳴する動きが出てくるだろうと予想できるわけです。

近衛文麿の憤慨

それでは次に、近衛文麿の文章を読んでみましょう。近衛も、主席全権であった西園寺公望に頼み込んで、パリに来ています。近衛は、昭和期になってから、ちょうど日中戦争が始まる直前の一九三七年六月、国民各層からの大変な支持を集めて組閣した人物です。そのあと、太平洋戦争開戦直前の時期まで、二度、内閣を組織します。次の文章は、近衛が一九二〇年になって、パリから日本へ戻ってきてから書いたものです。

講和会議地としての巴里《ぱり》において先《ま》ず第一に感ずることは力の支配という鉄則

の今もなお厳然としてその存在を保ちつつあることこれなり。［中略］道理ある人種平等案は力足らざる日本がこれを提出したるが故に葬《ほうむ》り去られ、これに反して不道理なるモンロー主義は力ある米国がこれを主張したるが故に大手を振って連盟規約の中に割り込むに至りしものなり。

日本で一番伝統のある華族に生まれた若き貴公子・近衛は、パリで大いにぼやき、憤慨していました。引用した部分を要約しますと、こうなります。パリ講和会議に出てみると、理想だのなんだのいっても、しょせんは力の支配という鉄則はここでも貫徹しているようだ。内容の立派な人種平等案は、実力不足の日本が提出したがゆえに否決され、内容的に見てあまり感心しないモンロー主義（ヨーロッパの政争などから離れてアメリカ独自の道を追求しようとする考え方）などは、力のあるアメリカが提出したから連盟規約の条文として実現してしまった、と。

人種平等案について、少し補足しておきましょう。日本側は、講和条約の条文とこれから創設されるべき連盟規約を決定するための会議の席上、「連盟に加わる国は、それぞれの国のなかで暮らす外国人を差別してはならない」という規定を入れようとしました。移民への差別を禁じようということですね。たとえばアメリカ本土に日本人が移民することはなぜ許されないのか。また、カリフォルニア州などで日本人の土地所有と借地がなぜ禁じられているのか。

日本の外務省などは、アメリカなどが日本人移民を差別することに関して、こう考えるわけです。アメリカが勝手なことをできないように、連盟規約のなかに移民に対する差別禁止条項を入れてしまえばよい、と。ただ、このような魂胆が明確に前面に出てしまうとアメリカがまっさきに反対するのは目に見えておりますので、誰でも反対しにくいような内容にして、つまり「連盟構成員たる国家の平等と、国民に対する公正な待遇を求める」との内容にトーンダウンして、連盟規約の条文の一つとしようとしました。

しかし、連盟規約を起草する委員会で議長を務めたウィルソンは、この案件は重要だから、通常なされてきた多数決ではなく、この委員会に関しては全員一致によって採決をとるといいだし、日本の提出した人種平等案は否決されてしまいました（賛成一一名、反対五名）。このような経緯も近衛を憤慨させるに十分でした。

アメリカ大統領ウィルソンは、大戦が終結する前から、第一次世界大戦後の構想を考えていました。連合国の一員であったロシアが国内の革命のために連合国から脱落し、ロシア革命を率いたボリシェビキのレーニンとトロツキーは、帝政ロシア時代の秘密外交文書などを暴露します。連合国のイギリスやフランスや日本が、いかに帝政ロシアとの間で、戦後の植民地の再分割などについて、えげつない取り決めをしていたのかを暴《あば》いてしまったのです。日本に関係することでいえば、山東半島の旧ドイツ権益や南洋諸島について、これは戦後に日本のものになると、英・仏・露・イタリアなどの諸国との間で密約が結ばれ、確認されていたのです。

そのような状況を目にしたウィルソンは、連合国の戦争目的をあらためて理想化しなければ世界の人々を幻滅させてしまう、あるいはボリシェビキの理想に負けてしまう、との危機感にとらわれます。その結果が、一九一八年一月の年頭のアメリカ議会において発表された、戦後世界はこうあるべきだとの理想、いわゆる、ウィルソンの「十四カ条」でした。その箇条のなかで最も有名なものが、民族自決主義でした。しかし、民族自決とウィルソン大統領が述べたとき、その念頭にあった地域は、かなり限定された地域だったのです。このことはあまり知られていませんね。

ウィルソンの念頭にあった場所は、ロシアがドイツと講和（ブレスト・リトフスク条約）を結んだ結果、ドイツにあげてしまったポーランド、そして中立が侵害されたベルギー、ルーマニア、セルビアなどでした。ウィルソンは、これらの地域に対しては民族自決が認められるべきだと考えていました。そうでなければ、再びこれらの地域が世界戦争の発火点となってしまうからです。

実のところウィルソンは、英仏などが第一次世界大戦前に獲得した植民地などに対しては、民族自決の原則を適用しようとは考えていませんでした。ウィルソン自身、「この宣言は権利を有する政府の正当な要求」を無視しないと述べていました。ただ、ウィルソンとともにアメリカ外交を担《にな》っていたランシング国務長官（日本の外務大臣にあたる職）が、一九一八年十二月三十日の日記に「この宣言はダイナマイトを積んでいる。決して実現されない希望を呼び起こす」と書いたように、世界各地の植民地の人々に大きな希望を抱かせることになりました。

三・一独立運動

大きな希望を抱いた地域の一つの例が、日本統治下の朝鮮でした。ウィルソンは朝鮮に関して民族自決の原則が適用されるとは考えていませんでした。ランシングの懸《け》念《ねん》が現実のものとなります。朝鮮独立運動が起こったのです。一九一〇（明治四十三）年以降、日本の植民地とされた朝鮮では、ウィルソンの意図を拡大解釈することで独立への希望をつなぎます。

同時期の一九一九年、高宗《こうそう》という、大韓帝国時代の皇帝だった人物が崩御します。三月三日に予定されたお葬式を外形的なカモフラージュに使いながら、同年の三月一日を期し、数千から一万以上の人々がソウルで独立運動を起こしたのです。これが三・一運動です。このような全国規模の独立運動が起ころうとは、朝鮮総督府も朝鮮軍も予測していませんでした。このときのことは、二〇〇七年に刊行された、朝鮮軍司令官であった宇都宮太郎という人の日記（『日本陸軍とアジア政策　陸軍大将宇都宮太郎日記』宇都宮太郎関係資料研究会編、岩波書店）に書かれています。宇都宮太郎は当時、朝鮮軍司令官として、三・一運動の鎮圧にあたった人物です。彼の子息は自民党議員のなかでも著名な平和主義者として知られ、宇都宮軍縮研究所などを主宰していた宇都宮徳馬という人物です。

宇都宮太郎の日記が発見されたとき、大騒ぎになりました。なぜ大騒ぎになったかというと、それまで独立運動の英雄とされてきた複数の人物が、宇都宮のもとに出入りしていた人物であり、資金援助なども受けていたことが日記から判明したからです。革命家であれば、敵から情報や資金を盗むこともプラスになりますので、日記に登場することだけでただちに裏切り者とはならないと思うのですが。

宇都宮太郎は実にまともな軍人でした。日記においては、数千から一万人以上の群衆が「独立の宣言書を撒布《さっぷ》し、独立万歳を叫びつつ街路を練り」歩くさまが描かれています。宇都宮は運動の主導勢力を、天道《てんどう》教徒・キリスト教徒・学生をはじめとする「新《しん》進有為《しんゆうい》」（前途が楽しみな優秀で若い）の朝鮮人であると判断しており、これは研究史的にも正しい判断だと思われます。また、宇都宮は独立運動の要因を、日本が「無理に強行したる併合」に求め、併合後の朝鮮人への有形無形の差別に起因すると率直に書いていました。つまり、日本が無理に併合を強行し、併合後の朝鮮人を差別的に扱ったから独立運動が起きてしまったのだと分析していたのです。

　この日記を読んで、一つだけ、ああ、あの事件はやはり本当だったのか、と思いあたる記述がありました。日本軍が三・一運動の鎮圧に際して起こした残虐《ざんぎゃく》な事件の一つに、堤岩里《ていがんり》事件というものがあったのですが、日記にこの事件の詳細が書かれていて、事件の真相につき、政府に対してどのように弁明するか、どこまで真相を隠すかについて、朝鮮総督府と朝鮮軍司令部の間で調整していた事実が

『日本陸軍とアジア政策　陸軍大将宇都宮太郎日記３』口絵写真より
（岩波書店、宇都宮恭三氏所蔵）

明らかになりました。

事件の概要は次のようなものでした。一九年四月十五日、朝鮮の水原《スウォン》郡の堤岩里という村で、同地方の警備に赴いた軍の警察は、「同村の耶蘇《やそ》教徒、天道教徒三十余名、耶蘇教会堂内に集め、二、三問答の末三十二名を殺し、同教会並《ならび》に民家二十余戸を焼棄《やきす》」てるとの行為に出ました。簡単に要約すれば、独立運動にかかわったと思われる天道教やキリスト教徒の村人三〇余人を教会の中に閉じ込めて尋問したのですが、みな口を割りません。そもそも事件と関係がなかったのかもしれません。しかし軍警察は全員を銃剣で刺し殺し、教会ごと焼いてしまったのです。村人は抵抗しなかったし、武器も持っていなかったのですが、出先の軍警察が彼らを殺して死体も焼いてしまった。朝鮮軍と朝鮮総督府は、この事件は絶対に内外で問題となるから、虐殺や放火はなかったこととして、ただ鎮圧の仕方に問題があったということにしようとの調整がなされたことが日記からうかがわれます。

三・一運動は、まさにパリで講和会議が開かれている最中に起こった事件です。日本の朝鮮支配は他の列強などの植民地支配にくらべても残酷なのではないかということが、パリ講和会議やワシントンの上院で議論されはじめるのです。このような事件を起こした日本が、新たに委任統治領などを持ってよいのか、という議論もなされます。また、パリから戻ったウィルソンは、このような極東の問題を放任しているではないかと、アメリカ議会などで批判されることになるのです。でも、どうして朝鮮をめぐる日本の問題がワシントンで熱く論じられ、しかもウィルソンがたたかれるのか、ちょっと不思議ですよね。そこで次に、パリ講和会議の様子をくわしく見ながら、その理由を考えてみましょう。

参加者の横顔と日本が負った傷

空前の外交戦

この会議に集まった人たちを眺めてみるのは面白いです。まず、先ほどウォルター・リップマンについて触れましたが、この人物は、アメリカの四代にわたる大統領と個人的な話ができたというくらい有名なジャーナリストです。アメリカが第一次世界大戦に参戦したのは一九一七年、リップマンがハーバード大学を卒業して新進ジャーナリストとして売り出した頃です。アメリカの参戦目的の一つは、ヨーロッパの戦争を終わらせるにあたって、アメリカが加わることで理想的な戦争終結に導くということでした。まともな終わらせ方にするために、より適切な講和条約文を書くということですね。リップマンはウィルソンの十四カ条を書いた人物でした。

リップマンはこの後、第二次世界大戦期にも力がありました。日本との関係でいえば、一九三九（昭和十四）年から四一年にかけて、つまり、第二次世界大戦がヨーロッパで始まり、太平洋戦争に拡大する過程で、一方では「アメリカは日本と戦争をして、一つもいいことがない国である」との主旨の手紙を、フランクリン・ローズヴェルト大統領に書き、他方では、新聞のコラムに次のような文章（一九三九年二月）を載せていました。

戦争は資本主義対共産主義の戦争ではなく、民主主義と全体主義の戦争であり、この情勢を決するものは第一に日本、第二に米国である。アメリカの大戦不参加を日本が望むかぎり、彼らは戦争の危険をおかすようなことはしまいし、そしてもし日本がそれをあえてしないならば、ローマもベルリンも同様に、あえて危険をおかすようなことはしまい。

このようなコラムを新聞に書きつつリップマンは、アメリカは日本となんらかの合意に達するべきだとアメリカ政府筋を説得していたのです。

さて、パリ講和会議に話を戻しますが、日本からは吉田茂もパリに行っています。戦後、日本が占領下から独立を果たしたのは、一九五一年九月八日、サンフランシスコ講和条約を締結したからですが、この条約に全権として署名した人物が吉田でした。この頃の吉田のトレード・マークは葉巻でありましたが、吉田が葉巻をくわえてパリへ行ったかは定かでありません。

当時の彼は外交官で、中国は山東省の済南《さいなん》という場所で領事をしていました。本来、講和会議には連れて行ってもらえない低い地位にいたのです。ですが、吉田茂は自分の妻のお父さんが、パリ講和会議で次席全権大使を務める牧野伸顕だった。吉田は義理の父親、このような立場の人を岳父といいますが、その岳父である牧野に連れて行ってくれと頼み、一九一八年にパリに旅立つのです。そのときの吉田茂の手紙も残っています。面白いので、ちょっと読んでみましょう。一部、口語的な表現にしてあります。

吉田茂

写真提供：毎日新聞社

さて欧州戦争もいよいよ終期にあい近づき、これより外交舞台に入り候《そうろう》ことかとあい考え候ところ、この空前の外交戦は後学《こうがく》のためぜひとも欧州にありて見学つかまつりたく、〔中略〕ついては小生として、はなはだ慮外千万《りょがいせんばん》の義にはそうらえども、万一おさしつかえなきにおいては、このさい暫時《ざんじ》にてもよろしく候間、英国あたりに在勤《ざいきん》仕《つかまつ》り候様、しかるべき向《むき》へご推挙願われ申すまじく候や。

簡単に内容を紹介しましょう。自分は済南の領事になったばかりだから、外務省がすぐさま異動させてくれるとは思えない。しかし、パリ講和会議は「空前の外交戦」となるのは必至だから、ぜひとも「見学」したいのだ、と。しばらくの期間でよいので、牧野から外務省上層に働きかけて、イギリスあたりに赴任させてもらえるように頼んでくださることはできないかと。このような内容の手紙を岳父に出したのです。

吉田は、戦後、五回の内閣を組織し、自民党の長期政権の走りとなる人物ですが、バカヤロー解散（一九五三年二月の衆議院予算委員会で吉田が右派社会党・西村栄一議員に対してバカヤローとつぶやいたのをきっかけに解散となった事件）からもわかるように、ユーモアのある政治家となりました。この手紙文も、丁寧ですがいいたいことを率直に伝えていて、よい文章ですね。

若き日のケインズ

そして、パリに参集した人々のなかで最も重要な人物はジョン・メイナード・ケインズでした。ケインズはイギリス人の経済学者です。パリ講和会議から十年後、一九二九年十月二十四日（暗黒の木曜日）、ニューヨークのウォール街の株価大暴落に端を発し、世界恐慌《きょうこう》が発生します。各国を悩ませたのは、失業問題でした。最悪の数字では、アメリカで25％、ドイツで40％もの失業率が記録されています。

当時、大恐慌を脱するためには、政府の公共投資などを少なくして、経済界の自由にまかせるべきだ、との処方箋《しょほうせん》が広く支持を集めていました。このときケインズは、いや、そのような考え方はまちがっていると大胆に述べたのです。大恐慌を脱するためには、政府はどんなに赤字を出してもいいから政府の財政機能を通じた公共投資を積極的に行ない、とにかく失業者がゼロになるまで需要を拡大しなさい、と論じます。これが一九三六年にケインズが著した『雇用、利子および貨幣の一般理論』を最も簡単にまとめたエッセンスでした。間宮陽介先生という京都大学の先生が岩波文庫から新しい訳を出していますので、読んでみてください。決して易《やさ》しい本ではありませんが。

ケインズの本といえば、経済学の本だろうということで敬遠されがちですが、非常に面白い本もあるのです。それが、パリ講和会議の舞台裏を描いた『講和の経済的帰結』（救仁郷《くにごう》繁《しげる》訳、ぺりかん社）という名前の本です。

当時、ケインズはイギリス全権団のうち、大蔵省の主席代表を務めていました。ところがケインズは、六月二十八日のヴェルサイユ講和条約調印を待たずに、六月七日（五日という説もあり）、役職を辞してパリから勝手に帰国してしまいます。帰国したケインズが、会議の不公正さを広く世間に知らせるため書いたものが、『講和の経済的帰結』でした。この本は発売されると、ただちに各国語に翻訳され、ベストセラーになりました。

ケインズがなぜ帰国してしまったのかというと、連合国側、とくにアメリカのドイツへの政策にひどく憤慨したからです。パリ講和会議で、連合国などの戦勝国が熱中していたのは、どうすれば第一次世界大戦の賠償金をドイツから効率的に奪えるかということです。賠償金を支払い続けてもらわなければならないドイツから、絞りとるだけ絞りとってしまったのでは、ドイツ経済の復興が不可能となります。そうなっては、とりたい賠償金も入ってこないことは、冷静な計算ができる人間であればすぐわかる。

ドイツの最も重要な工業地帯であったルール地方などを活性化させながら、賠償金をドイツに払ってもらい、イギリスやフランスはその取り立てた賠償金から、戦争中アメリカから借りた金を返し続けなければならなかった。各国のアメリカへの借金は天文学的な数字でした。ある史料を見ると驚いてしまいますが、なんと一九八五年までの返済計画が書かれている。六十年以上返済しなければならなかったほど、英仏はアメリカに借金をしていた。イギリスは四二億ドル、フランスは六八億ドル、イタリアは二九億ドルものアメリカに対する戦債がありました。

こうした金の流れを想像してみただけでも、綿密な計画がなければ、一カ所が滞れば世界経済全体の流れが止まってしまう事態が予測できますね。最も大切なのは、ドイツが早期の産業復興を果たし、世界にその優れた製品を輸出することで賠償金を支払い続けることでした。

この点でケインズは、ドイツから取り立てるべき賠償金の額をできるだけ少なくするとともに、アメリカに対して英仏が負っている戦債の支払い条件を緩和するよう求めたのです。しかしアメリカ側は、このような経済学が支持する妥当な計画に背を向け、とにかく英仏からの戦債返済を第一とする計画を、パリ講和会議において主張したのです。

一九一九年の時点で、ケインズの言うとおりに、寛容な賠償額をドイツに課していれば、あるいは二九年の世界恐慌はなかったのではないか、このように予想したい誘惑にかられてしまいます。そうであれば、第二次世界大戦も起こらなかったかもしれません。けれども、ケインズの案は通らなかった。その結果ケインズは、「あなたたちアメリカ人は折れた葦《あし》です」という手紙を残してパリを去ることになりました。さて、ケインズのこの渋い台詞《せりふ》は、もともとは何の言葉をもじったものかわかりますか？

——パスカルの「人間は考える葦である」？

実は、これは『旧約聖書』の「イザヤ書」三十六章六節、「折れた葦の杖《つえ》を頼みにしているが、それは、寄りかかる

J・M・ケインズ

者の手を刺し通すだけだ」（『旧約聖書Ⅲ』、岩波書店）に由来しています。折れた葦、つまり役に立たないものだとアメリカを批判したのです。ケインズはパリ講和会議におけるウィルソン大統領の様子を、かなりの悪意を込めて『講和の経済的帰結』に描いています。

彼の手は大きくて、たしかに力は強かったが、不器用で、鋭敏ではなかった。大統領を一見しただけで、ほかのどんな地位の人であろうと、その気性がもともとは学究または教養のある人のそれでないことを思わせたばかりではない。〔中略〕大統領は、大規模な顧問団の助力で、国際連盟に関するのみならず「十四箇条」を実際の講和条約に具体化するための包括的な計画をすでに練り終っているものと、一般には信じられていた。ところが、実のところ大統領は何も計画を練っていなかった。〔中略〕彼の構想は雲のようにあいまいで、実のところ大統領は不完全なものであった。

めちゃくちゃな言い方でしょう。ウィルソンは、もともと天下のプリンストン大学の総長も務めたことがある学者だった政治家です。そういう人に向かって、教養がないと斬《き》って棄《す》てる。ケインズはよっぽど講和会議におけるアメリカのやり方が気に食わなかったのでしょう。ウィルソンの理想は無内容だったと批判しています。

霊媒師・ロイド＝ジョージ

このウィルソン評に対するのと対照的なのがロイド＝ジョージ評です。ロイド＝ジョージはイギリスの首相です。この人に対する評価もちょっと見ておきましょう。ケインズはロイド＝ジョージを、ウィルソンと対比しつつほめています。

こういう人［ウィルソン大統領を指す］が、直《じ》かに身のまわりにいる人間には誰に対しても誤りのない、ほとんど霊媒に近い、ロイド＝ジョージ氏の敏感さに対抗して、どうして有利な機会をつかめようか。イギリスの首相が、普通の人にはないような六感か第七感を備えつつ、一座の人たちを注視し、性格と動機と潜在意識下の衝動を判断し、それぞれの人が何を考えているか、さらには次に何を言おうとしているかまでも看破し、神通力のような本能をもって、彼の直かの聞き手の見栄《みえ》や弱点や利己心に最も良く合うような議論や訴えをあれこれ混ぜ合わせている有様を見ていると、哀れな大統領はいつも一座の中で目隠し鬼の役を演じつつあることが痛感された。

霊媒というのは、誰がなにを考えているか、座っただけで見抜いてしまう人のことですね。ケインズは、ロイド＝ジョージを霊媒だといっている。第六感を超えて、第七感なんか持っていたら怖いですが（笑）。ロイド＝ジョージのことは、あのカー先生も高く評価しています。

霊媒のロイド＝ジョージがどんな役割をしていたか、一つ例があるので紹介しておきましょう。これは日本と中国が、旧ドイツ領であった山東半島の権益をめぐって激しく対立していたのに対して、ロイド＝ジョージとフランス首相・クレマンソーが、ウィルソンとともに調停した場面です。

一九一九年四月二十二日、日本と中国の代表同士が山東問題でもめていました。日本は旧ドイツの山東半島権益を、ドイツから日本に割譲した後、日本から中国へ返

ロイド＝ジョージ

すのだから信用しなさいと主張し、中国は、中国だってドイツに宣戦布告して勝利した国なのだから、すぐに返してほしいと主張していました。ウィルソンは、理想家でしたから、中国の国家的成長を阻《はば》むことになるような日本との妥協は一切やるまいと考えていました。日本を抑制することが太平洋に平和をもたらす、との信念もあったといいます。ウィルソンの安全保障観では、日中のどちらを抑えるかといえば、日本を抑えることが一九二〇年代以降の安全であると考えていたのです。

ただ、ウィルソンは日本を抑え中国に味方するとの戦略を、比較的正直に態度に示してしまったために、いたずらに牧野や西園寺など日本全権の反発を招いてしまいました。当時、イギリス・フランス・アメリカ・日本とともに五大国の一員であったイタリアが、たまたまヨーロッパの植民地分割の問題で、英仏米と喧嘩《けんか》をしてイタリア全権が帰国してしまったときだったので、英仏米の三国は、日本を怒らせたくないと考えていました。中国の主張を日本は容認すべきだとのウィルソンの説得に、牧野や西園寺などの日本全権は、ならば日本も講和条約に署名せず、イタリアと同じく帰ってしまいますよ、と脅す戦術をとりました。そこで、ロイド＝ジョージとクレマンソーが日本、中国、アメリカの間に割って入ったのです。

クレマンソーとウィルソンとロイド＝ジョージが顔を揃《そろ》えた三大首相会議の席上、

クレマンソーはまず、中国の全権団の一人、顧維鈞《こいきん》を呼びます。顧維鈞は英語が達者な、非常に優秀な専門外交官でした。コロンビア大学で博士号をとった人です。顧維鈞は一九三三年の日本の連盟脱退のときにも中国全権でありましたから、松岡洋右と顧維鈞とは因縁の関係です。この人を前にしてクレマンソーは、まずこういうわけです。

「ウィルソン大統領。私は今朝、山東権益に関する日本との協定をもう一度読み直してきました。確かにフランスは日本の要求を支持するという約束をしています」。クレマンソーはこう一言述べた後、ずっと居眠りしているような顔をして、その後の会議中、一言も言葉を発しなかったといいます。まさに、とりつくしまがないといった態度を、中国に対して見せるわけですね。このような状況で会議は始まりました。これはすごい牽制《けんせい》ですよね。クレマンソーはフランス語しか話せず、英語しか話さないウィルソンとは直接話すことはできません。

ここでクレマンソーが述べたことは事実でした。一九一七（大正六）年、日本は戦後に予想される講和会議で提出される植民地分割について、イギリスとフランスとイタリアとロシアとの間でお互いに認めあうという、万能薬の秘密条約を結んでいたのです。これを結んだ時期は、日本がちょうど連合国の地中海における兵員輸送の援助を要請された時期でした。地中海の警備というのは潜水艦が出てくるから怖いのですが、日本はその警備に出るとき、じゃあ貢献の見返りになにかくださいねと主張した。それがこの密約だったのです。だからこのとき、クレマンソーは、「調べてみたらフランスには日本との密約があって、日本がほしいといったものにはイエスといわなければいけない関係に立っているのです」といい、その後は目をつぶってしまった。このような密約は、各国の間で相互に交わされていたのです。それを、ロシアが暴露したことはお話ししましたね。

もちろん、顧維鈞は反論します。フランスと日本の密約は否定しない。けれども、日本が中国に認めさせたといっている二十一カ条要求中の山東に関する条約は、最後通牒《つうちょう》つきで、日本の軍隊に中国が脅された結果、条約が締結されたものなんですよ、強制されて締結された条約は認めなくていいという原則が最近の国際法にはあり

中国は戦勝国。
ドイツとの不平等条約は
消滅する
顧維鈞《こいきん》

ますよね、といって反論する。

　そして顧維鈞が行なったもう一つの反論は、法理論としてかなり説得力のあるものでした。宣戦布告をして戦争に勝利すれば、その国がかつて結んでいた不平等条約がまっさらなものに戻るのです。中国は戦争が終わってしまうちょっと前ですが、確かに一九一七年八月、ドイツに宣戦布告しています。中国は第一次世界大戦に参戦した、と。そして中国が果たした実質的役割はともかくとして、勝ったわけです。そうするとなにが起こるかというと、かつて清国の時代に中国が背負わされたドイツとの不平等関係がチャラになる。一八九八年、清はドイツに膠州湾《こうしゅう》、青島《チンタオ》をとられたのですが、その条約が無効になる、というのです。ここで顧維鈞が主張したことは正しくて、中国におけるドイツとの不平等条約は、宣戦布告し戦争に勝つことによってなくなっているのです。つまり日本の手を経ずとも、そもそも条約関係が消滅したのだから、山東半島の旧ドイツ権益は中国のものである、こう主張しました。

　霊媒師のロイド＝ジョージは顧維鈞になんと返答したか。ロイド＝ジョージは中国の弱点をついて、返す刀でアメリカに対する皮肉も込めてこういったのです。

　［一九一七年、ヨーロッパは］たいへん苦しい状況だったのです。そして日本は

努力してくれました。それを今になって「あのときはありがとう、でも、もうサヨナラ」などとは言えません。我々の中国への同情は、疑う余地はありません。しかし、一度交わした協定は、思いどおりにならなかったら破いてしまうような、紙切れとは違います。

こういって顧維鈞の議論を否定しました。そしてこの後に霊媒師のような力を発揮します。議事録が残っているので非常に臨場感があるのですが、顧維鈞が「いや」などといって反論しようとしたとき、ロイド゠ジョージはそれを遮って、こう続けました。

いや、もしドイツが勝利者であったら、ドイツが世界の支配者になっていたのですよ。中国もドイツの支配下にあったのですよ。おわかりですか。アメリカ？　アメリカはまだ当時、ドイツに対抗する準備はできていなかった。

こう述べて、顧維鈞とウィルソンをともに黙らせた。これはかなり強力です。ここでいっていることは正確でした。イギリスは日本と密約を結んで、中国貿易を減らしながらもドイツの矢面に立ち、フランスとともに自国民の多大な犠牲者を出しながらドイツと戦っていました。アメリカや中国が参戦したのは一九一七年四月、八月で、これまでドイツと戦ってきたロシアが、戦争をやめた数カ月後のことです。だから、顧維鈞が、アメリカを後ろ盾にしてなにかいおうとした瞬間に、「アメリカが参戦したのはだいぶ後でしょう。最も苦しかった時期のドイツとの戦いを支えあった国はアメリカではないのです。最も苦しかった時期に戦っていた国同士が密約を結んでなにが悪いのか」と、平然と説明できる人でした。同情は中国にあるのはもちろんだといいながら、ロイド＝ジョージは山東に関する日本の主張を是認したのです。

批判の口実に利用される

国内改造要求のところで見たように、日本側はパリ講和会議で大変な危機感を抱くのですが、日本の置かれた立場を客観的に見てみれば、パリ講和会議で結ばれたヴェルサイユ条約の第一五六条から第一五八条はすべて日本の要求どおり、「山東の権益は日本のものになる」と書いてあるのです。ですから、パリにおける日本外交の失敗と呼ばれるものは、基本的には、主観的な意味での失敗なのです。ただ、政治上、経済上の問題よりも、意識の問題、アイデンティティにかかわる問題のほうが、人々の心のなかに大きな傷を残すことがあります。第一次世界大戦後のパリにおける経験は、まさにそのようなものだったといえるでしょう。

さて本日の話の最後として、三・一独立運動のところでちょっと触れたままになっていた話をしましょう。ウィルソン大統領がアメリカ議会から強い批判を受けたこと、しかもそれが、三・一運動というかたちで世界に知られることになった、朝鮮に対する日本の植民地経営の残忍さの問題と関連づけて批判された問題についてです。

みなさんは世界史の授業で、こういう説明を聞いたことがありませんか。アメリカは、第一次世界大戦後に誕生した国際連盟に、アメリカ議会の反対によって加わらなかったと。まずここがポイントです。ウィルソン大統領はパリ講和会議の期間中、アメリカに帰国しては、モンロー主義的な考え方の強いアメリカ議会に対し、これから誕生するはずの国際連盟は議会が警戒しているようなものではない、連盟は決して宣戦や講和の権限などアメリカの主権にかかわる問題について、アメリカ議会の権限を阻害するものではない、と説得に努めていたのです。

しかし、アメリカが欧州の帝国主義国間の抗争に利用されるのを怖《おそ》れたアメリカ議会はウィルソンの説得に耳を貸そうとはせず、連盟とともに歩もうとするウィルソンを強く批判しました。ウィルソンを批判する際にアメリカ議会がとった方法は、アメリカの世論に訴えるということでした。ここで日本と三・一運動が唐突に登場するのです。

なかなかに煽動《せんどう》的な内容ですよ。議会はこういいます。ウィルソン大統領は、パリ講和会議でヴェルサイユ条約をドイツ側に吞《の》ませるのに必死になっている。しかし、そのヴェルサイユ条約というのは中国を犠牲にして山東半島に対する日本の要求をすべて吞んだ不当な条約なのである。日本は山東を植民地と同様に支配するだろう。だが、日本の植民地支配というものは、朝鮮で起こった三・一独立運動によって明らかなように、非常に苛酷《かこく》なものである。このような苛酷な植民地支配を中国本土に及ぼそうとしている日本に対し、日本をヴェルサイユ条約調印国とするため、ウィルソンは日本に妥協したのである——。

このような批判がアメリカ議会でなされていることを知った日本側は、ひどく衝撃を受けました。日本の植民地支配が苛酷であるとの批判は甘んじて受ける。しかし、ウィルソン大統領を批判するためだけにアメリカ議会が日本批判を持ちだしたのであれば、それは不当なのではないか、こういった感情でありました。以上の問題については、アメリカに駐在していた日本の海軍武官の報告史料が残されています。パリ講和会議で日本側が負った衝撃や傷は、一九三〇年代になってから、深く重くジワリと効いてくるのです。

4章

満州事変と日中戦争

日本切腹、中国介錯《かいしゃく》論

当時の人々の意識

謀略で始まった作戦と偶発的な事件と

　こんにちは。今日は、満州事変と日中戦争についてお話しします。満州事変のほうは、一九三一（昭和六）年九月十八日、関東軍参謀の謀略によって起こされたもので、日中戦争のほうは、三七年七月七日、小さな武力衝突をきっかけとして起こったものです。ここで、満州事変には「起こされた」という言葉を使い、日中戦争には「起こった」という言葉を使ったことに注目してください。

　満州事変のほうは、二年前の二九年から、関東軍参謀の石原莞爾《いしはらかんじ》らによって、しっかりと事前に準備された計画でした。関東軍というのは、日露戦後、ロシアから日本が獲得した関東州（中心地域は旅順《りょじゅん》・大連《だいれん》です）の防備と、これまたロシアから譲渡された中東《ちゅうとう》鉄道南支線、日本側はこの鉄道に南満州鉄道と名前をつけましたが、この鉄道保護を任務として置かれた軍隊のことをいいます。その鉄道線路の一部を自ら爆破し、それを中国側のしわざだとして、中国東北部（満州）のなかでも、遼寧《りょうねい》省の奉天《ほうてん》

（現在の瀋陽）にあった張学良の軍事的根拠地など、大切なポイントを一挙に占領してしまう。

張学良は、このとき、東三省《とうさんしょう》（遼寧省、吉林省《きつりん》、黒龍江省《こくりゅうこう》）の政治的軍事的な支配者であり、南京を首都とする国民政府の蔣介石主席《しょうかいせき》ともよい関係を築いていた若きリーダーでした。九月十八日の夜は、張は自らの陣営を離れ、北平《ほくへい》（北京。南京に首都が移ってからの呼称）にいました。これも手が込んだ謀略で、日本の特務機関が、張に対する反乱を華北で起こさせ、反乱鎮圧のため、張が本拠地を留守にするようにしむけたのです。張は自らの軍隊である東北軍の精鋭一一万を率いて、万里の長城を越えて華北にいました。満州にはいなかった。

日本側は、なぜこのような手の込んだ謀略を行なったうえで、満州事変を起こしたのでしょうか。それは、兵力の差ですね。関東軍は、内地から二年交替で派遣されてくる師団と独立守備隊というものから構成されていましたが、合わせて約一万人余りしかいなかった。それに対して張学良の率いる東北軍は約一九万人もいた。石原莞爾は戦後、極東国際軍事裁判所に提出した宣誓供述書（立会人の前で、ここに書かれている文章の内容は正しいですよ、ということを宣誓したうえで供述した文書）のなかで、装備が優れ、二〇万人ほどもいた張学良軍にくらべ、装備も劣り、一万人ほどしかいな

[満州事変]

1931（昭和６）年９月、関東軍が柳条湖《りゅうじょうこ》付近で鉄道路線の一部を爆破。関東軍は、それを中国軍のしわざだとして、奉天《ほうてん》その他の主要都市を占領した。

※省境変更により、現在、ハルビンは黒龍江省の省域内とされている。

い関東軍が、いかに心細い思いをしていたかという点を強調して、満州事変が謀略であったことを隠していました。石原の述べている兵力差は、一九万を二〇万としているだけで、だいたい正確といえますが、東北軍のうち一一万が満州にはいなかった点、ここが実はいちばん重要なのですが、この点を正直に述べていない。

ここで、石原のプロフィールについて簡単にご紹介しておきます。彼は関東軍参謀として満州事変を計画した人ですが、自らが参謀本部の作戦部長であったときに起きた日中戦争に関しては拡大に反対して、さっさと作戦部長を辞して、関東軍の参謀副長として満州に行ってしまったという変わった経歴の持ち主なので、当時も人気がありましたし、今もなお人気があります。石原が生まれたのは、一八八九（明治二十二）年で、明治憲法発布の年、つまり彼は憲法の時代の子でもある。そして、多感な頃にちょうど日露戦争がくる。さて、時は移り昭和になって、大人になった石原と満州で一緒に仕事をすることとなった内務官僚・

石原莞爾《いしはらかんじ》

武部六蔵《たけべろくぞう》という人が記した石原評は次のようなものでした。

石原莞爾君は真崎《まさき》〔甚三郎《じんざぶろう》〕大将の無罪の判決を無茶だと批評し、また、かかる判決をなす陸軍の上層部が色々訓示などを出すは、紙だけ浪費だと食堂で話していた。彼の話しはいつでも皮肉であり、真相を握り、そして朗かだ。しかし、同時に煽動《せんどう》的な処《ところ》も多分にある。

これは、一九三六（昭和十一）年二月に起きた陸軍の反乱事件、二・二六事件の判決が下されたとき、満州の地で石原がどんな話をしていたか、食堂での石原の会話を、武部が書き留めたものです。なんだか、石原という軍人のイメージがわいてきませんか。まずは、二・二六事件の黒幕といわれた真崎大将に対して、陸軍が無罪判決を下すのはまちがっている、こう石原は批判する。しかし、ユニークなのは、その表現ですね。「無茶」の一言です。そのうえで、このようなだめな判決を出す陸軍省が立派な顔をして訓示などを偉そうに送ってくるのは、「紙だけ浪費」だと。武部は石原を、皮肉な話しぶりをするが、真相をとらえており、明るく、しかし、人を煽動するようなところがあると的確に評価しています。

石原は陸軍中央をののしることが多かったために、反体制的な落ちこぼれの軍人であったと受けとられることもあるのですが、大変なエリートです。一二歳で陸軍幼年学校に入り、そこを首席で卒業し、陸軍士官学校、陸軍大学校をすいすいと通過し、陸大では二番だったといいます。成績優秀ということで、天皇から軍刀をもらう。のちの太平洋戦争中、石原は東条英機《ひでき》陸相からその言論に対して睨《にら》まれ、『戦争史大観』という、中央公論社から出されるはずだった著書を事実上、発禁にされてしまうなど、不遇な環境にも置かれる。

さて、少し話を戻しましょう。満州事変の計画性に対して、一九三七年七月七日に起きた日中戦争のほうは偶発的な事件、盧溝橋《ろこうきょう》事件をきっかけにしていました。もちろん、事件が起きてもおかしくない、構造的な要因はずっと前から蓄積されていたのですが。盧溝橋は、十二世紀末につくられた、北京郊外の永定河《えいていか》に架けられた橋で、マルコ・ポーロが『東方見聞録』でその橋の美しさを称《たた》えたことで有名です。この橋の北側の河川敷で夜間演習を行なっていた日本軍、当時は支那《しな》駐屯軍と呼ばれていたのですが、この軍隊と、中国側の第二九軍との間で、小さな衝突が起こってしまいます。

構造的な要因があるといったのは、次のようなことですね。2章でお話しした一九〇〇年の北清《ほくしん》事変（清朝政府が、国民のなかから起こった義和団の排外主義運動に乗っかってしまって、列強に挑戦した事件）の解決のための北京議定書という条約によって、英仏独露などの列強とともに、日本は在留邦人保護を理由として、天津《てんしん》周辺に軍隊を駐屯させることを認められたわけです。そして置かれたのが支那駐屯軍でした。ですから、確かに条約上の根拠はある。

ですが、盧溝橋事件の前年、三六年六月、日本側だけが、これまで一七七一人であったものを、中国側との事前の協議なしに五七七四人に増強してしまった。一挙に三倍に増やしたことの意味は大きいでしょう。このときに新しくつくられた駐屯地、つまり軍隊が日々生活する場所ですが、そこが盧溝橋事件にかかわる豊台《ほうだい》の兵営だった。豊台は重要な地点で、北京の西南郊外にあって鉄道の分岐する場所でした。豊台の隣には中国軍の兵営がありました。そのような場所で模擬弾をつくって夜間の演習をやっていた。ただ、事件の夜など、兵士は実弾（実包）も携行していたといいます。これでは事件が起こらないほうが不思議でしょう。

今日は、満州事変から日中戦争にいたる過程をお話ししますので、それを聞いてもらえればわかるはずですが、日本に対する憎しみ、抗日意識は中国の兵士のなかにもだんだんとたまってきていた。マッチが擦られれば、一気に燃えあがるだけの土台はできていたということです。

満州事変と東大生の感覚

どうして満州事変が起こされ、日中戦争が起こってしまったか、その道筋を説明する前に、当時の人々が満州事変や日中戦争をどう見ていたのか、そうした当時の人々の感覚について見ておきましょう。次に引くのは、京都大学で教育学を長らく教えてきた竹内洋先生の本、『丸山眞男《まさお》の時代』（中公新書）のなかに紹介されているエピソードです。

一九三一年七月、今の東大のことですが、当時は東京帝国大学と呼ばれていた、その学生たちに行なった意識調査の記録がある。満州事変の二カ月前です。この調査では、学生たちに、まずは「満蒙《まんもう》（南満州と東部内蒙古《ないもうこ》）に武力行使は正当なりや」と質問しています。満蒙とはなにか、その実態については、今日のお話のメインの一つなのでこの後、説明しますが、ここはひとまず日露戦争後に日本が獲得した権益が集中している場所、というように簡単に考えておいてください。

満蒙のための武力行使は正当かという問いに対して、「はい」か「いいえ」で答えるのですが、どのような結果になったと思いますか。

――……想像つかないけれど、満州事変の直前だから、正当だと答える人が六割ぐらいとか。

半分は超えているだろうという意見ですね。実際はもっと多い。なんと、88％の東大生が「然《しか》り」つまり「はい」と答えている。私にとってこの数字は意外でしたね。内訳を見てみると、「直ちに武力行使すべき」という、血の気の多い気の早いお兄さんたちが52％いる。満州事変が起こるのは九月ですので、九月を過ぎていれば、新聞やラジオでさかんに事件を報道したと思いますので、事変後ならまだわかりますが。

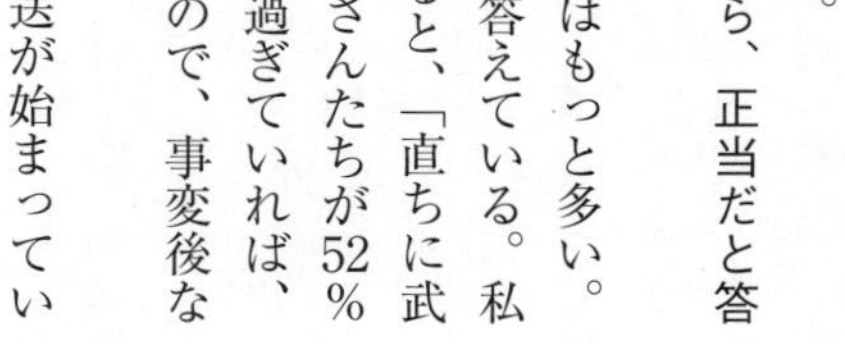
満州事変2カ月前のアンケート
Q. 武力行使は正当なりや
→88%の東大生が「然《しか》り」

ちなみに、ラジオは一九二五（大正十四）年に放送が始まっていました。統計で数が明確にわかる三二年二月の段階では、ラジオの受信契約数は一〇〇万世帯を超えていた。太平洋戦争のときの契約数は六〇〇万世帯くらいで、普及率は全世帯の45％くらいと考えられています。今なら音漏れは恥ずかしいこととされていますが、昔は誰もが大音量でラジオをかけていました。だからこれだけの契約数があれば、だいたい全国民に聞こえていたでしょう（笑）。そういう

環境で満州事変が起こって、軍部を支持する報道があふれていたら、確かに「武力行使も必要か……」なんて思うかもしれない。でも、これは満州事変が起こる前のアンケートなのです。

もちろん、「はい」と答えたうちの残りの36％の学生は「外交手段を尽くした後に武力行使をすべき」と答えています。また、武力行使をしてはだめだと答えた学生も12％いる。ただ、戦争になってもいいと考えている人が九割弱を占めていることに変わりはありません。一般的に、知的訓練を受け、社会科学的な知識を持っている人間は、外国への偏見が少なく外国に対する見方が寛容になる傾向があります。「中国側にだっていろいろな事情があるのだ。日本側にもあるように」と思える人間には、やはり知性、インテリジェンスがあるだろうと。たくさん勉強していたでしょうし、いろいろな知識を持っていたと思われる東大生の88％が武力行使を「是」としていたということに、私は驚きました。

満州事変は九月十八日に起こりますが、この直後にも東大生を対象とした意識調査が行なわれています。今も昔も、人々が東大生のことを注目したがる点では同じです。このときの調査は憲兵によるもので、九月三十日に憲兵司令官がその結果を陸軍大臣宛《あ》てにまとめている。このような貴重な史料がよくぞ残ったと思います。ところで、憲兵というのはイメージできますか。

——軍のなかにある警察。

そうですね。もともとは軍隊内部の犯罪摘発のために置かれ、陸軍大臣の管轄《かんかつ》に属します。しかし、一般国民に対して警察以上の力をふるうことがありました。というのは、憲兵は軍内部だけでなく、国民に対して司法警察権を持っていたからです。憲兵は司法大臣の指揮も受け、治安警察法や治安維持法など国民の思想を取り締まる権限も持っていたということです。この憲兵という存在が、昭和期の言論をより狭くしていくのです。戦時下の狂信的な面が語られるとき、憲兵の存在とともに語られることが多いです。

このときの調査は、陸軍の軍人が講師になって、「国防思想普及講演会」というものを東大で開いたときに行なわれました。一般的には、大学などの高等教育機関では、軍人などは嫌われていた。あいつらは頭が悪い体力自慢だと。まあ、軍事教練という科目で日ごろ教官の将校にしぼられるので、その反動もあったでしょう。しかし、それは陸軍省も心得たもので、東大あたりに送り込む講師には、陸軍から東大経済学部などに派遣して勉強させたような優秀な人たちを選んでいた。ですから学生たちに野次り倒されるようなくだらない説明はしません。

陸軍軍人が、なぜ日本は満州事変を起こしたかという説明をした後、学生たちにアンケートをとりました。質問事項は二つ。「一つ、君たちは満蒙を日本の生命線と見なすか」と、「二つ、満蒙問題は軍事行動をもって解決されるべきだと思うか」です。まあ、なんだか、答えてほしい答えが予想できるような質問項目ではありますが。すると、八五四名の学生中、九割が二つの質問に「はい」と答えているのです。

先ほどの大学の意識調査と、この憲兵の調査とを揃《そろ》えて考えてみて、私が面白いと思ったことは、満州事変の前と後で、あまり調査結果が変わっていないということですね。つまり、満州事変が起こる前には、すでに国民のなかで、少なくとも国家が行なう行為に対する批判精神があると思われるような集団のなかでも、ちょっと針でつつけば暴発する空気はあった、ということがわかる。それだけ、満蒙問題をめぐって、国民のなかに、ある種の了解、一致点がかなり高くなっていたということですね。この了解、一致点がどのような過程で国民の意識のなかに蓄積されてくるのか、それもまた今日のお話のテーマです。

戦争ではなく「革命」

満州事変についての人々の感じ方を見たので、日中戦争についても見てから、先にいきましょう。日中戦争については、良いか悪いか、支持するか支持しないかというよりも、日本人がこの戦いを「戦争」と思っていなかったのではないか、という点が興味深いです。序章のところで、中支那《なかしな》派遣軍司令部の見方や、近衛文麿《このえふみまろ》首相を支えた知識人アドバイザーの見方などについての話はしましたね（二五ページ）。「報償」という見方や「討匪戦《とうひせん》」という見方があった。覚えていますか。

――戦争なのに戦争相手として見ていないことに驚いたし、当時の日本と今のアメリカに一致点があるなんて意外でした。

本当にそうですね。戦争と思っていない、というところが衝撃的でした。もう一つ例を紹介しておきますと、当時、大蔵省預金部というところで課長をしていたエリート官僚の毛里英於菟《もうりひでおと》という人が、日中戦争とはなんであるのかについて、一九三八年十一月に発表した論考があります。「『東亜一体』としての政治力」と題して、「日支事変」（当時の呼称）は、資本主義と共産主義の支配下にある世界に対して、日本などの「東亜」の国々が起こした「革命」なのだ、という解釈を展開していました。台湾、朝鮮を含む日本、そして一九三二年に関東軍が背景にあって建国された「満州国」、これに、おそらく日本の占領下にある中国などを加えた総称として、毛里は「東亜」

といっている。この東亜が、英米などに代表される資本主義国家や、ソ連などに代表される共産主義国家などに対して、革命を試みている状態、これが日中戦争だ、と。戦争ではなく、革命だといっている。とても奇妙ですよね。

——当時の日本人が日中戦争を戦争ととらえていない、というのは、なにか今にもつながるように感じる。今もこんなふうに認識がズレているんじゃないかという気がします。

この奇妙な感じ、変なとらえ方はどうして生まれるのか、その背景を考えてゆきましょう。少なくとも毛里の論考から、この当時、日本のエリート官僚などが、戦争を破壊とはとらえない、より積極的な意味を見いだしていたことがわかるでしょう。

満州事変はなぜ起こされたのか

満蒙《まんもう》は我が国の生命線

序章で、リンカーンの演説を説明したとき、ルソーの戦争論「戦争および戦争状態論」の話をしましたね（四九ページ）。戦争というのは、相手国の主権にかかわるような大きな問題、あるいは相手国の社会を成り立たせている基本原理に対して、挑戦や攻撃がなされたときに起こるものだと。このあたりは、ぜひとも、東大法学部で憲法を教えている長谷部《はせべ》恭男《やすお》先生の『憲法とは何か』（岩波新書）をお読みください。つまり、ある国の国民が、ある相手国に対して、「あの国は我々の国に対して、我々の生存を脅《おびや》かすことをしている」あるいは、「あの国は我々の国に対して、我々の過去の歴史を否定するようなことをしている」といった認識を強く抱くようになっていた場合、戦争が起こる傾向がある、と。

この点でいえば、満州事変前、東京帝国大学の学生の九割弱が、満蒙問題について武力行使に賛成だったという事実を思いだしてください。九割弱の人々が武力行使すべきだと考えていたということは、満蒙問題というのは、日本人が自らの主権を脅かされた、あるいは自らの社会を成り立たせてきた基本原理に対する挑戦だ、と考える雰囲気が広がっていたことを意味していたのではないでしょうか。

さて、パリ講和会議のところで出てきた松岡洋右《ようすけ》を覚えていますか。彼はなんとその後、外交官を辞め、立憲政友会に属する衆議院議員になっていました。松岡は、一九三〇（昭和五）年十二月からの通常議会で代議士として初めての演説を行なうのですが、そこは松岡のこと、この後、世のなかを席巻《せっけん》するフレーズ、「満蒙は我が国の生命線である」とやったのです。満州事変の九カ月も前、時の浜口雄幸《はまぐちおさち》内閣の外相・幣原喜重郎《しではらきじゅうろう》のすすめる協調外交への批判演説で使いました。

松岡の主張は、第一に、経済上、国防上、満蒙は我が国の生命線(Life line)であること、第二に、我が国民の要求するところは、「生物としての最小限度の生存権」であること、にありました。満蒙という土地が、生命線、生物としての最小限度の生存権といった表現で形容されているところがミソです。つまり、満蒙は日本という国家の生存権、主権にかかわると述べたわけです。

——シュタインのところ(一二五ページ)で出てきた、主権線、利益線の次の段階の言葉ですか?

意味としてはシュタイン先生のいう利益線の意味と同じなのですが、生命線というネーミングで呼ぶと強くひびきますね。これはルソー先生にいわせれば、危ない兆候ですね。それでは、今日の話の本題、満蒙とはなにかをお話ししましょう。

満蒙とは南満州と東部内蒙古を合わせた地域で、一九三二年に建国されることになった「満州国」の南半分にあたる地域です。日清戦争、日露戦争があった明治期、日本にとって大事なのは朝鮮半島でした。第一次世界大戦が起きた大正期に目がいったのは山東半島で、満州には誰も興味を持っていなかった。それなのに、なぜ一九三〇年ぐらいになると、この地域が日本にとって切っても切れない関係になるのか。この変化を理解してもらえれば、今日の話は終わったも同然です。

さて、南満州と東部内蒙古を合わせた地域ということなので、まずは、満州がどこかを明確にしておきましょう。満州というのは「あて字」で、もともとはManju（マンジュ）と発音する民族が住んでいた地域に対し、ヨーロッパ人や日本人などが、その発音に漢字の音をあてて「満洲」と書き、それが慣用的に戦後の日本では「満州」と表記されるようになったものだといいます。ですから、松岡などが問題にしていた昭和戦前期には、新聞などほぼ「満洲」という表記を使っています。今日のお話では、慣用的な使い方にしたがいまして、本来の意味からいえばまちがっているのですが、満州という表記を、やはり用いることにいたしましょう。

満州と呼ばれた場所は、清朝の支配体制下の地方制度の名前では、東三省（遼寧省・吉林省・黒龍江省の三省）地域に該当していました。ですから、満州については、中国東北部といったり、東三省といったり、いいかえをすることが多いです。この満州、東三省地域を、北はロシア、南は日本と、勢力範囲で分けるようになったきっかけが、日露戦争でした。戦争が終わるとロシアと日本はむしろ協調するようになって、

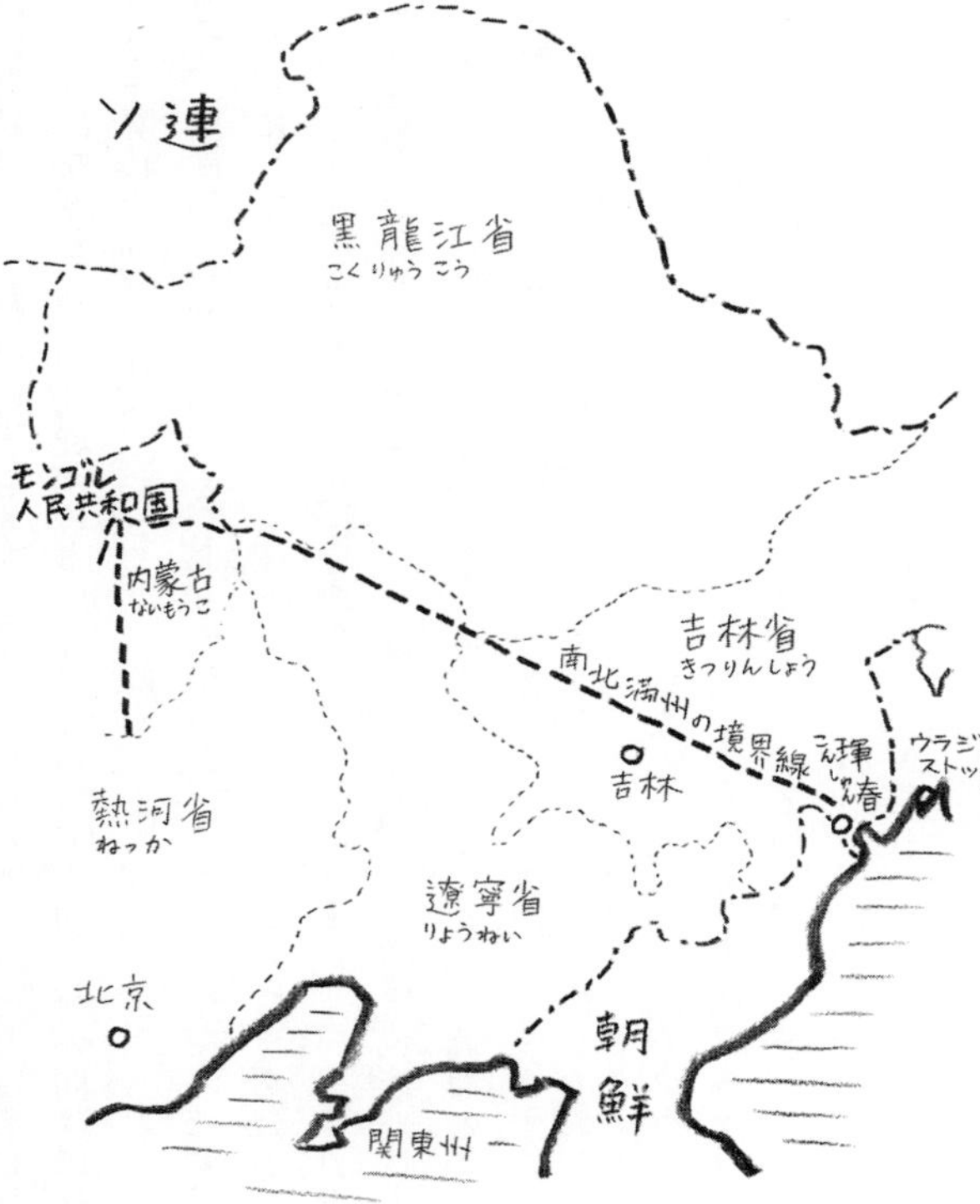

[**満蒙とはどこか**]

満蒙とは、南満州と東部内蒙古《ないもうこ》を合わせた地域。琿春《こんしゅん》～モンゴル人民共和国までの点線の下の地域が南満州。縦の点線の右側が東部内蒙古。

一九〇七（明治四十）年、第一次西園寺《さいおんじ》公望《きんもち》内閣のときに、満州の鉄道と電信をロシアと日本でどう分けるかという問題をめぐって、この線から北はロシア、この線から南は日本というように、第一回日露協約の秘密条項で定めました。まあ、野蛮な時代ですね。清朝、つまり中国が主権を有する土地を、ロシアと日本とで勝手に分けてしまう。

右ページの地図を見てください。この地図上で、「琿春《こんしゅん》」という地名を見つけてください。現在は、中国吉林省の延辺《えんぺん》朝鮮族自治州ですが、ここを基点に、筆を持ったつもりで、左に線を引いていき、吉林の上を通ってさらに左に進み、外蒙古《がいもうこ》（現在のモンゴル）と内蒙古（現在の、中国内モンゴル自治区）との境界線にぶつかるところまで線を引きます。地図中に濃い点線で示した横線が、ロシアと日本の勢力範囲を定めた境界線です。つまり、この境界線から下の部分、地図でいえば南半分が、南満州ということになります。

では、満蒙の「蒙」の部分、東部内蒙古というのは、どこでしょうか。これは、一九一二年、第二次西園寺内閣のとき、第三回の日露協約を結び、これまた秘密条項で、中国の首都であった北京を通る、グリニッジ東経一一六度二七分より東の内蒙古部分を日本の勢力範囲とし、西の部分をロシアの勢力範囲としました。北京を通る経度で、機械的にロシアと日本が勢力範囲を決めてしまうというのは、先ほどの南北境界線の話と同様、全く野蛮な行為であります。ただ、日本の意識としては、このように取り決めておかなければ、東部内蒙古も西部内蒙古も外蒙古も、すべてロシアの勢力範囲とされてしまうと考えたのでしょう。

当時、中国では清朝が倒れ、新国家が誕生しようとしていた頃でした。この新中国に対して、今後どのように金を貸して、資本を投下するか、イギリスは米独仏の三カ国を誘いつつ、自らの強力なリーダーシップを維持しようとはかっていました。そのイギリスの動きに対して、日本とロシアは反発していたわけですね。日本とロシアは中国に最も近い国でありながら、イギリスをはじめとする米独仏などの強力な資本主義国家とは違い、資本力という点でも技術力という点でも遅れていた。そのような共通点があったために、日本とロシアは日露戦後から第一次世界大戦にかけて、中国問題に関してはお互いに勢力範囲を認めあうことで共闘を組んでいたといえます。

ところが、第一次世界大戦のところですでに説明しましたが、一九一七年にロシアでは革命が起きて、なんとなんと、政治体制が帝政から共産主義に変わってしまう。そして、帝政時代のロシアが日本と結んでいた秘密協約などは、他の列強などとロシアが結んでいた秘密条約などとともに、すべて、新たにできた国家であるソ連政府によって世界に暴露されてしまう。南満州と東部内蒙古全体を、日本の勢力範囲であるとお互いに認めあっていた国が消滅してしまったわけです。

もちろん、戦争によって獲得された条約などは生き残るのが国際法の慣例ですので、日露講和条約で認められた諸権利と、それに基づいて日本と中国政府との間で結ばれた「満州に関する日清条約」で認められた諸権利は、ロシア帝国の消滅後も継続されるわけですが。ただ、そうはいっても、いつも自分の味方をしてくれる一国が消滅するというのは大きいです。

さらに清朝が倒壊して、中華民国が成立します。ロシアのみならず中国も、政治体制が変わってしまう。そうなった場合、条約上の権利のなかでも、たとえば、旅順・大連の租借や、中東鉄道南支線（これが南満州鉄道になるわけです）の譲渡などの、大きな項目、明確なゆるぎようのない権利などはさすがに安泰ですが、日本と中国との間で、条約が締結された当時から双方の議論が嚙《か》みあっていなかった項目などについては、その解釈の違いがだんだんと目立つようになってしま

清朝とロシア帝国の崩壊
↓
日露戦争で締結された条約に関する
日中の解釈の違いが浮き彫りに。

うのです。解釈の違いをグレーゾーンなどと呼んでおきます。

条約のグレーゾーン

さて、満蒙問題の場合、そのようなグレーゾーンはなんであったのかといえば、大きなものが二つありました。一つは日本側が中東鉄道南支線に、つまり南満州鉄道の沿線に鉄道守備兵を置く権利です。もう一つは、満鉄の併行線（平行線、並行線とも書きます）になりうる幹線と支線を中国側は敷設《ふせつ》できないとの取り決めです。つまり、鉄道守備兵設置権と満鉄併行線禁止条項の二つでした。

鉄道守備兵は、のちの関東軍の重要な構成要素となる軍隊ですから、日本側にとって、とても重要なポイントでした。

しかし、中国は日露戦争直後から、このような権利はそもそもロシアにさえ与えていなかったのだから、ロシアから日本に譲渡される根拠がない、と強く主張していたのです。日本側は、いや、それは違う、ロシアと日本の間で鉄道守備兵を置く権利をお互い認めあった条約を締結したのだから、中国はそれについて異議を唱えることはできない、と主張していました。日本と中国の主張は対立していたのです。また、満鉄の併行線禁止条項も、日本側は日清条約の秘密議定書に書いてあると主張していましたが、実際は秘密議定書という形式ではなく、日本と中国との間の会議録の文中に記載された文言にすぎませんでした。

こうしたグレーゾーンは二国間で締結された条約などではよくある話で、その時々で、両国の政府が解釈をめぐって協調的に話しあうことで、双方の利益になるように解決される場合が大部分です。専門の外交官の役割、外交官の仕事の醍醐味《だいごみ》は、このようなグレーゾーンの部分を話し合いで埋めてゆく、そのようなところにあるのだと思います。

満州事変が関東軍参謀の謀略によって起こされるまでは、日本政府のなかにも、外務官僚などを中心に自覚がありました。日本が主張する満蒙特殊権益は、日本が確信しているほどには外国勢力から承認されていないのではないか、という点への自覚です。たとえば外務省のアジア局という、対中国外交をつかさどる部署の局長だった有田八郎は、一九二八（昭和三）年七月の文書で、次のように述べています。

日本が東三省に特殊利益を有すとの点につきては従来各国に異論あり。今日まで各国としては之《これ》を承認したることなく、現に最近、英国外相さえ下院労働党議員の質問に答え、英国は日本が満州において何ら特殊の利益を有せるものと認めずと述べおるほど。

ここに有田が率直に認めているのは、日本が満蒙に特殊権益を持っているという主張は、実のところ、列国によってこれまで承認されてきたわけではないということでした。現にイギリスの外相が、下院議員の質問に答えたときも、日本が満蒙に特殊権益を持っているとは思われないと述べているということです。こう分析したうえで有田は、東三省に権力を持つ張学良政権を通じて、日本はこれまでどおり平和裡《へいわり》に満蒙権益を経済的に守ってゆけばよいのであると主張していました。

この時点で、陸軍のなかには、南京の国民政府との良好な関係を築いた張学良政権を打倒し、国民政府の支配から満蒙を分離しようと考える勢力が誕生していましたので、有田の主張は、こうした軍部の満蒙分離論を牽制《けんせい》するために書かれたと思われます。

松岡洋右が「満蒙は我が国の生命線」と議会で大演説をぶった少し後の、一九三一（昭和六）年三月三日、参謀本部第二部（情報を扱う部署）の部長であった建川美次《たてかわよしつぐ》は、次のような内容の演説を行ないました。

> 明治三十八［一九〇五］年十二月の日清条約の秘密議定書によりまして、満鉄に並行する線は、満鉄の利益を害するから敷かないという厳格なる取極《とりき》めがあるのでありますが、［中国側は］それを無視して、我国の抗議を負いながら彼自身これをつくったのであります。

　ここで、建川は、満鉄併行線禁止について、中国側が取り決めを守らないといって憤慨しています。グレーゾーンの解釈を、双方の話し合いによってではなく、自らは潔白で相手方は条約違反者であるといって、白か黒か黒白《こくびゃく》を決めようとする態度がうかがえます。建川の演説は、当時、陸軍の在郷軍人（現役ではなく予備役《よびえき》・後備役《こうびえき》にある将校・兵士）が国防思想普及講演会などを全国で開いて、さかんに国民を煽動《せんどう》した際の種本の一つとして広く流布《るふ》していました。

　こうした講演会は、宣伝にかける陸軍側の異様な意気込みもあり、満州事変勃発《ぼっぱつ》後には、一カ月たらずの間に、全国の人口六五〇〇万人のうち、一六五万五四一〇人が一八六六回の講演会に参加したとの憲兵の記録があります。こういった数値は、アメリカ人の優れた研究者であるルイーズ・ヤングさんという人の本『総動員帝国』（岩波書店）に書かれています。

中国は、条約上、日本が認められた権利を侵害している国であるとの議論ですね。そうした中国の条約侵害によって、日本の生存権が脅《おびや》かされる、こういって軍は煽《あお》ったわけです。これではルソーのいう、原理的な対立になってしまいます。

命とお金をかけて戦った戦争、その戦争にやっとのことで勝って締結した条約、その条約に書かれていたはずの権益、これを死守しようという発想が日本側に強かったことは、たとえば、関東庁（日露講和条約によってロシアから譲渡された租借地である関東州の統治と、満鉄附属地の警察権を行使していた役所）が作成した本などを読むとじっくりと伝わってきます。この本は『満蒙権益要録』という本で、関東庁が一九三一年十二月、つまり満州事変が勃発した三カ月後、国際連盟でリットン調査団のメンバーが選ばれている頃でしょうか、そのようなときに編纂《へんさん》された本です。

序文に、「本書の目的は主として満蒙において時々刻々発生する対外関係につき、為政者が事件ごとに、条約上の基礎を即座に認識」できるようにするための手引きとして編纂したと書かれている。ものすごく小さな活字で組んであって、しかも六三三ページもあります。内容は、すべて中国に関連して、日本を含む列強各国がこれまでに締結した条約のうち重要部分の抜粋からなっていて、たとえば、軍事関係で「北京駐兵権」という項目を見ると、それは一九〇一年九月七日調印の「義和団事件最終議定書」第七条に書いてあるなどと、たちどころにわかるようになっていました。また、鉄道関係で「満鉄併行線の禁止」という項目を見ると、それは一九〇六年十二月二十二日調印の「満州に関する日清条約附属秘密議定書要領」の第三条に書いてあることが、これまたたちどころにわかる。なんだかすごい本です。

陸軍と外務省と商社

ここまで話を聞いてきて、まあ、なんて陸軍は大きな顔をしているのだろう、と思いませんでしたか。南満州と東部内蒙古を合わせて満蒙と呼んで、ロシアと一緒になって相互に、ロシアと日本はそれぞれの地域を勢力範囲としますよと確認しあう。当時の言葉では、勢力範囲にするという意味と、特殊権益を有するという意味は、ほぼ同じ意味として用いられていました。特殊権益とは「主として条約によって認められ、他国には実際には等しく適用されない日本の専有・優先が認められた権利につき、日本が施設・経営を実行したことによって、経済的政治的に発展を見た現象や状態」を意味します。カッコでくくられた定義は少しわかりにくいですが、当時の国際法学者・信夫淳平《しのぶじゅんぺい》という先生が考えた定義です。

つまり、南満州と東部内蒙古は満蒙であって日本の勢力範囲だといっても、当時の列強の常識では、日本側が実際に鉱山を開発した実績、つまり、鉱山にいたる道路を整備しました、掘削を行ないました、といった「施設・経営」の実態がなければ、なかなかロシア以外の列強は認めてくれなかったのです。そのようなとき日本側は、この地域にはこれだけの経営の実態があるのだといって、つまり、列強の目を意識して既成事実を急いででっちあげることをしばしば行ないました。

そのようなときに活躍するのが、陸軍の参謀本部であり、外務省であり、国にかわって当面の資金を融通する商社だったわけです。陸軍などが、満蒙の特殊権益について、我が国の生命線などとやっきになるのは、ある意味よく理解できることで、彼ら自身、もともと特殊権益を設定する瞬間から、この問題に干与していた主体だったからです。

具体的には、東部内蒙古をどうやって日本の特殊権益だといえるようにしたのか、これを見てゆきましょう。

第一次世界大戦が起こる二年前までいったん戻ってお話しします。前の章で、朝鮮軍司令官だった宇都宮太郎の日記を紹介しましたが、ここでもう一度彼の日記を見てみましょう。これは一九一二（大正元）年のものです。当時、宇都宮太郎は参謀本部第二部というところで働いていて、中国の情勢分析にあたっていました。

中国の状況はどういうものだったかというと、一九一一年に辛亥《しんがい》革命が起こって清朝が倒れる頃です。清朝が倒れるとき、清朝と西で接していた外蒙古、のちのモンゴル人民共和国、今のモンゴルは、ロシアの支援を受けながら、清朝の支配から独立する動きを示します。一方、日本はロシアとうまく協調しながら、清朝が倒れて新しい国家が誕生するときに、外蒙古が独立する動きに呼応して、内蒙古へ手を伸ばす。これは日本が内蒙古の東半分をどのようにとろうかということを、ロシアと交渉している時点の日記です。

外務省が他国政府との外交交渉などのきれいごとだけをやってきた役所でないことは、ここからもよくわかります。一九一二年一月十日の日記には「蒙古における勢力範囲［日露］につき、希望の地域を［中略］研究、［参謀］次長に出し、また別に田中［義一《ぎいち》］に渡し、外務に交渉」させる、と書いてある。参謀本部第二部の部員である宇都宮が中心となって、蒙古のどの部分を日本の勢力範囲にしてしまうか、「希望の地域」を決めて、参謀次長にうかがいを出す、そういった内容です。「希望の地域」という表現がいかにもストレートです。

続く二月二十八日には、田中義一が参謀本部にやってきて、「東部内蒙古に関する我提議に対する露の回答」を持ってきたと書く。つまり、田中が外務省に出かけていってロシア側の意向を聞いてくるわけですね。そして、三月七日には「蒙古に対する借款《しゃっかん》成立。その鉱山開掘権等を担保として、十一万円、内八万円は外務、三万円は参謀本部にて負担」するところまで話がすすむ。ここに出てくる田中とは、一九二七年、政友会を与党として首相となる田中義一のことで、このときは陸軍省の軍務局長をしていました。このポストは陸軍の予算や政策を扱う部署です。ロシアとの話し合いがついて、日本側は東部内蒙古にある鉱山の採掘権を獲得するため、内蒙古の王族などに対して借款を貸し付ける、こういうことをする。日記の他の部分には、外務省が機密費（帝国議会などの承認をとらずに運用する費用）などですぐに資金を融通できない分は、商社であった大倉組が立て替えていたなどと書かれていました。陸軍と外務省と商社が特殊権益の実態づくりのために手を組んでいる様子が日記から伝わってきますね。

外務省だけが動いて、東部内蒙古の王族たちと話し合って決めているのではないわけです。ほほーと感心するのは、やはり軍は行動が迅速であるということ。清朝がまさに倒れようとするとき、ロシアと日本はさっと動いて既成事実をつくってしまう。

英米独仏が、新しく誕生する中国政府と話し合って借款団をつくりましょうなどという話を出そうとする前に、ロシアと日本が動く。つまり、陸軍からすれば、自らが汗を流して獲得した東部内蒙古を含む満蒙権益を中国政府が軽んじようとするのはとうてい許しがたい、このような認識になるのでしょう。

国家関連が大部分

先ほど、最小限の日本の生存権が脅《おびや》かされる云々《うんぬん》、ということをいいました。生命線やら生存権とはなにやら大げさな、と思うかもしれませんね。しかし、満蒙に日本側が持っていた特殊権益の特徴を見ていけば、日本固有の問題が見えてくるかもしれません。

一九二六（大正十五、昭和元）年の統計が正確に詳細に残っておりますので、これをもとに話をすすめます。日本側が満蒙に対して行なった投資には、相手地域の公的機関や私企業に対して借款《しゃっかん》というかたちで資金を貸し付ける借款投資と、会社形式による投資の二つの方法がありました。このような二つの概念からなる対満蒙投資は、二六年の数字で一四億二〇三万四六八五円となっています。

これを、投資者別の割合で見てみると、満鉄、南満州鉄道株式会社の分が54％、日本政府借款が7％、民間借款が1％、法人企業が31％、個人企業が7％となっています。満鉄と日本政府分を足すと、61％になります。ここでさらに細かいことを補足します。法人企業分は31％となっていましたが、この数値には、実は満鉄の払込資本、三億七〇〇余万円などが含まれ、これも満鉄関連と見なせば、満鉄とその関連及び日本政府の占める対満蒙投資への割合は、実に85％ほどになるはずです。

ここで満鉄会社について説明を加えておきましょう。満鉄というと、鉄道の管理にあたる小さな会社のようなイメージがありますが、それは違います。この会社は、一九〇六（明治三十九）年六月、まずは鉄道運輸業を営むために設立されましたが、同じ年の八月、運輸業の他に、鉱業、ことに撫順《ぶじゅん》と煙台《えんたい》の炭坑採掘、水運業、電気業、倉庫業、鉄道附属地の土地・家屋の経営などを政府から任されることになりました。

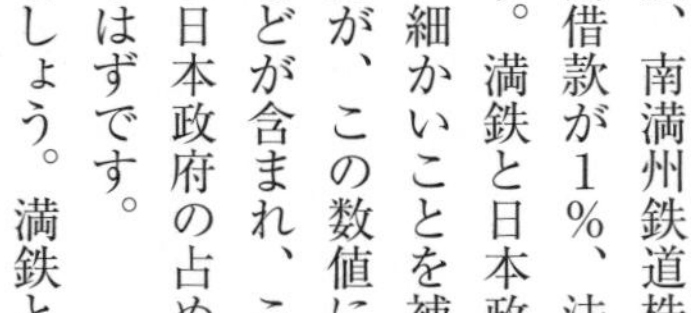
満蒙への投資のうち
85％が国絡《くにがら》み。
（健全な批判が
起きにくくなる）

このように国家関連の投資が大部分を占めるという状況により、満蒙については国民からの批判が起きにくい構造ができていました。イギリスやアメリカのように、私

企業がたくさん投資していれば、批判精神のある企業家などが政治のトップを抑えられる。85%相当が満鉄や日本政府など国家関連であったとすれば、なにか事が起これば、国家の望む方向に人々が動くことは容易に予想できることです。

事件を計画した主体

石原莞爾の最終戦論

ここで、再び石原莞爾に登場してもらいましょう。彼は、第一次世界大戦後、ドイツ留学を命じられて、一九二三（大正十二）年から約二年半ドイツに滞在します。変わり者の石原のことですから、紋付き袴《はかま》姿でドイツを闊歩《かっぽ》している写真もあります。敗戦国ドイツに赴いた石原は、明治の日本陸軍がお手本にしたドイツがなぜ大戦に敗れてしまったか、真面目《まじめ》に研究を重ねました。当時のドイツはインフレ状態でマルクが暴落していましたから、通貨価値の差から、日本円で留学していた人々は、多くの本や資料をドイツで買い集める余裕があったといいます。石原もこの例にもれなかったはずです。

当時、ドイツの敗戦は、敵の全主力を短期決戦によって包囲殲滅《せんめつ》する方式を徹底してとらなかったことに起因すると見られていました。しかし石原は、そうではなく、この大戦が短期決戦の殲滅型の戦争ではなく、長期持久型の消耗戦争であったことをドイツ側が認識しなかった点に求めます。そして、大切なのは、敵の消耗戦略に負けないようにすることであるとして、経済封鎖を生き延びる態勢で戦争を続けることの重要性に目覚めました。

帰国した石原は、永田鉄山《てつざん》、鈴木貞一《ていいち》、根本博ら、陸軍の中堅幕僚層が、一九二七(昭和二)年十一月から東京で始めた木曜会という、国策や国防方針などを考える際に必要となる、次の戦争に関する研究を行なうための勉強会に出席するようになります。永田、鈴木、根本らはいずれも、満州事変時に重要なポストに就いていた軍人たちでした。満州事変が起こされたとき、永田は陸軍省軍務局の軍事課長、鈴木は陸軍省軍務局の支那《しな》班長、根本は参謀本部の支那班長でした。石原はといえば、現地の関東軍の参謀でした。軍事課長の永田は、予算、つまりお金を掌握できる地位にいる。そしてあとの二人は、陸軍省と参謀本部の、ともに中国関係を掌握するポストですね。ここを押さえて、そして現地の参謀を押さえていれば、謀略事件を起こす布陣としては完璧《かんぺき》です。

話を戻して、木曜会の第三回会合、これは二八年一月十九日に開かれたのですが、ここで当時、陸軍大学校の教官となっていた石原は、「我が国防方針」という実に面白い報告を行なう。同志たちの前での報告ですから、大真面目な報告であったことは確かです。

日米が両横綱となり、末輩までこれに従い、航空機をもって勝敗を一挙に決するときが世界最後の戦争。［中略］日本内地よりも一厘《りん》も金を出させないという方針の下に戦争せざるべからず。対露作戦の為《ため》には、数師団にて十分なり。全支那を根拠として遺憾なくこれを利用せば、二十年でも三十年でも戦争を継続することを得。

石原の報告は二つの主張からなっていますね。一つは、日本とアメリカがそれぞれの陣営に分かれて、航空機決戦を行なうのが世界最終戦争であると。そして二つ目は、対ソ戦のためには、中国を根拠地として中国の資源を利用すれば、二十年でも三十年でも持久戦争ができる、このような考えを主張しています。この頃、第一次世界大戦後の各国では、戦争というものは膨大なお金をかけて長期間総動員準備をしなければ不可能であると考えられており、財政担当者などが青くなっていた頃ですから、石原のある意味野蛮な議論は、頭のうえの岩をどけてくれるような痛快なものだったのかもしれません。

同じ時期、石原が陸軍大学校で講義したノートが残っているのですが、ここでも石原は、持久戦争というのはナポレオンがいったように、「戦争で戦争を養う」、つまり占領した先の地域で徴税し、物資や兵器は現地で手に入れ、そこで「自活」すればよい、とも述べています。

さて、木曜会の参加者のうち、さすがに永田だけは「戦争は必ずしも必要なし。戦争なきも満蒙をとる必要ありや」と冷静な反応を見せていたことが、鈴木貞一が残した速記録からわかります。ちなみに永田鉄山は、一九三五年八月、この頃は陸軍内の派閥争いが頂点に達していたのですが、一方の派閥・統制派（陸軍省や参謀本部など、中央にいるエリート将校に支持者が多かった）の親玉だと思われ、もう一方の派閥・皇道派（地域の連隊とともにあって、兵士

永田鉄山《てつざん》
国立国会図書館「近代日本人の肖像」より

の教育にあたっていた将校に支持者が多かった）の軍人、相沢三郎という、めっぽう剣道の腕の立つ中佐に、白昼、陸軍省軍務局長室、つまり自分の部屋で、斬《き》られて殺されてしまう悲劇の人です。

木曜会に話を戻しますが、永田と違い、たとえば根本などは「満蒙はとる。その上にシベリアを必要とす」などと気炎を上げていますし、鈴木もまた「三十年に至らざるに先だち満蒙をとる」などと勇ましいことをいっています。木曜会に集まった課長級の中堅層などは、事件を起こすのに適したポストに自らの同志たちを配することに意を用いて、満蒙を中国国民政府の支配下から分離させようとはかりました。

ずれている意図

ここまでの話を聞いて、軍が満蒙について、国民に向けて訴えていることと、木曜会の軍人たちが議論していることと、論点がずれていることに気がつきましたか。

——……？

なに、全然気づかなかった？　それでは少し戻って思いだしながら整理してゆきましょう。軍はなんといって、国民を煽動しましたか。

——……国民に向けてっていうと、講演会がたくさん行なわれたときのことなどですよね？

はい、国防思想普及講演会などです。

——戦争によって日本が獲得してきた条約を、中国側が守っていないと訴えた。

そうでしたね。中国は条約違反である、日本は被害者である、よって満蒙の特殊権益を無法者の中国の手から守らなければならないとの、原理主義的な怒りの感情です。でも、石原たちは全く違うことを話していますよね。

——将来の戦争のために、満蒙が必要。

はい、そうです。軍人たちの主眼は、来るべき対ソ戦争に備える基地として満蒙を中国国民政府の支配下から分離させること、そして、対ソ戦争を遂行中に予想されるアメリカの干渉に対抗するため、対米戦争にも持久できるような資源獲得基地として満蒙を獲得する、というものでした。国際法や条約に守られているはずの日本の権益を、中国がないがしろにしているかどうかは、本当のところあまり関係がない。しかし、たとえば参謀本部の情報部長・建川美次などは、聴衆を前にして「これは条約書に厳存しておるのであります。しかるに、今日は一つも行なわれておりませぬ」と、こう煽動するわけですね。

満蒙に対する意図がずれている点は、軍人たち、事件を起こす政治主体たちには百も承知のことでした。国民のなかにくすぶる中国への不満を条約論・法律論でたきつけますが、実のところ、軍人たちにとって最も大切な問題は、対ソ戦と対米戦を戦う基地としての満蒙の位置づけだったのです。

このずれを一挙に突破して、国民の不満に最後に火をつける役割を果たしたのが、一九二九年十月、ニューヨークの株式市場の大暴落に端を発した世界恐慌《きょうこう》でしょう。農林省の農家経済調査によれば、農家の年平均所得は、二九年に一三二六円あったものが、三一年には、なんと六五〇円へと半分以下に減ってしまっていました。

この時期は世界的な恐慌でしたから、日本が協調外交方針をとっていたために、農家所得が減ったというわけではないのです。しかし、たとえば三一年七月、松岡洋右が政友会本部で演説し、当時の若槻礼次郎《わかつきれいじろう》内閣下の幣原《しではら》外交を批判していたように、今日の外交は国際的な事務的な交渉はやっているが、「国民の生活すなわち経済問題を基調とし、我が国民の生きんとするゆえんの大方針を立て、これを遂行する」ことが第一であるのに、それをやっていないではないか、との批判は、生活苦に陥った国民には、よく受け入れられたと思います。そのような瞬間を軍が見逃すはずはないですね。こうして、三一年九月十八日、着火点に火がつけられることになりました。

独断専行と閣議の追認

満州事変が謀略によって起こされたときの内閣は、民政党を与党とする政党内閣である、第二次若槻礼次郎内閣でした。幣原喜重郎を外相にすえた若槻内閣のことですから、この事件が関東軍によって起こされた陰謀ではないかとの正確な判断が最初からありました。事件の翌日、九月十九日の閣議において、若槻首相は南次郎陸相に向かい「正当防禦《ぼうぎょ》であるか。もししからずして、日本軍の陰謀的行為としたならば、我が国の、世界における立場はどうするか」と詰めより、事件の不拡大方針を現地軍に伝えるように指示します。

若槻は当時、とびきりの秀才が入る旧制高校として有名な第一高等学校、東京帝国大学法学部（今の東大法学部）を首席で卒業して大蔵省に入った。そして彼は、日露戦争を戦ったときの総理・桂太郎に目をかけられて育った人物でしたから、政治の道にも早くから踏みだします。桂太郎が組織を準備していた立憲同志会、その後継政党である憲政会、そのまた後継である民政党に属して、政党を支えた政治家でもあった。さらに、一つ前の浜口雄幸《おさち》内閣のとき、ロンドン海軍軍縮条約を締結した際の主席全権でしたから、財政だけでなく、軍縮問題をはじめ外交・軍事全般にも通じていました。つまり、若槻内閣は、関東軍の暴走を抑えるには最も理想的な内閣だったのです。

本来、関東軍は、司令部条例という規定によって、この規定が定めている任務の範囲内の行動については独断専行が認められていました。ですが、規定に入っていない行動は、閣議の了解をとらなければならない。たとえば、関東軍を満鉄線からはるか離れた場所で活動させるには、閣議の了解が必要でした。ここはとにかく、すべて中国の主権下にある、日本にとっては外国の地域だからです。その閣議が関東軍の行動を止める。だったら、これで事件は終息するはずでした。ところが関東軍の参謀たちは強い決意を持って事件を起こし、そのためには三年も前から計画を綿密に立てていたのですから、これで収まるはずはありません。穏健だった関東軍司令官・本庄繁《ほんじょうしげる》が奉天を離れて旅順にいるときに事件を起こしたうえ、さらに、中央との連絡電報などを司令官に隠し、また、わざと発信を遅らせるなどして事件を拡大しました。

その最たる行為が、朝鮮軍の独断越境でした。当時、日本が植民地にしていた朝鮮は、地図で確認すればすぐわかるように、東三省地域の東側、右手に接している陸続きの土地です。ここに日本軍のなかでは最も精鋭だとされた朝鮮軍が配備されていたのです。関東軍は、先に石原の供述書のところ（三〇〇ページ）で触れたように、一万人くらいしかいなかった。そこで、強い朝鮮軍から軍事力を増強してもらって、張《ちょう》学良《がくりょう》の東北軍が戻ってきた場合などに対抗させようと準備していた。この増派部隊については、日本の主権下にある朝鮮から、中国の主権下にある東三省へ移動するわけですから、もちろん国境を越えることになる。当時、軍隊を国境を越えて動かすには、天皇の命令、これを難しい言葉で奉勅《ほうちょく》命令といいますが、これが必要だった。奉勅命令を出すには、外国の地にある軍隊の任務以外の行動を認める場合と同じく、閣議の同意が必須《ひっす》となっていました。

もちろん、最初は現地軍側も、南陸相を通じた閣議での同意を獲得すべく頑張ります。しかし幣原外相と井上準之助蔵相が反対したために、この越境に関する了解も閣議で認められないことになりました。なかなか幣原、井上、やるな、という感じですね。ところが、なんとなんと、このとき朝鮮軍司令官だった林銑十郎《はやしせんじゅうろう》は、閣議の結果を聞いて憤《いきどお》り、軍隊を越境させてしまう。これが九月二十一日のことでした。

越境という既成事実がつくられてしまった翌日の二十二日、閣議が再び開かれます。この閣議の場で、少し意外な方向に事態が動きだします。閣議では、国際連盟の問題にもなるだろうから、出兵、つまり朝鮮軍の越境は認めない、しかし増派のための経費については支出を認める、このような曖昧《あいまい》な決定がされてしまいました。つまり、出兵の事実は承認しない、しかし、出兵に伴う経費は認めるといってしまったのです。この閣議決定を聞いて、天皇の命令を得ずに軍隊を動かした当の責任者である参謀総長は、実のところ大いに安堵《あんど》しました。というのは、もし閣議が、出兵の事実も認めず経費も認めなかったならば、参謀総長は責任をとって辞任しなければならなかった。ですから、元老で、天皇の御下問に対してさまざまなアドバイスをする役目を負っていた西園寺公望は、この閣議決定の報告を聞いて内閣の腰の弱さに失望を隠しませんでした。

それでは、なぜ内閣は腰が引けたのか。つまり、軍を強く抑えられなかったのか。現在の研究からわかっているのは、若槻内閣が出先軍の造反に対して、きっちりと結束していなかったことが一つ挙げられます。当時の政党内閣にとっては、選挙で勝利することが非常に大切でしたが、その選挙対策をとりしきる人物が内務大臣・安達謙蔵《あだちけんぞう》でした。安達は選挙の神様といわれたくらいで、選挙で民政党を勝たせてきた功績があった。しかし、この頃安達は、一九三一年三月に発覚した三月事件（陸軍将校の秘密結社・桜会が、右翼の大川周明《しゅうめい》と結託して企てたクーデターだったが、未遂）など、軍部や右翼からのテロに政党内閣が屈しないためには、民政党単独内閣よりも、当時、野党であった政友会とも提携する必要がある、ということで、両党の提携を策していました。この安達の提携論には、民政党内から反対がありました。経済政策、外交政策が異なる政友会とはともにやっていけないと考える人々で、井上蔵相などがそうでした。若槻首相としては、安達と井上の間に挟まれて、閣内をきっちりとまとめられなかったのです。実際、若槻内閣は、三一年十二月十一日、安達による政民連携問題をめぐる閣内不一致で総辞職となりました。

今の世のなかは、特定の思想信条を持っているからといって、国家や国家機関によって危害を加えられたり拘束されたりすることは、まず、ないといってよいでしょう。現在「その筋」といえば、暴力団のことを指しますが、当時は、軍、そのなかでも海軍ではなく陸軍と警察を指すのが一般的でした。つまり、戦前においては、「その筋」の人々がなにをやらかすのかわからない、怖い存在であると思われていた。

三月事件は未遂に終わりましたが、満州事変の一カ月後、これまた未然に発覚した十月事件などは、政党関係者にとっては十分不気味であったはずです。この事件は、桜会や大川が満州事変と呼応して政党内閣を倒そうとし、国内改造を企てた事件です。実際、翌年には、先に名前の挙がった井上準之助元蔵相が、井上日召《にっしょう》率いる右翼団体である血盟団員によって殺害されています。また政友会総裁で、第二次若槻内閣の後、内閣を組織した犬養毅《いぬかいつよし》首相も、三二年五月、五・一五事件で命を落としました。

あるべき立場を表明するのが、まさに命がけの時代だったのです。

蔣介石の選択

満州事変が起きたとき、国民政府主席で行政院長であった蔣介石《しょうかいせき》は、江西省《こうせい》の南昌《なんしょう》というところで、この地域を本拠地とする中国内の共産党の紅軍《こうぐん》の討伐に出かけていて、首都である南京を留守にしていた。討伐といっても、数十騎で紅軍を追うといった可愛《かわい》いものではなく、約三〇万人の国民党軍を動員して、紅軍を包囲してその殲滅《せんめつ》をはかっていたのです。まあ、関東軍の石原などは、蔣介石が根拠地を留守にしていることを計算にいれていたことでしょう。また、蔣介石の敵は、紅軍だけでなく、当時、広東《カントン》派と呼ばれていた国民党の一派との間に、これまた戦闘が繰り広げられていました。こちらも小規模な内紛ではなく、広東派の軍は五万を動員したといいます。

「前門の虎《とら》、後門の狼《おおかみ》」の状態で、前には紅軍、後ろには広東派の軍隊、そして関東軍までもが満州事変を起こしたとなれば、誰でも泣きたくなります。逆境に強い蔣介石でなければやっていけません。そこで、蔣介石は考えた。日本側には、いまだ幣原外相がいる。彼は信頼にあたいする外相だけれども、どうも日本と中国、二国間の話し合いで事変の解決をはかりたいと考えているらしい。けれども、自分がどのようなよい条件で、日本側と妥結したとしても、自分の敵である共産党、広東派は、蔣介石が中国を犠牲にして日本と妥協した、つまり売国奴といいつのるだろう。だから、自分は、事件の解決を国際的な場、国際連盟に委《ゆだ》ねる、このように考えるのです。

現在、アメリカのスタンフォード大学のフーバー研究所が公開している蔣介石の日記には「公理に訴える」方針を選択したと書かれています。二国間の話し合いではなく、国際連盟による仲裁を求めた理由は二つ。①事件の解決そのものを連盟がなしうるとは思わないが、少なくとも、日本の侵略を国際世論によって牽制《けんせい》できる。中国に有利な国際環境をつくっておけば、のちに予想される日中交渉のときにも有利である。②連盟に訴えることで、国民の関心を連盟に向けさせることができる。国家防衛の責任を連盟に一部分担させることは、自らの政権維持にとって重要。

蔣介石《しょうかいせき》

写真提供：共同通信社

なかなかに冷静な計算をしていますね。さて、満州事変を国際問題として、外交問題として連盟に持ちださなければならなかった理由は他にもありました。それは、蔣介石率いる国民政府は、張学良の支配する東三省に対して、国家として主権を対外的に主張できる立場、つまり外交権という一点のみでつながっていただけだったということです。つまり、軍事的にも行政的にも、東三省を支配していたのは張学良だった。よって、もし日本の出先軍である関東軍と、東三省の実質的支配者である張学良が、停戦をめぐって話し合いを始めてしまえば、国民政府は手出しができなくなる怖《おそ》れがありました。このような意味でも、蔣介石は連盟に問題を持ち込む必要があったのですね。

九月二十一日、満州事変は、中国が連盟に訴えたことで、その処理が連盟に委ねられることになりました。このとき、中国側が根拠にした連盟規約の条文は第一一条であり、これは簡単にいえば、戦争の脅威につながる事変があると加盟国が訴えた場合は、連盟理事会を招集するという項目です。

リットン調査団と報告書の内容

日本と中国が二国間で話し合うべきだとする日本側と、連盟が解決すべきだという中国側の主張はなかなかまとまりません。連盟理事会を担《にな》う中心国であったイギリスが、いかにこの問題に手を焼いていたのかは、当時のイギリス外相・サイモンの残したメモからもわかります。

政策――対日融和。
中国に対して――他人だけを相手にするな、自分の本分をつくせ。

当時のヨーロッパでだんだんと明らかになってきた、イギリス・フランスとドイツの対立、これは、アメリカ発の世界恐慌の結果、ドイツ政府がこれまでイギリスやフランス政府に支払ってきた第一次世界大戦の賠償金支払いが遅れたことにより生じた対立ですが、イギリスとしてはこちらに対処したい。ですから、関東軍や日本がよっぽどひどいことをしなければ、イギリスは東アジアの秩序は日本に依拠して確保したかった。よって、「対日融和」という言葉が記されたのでしょう。そして、中国に対しては、「他人だけを相手にするな」、つまり他人に頼るなという、見ようによっては残酷な言葉が記される。

基本的には、このような観点から発出された調査団ですから、関東軍や日本側がよっぽどのひどいことをしなければ、日本側有利の報告書が書かれたことでしょう。調査団発出が連盟理事会で決定されたのは、一九三一年十二月十日、まさに第二次若槻内閣が倒れようとしている前の日でした。

調査団のメンバーは、次のような人たちでした。委員長はイギリス人でリットン伯《はく》爵《しゃく》。リットンの父はかつてのインド総督で、自らはインドのベンガル知事を務めたこともありましたので、植民地経営問題にくわしい人選といえるでしょう。連盟加盟国ではないアメリカからは、マッコイ少将。マッコイは、アメリカのキューバに対する占領統治にかかわり、中南米のボリビアとパラグアイとの国境紛争に関して仲介した経験がある。そして、フランスからはクローデル中将。クローデルは、フランスが中国の天津《てんしん》に駐屯させていた軍の参謀長やフランス領インドシナ軍の司令官の経験があった。つまり、植民地の軍事関係にくわしい人選。ドイツのシュネー博士は、第一次世界大戦前、ドイツ領東部アフリカ総督を務めた植民地政策の専門家。イタリアのアルドロバンディ伯爵は、老練な外交官でした。

このように、調査団のメンバーはすべて大国から選ばれ、またなんらかのかたちで、植民地に対する軍事や行政経験のある人物や、国際紛争解決の専門家が選ばれていることがわかります。一行が日本の横浜港に到着したのは、三二年二月二十九日のことです。一行はこの後、日本、中国、満州＝東三省を視察したのち、同年九月、中国の北京で報告書を書きあげるまでの半年あまりをこれらの地で過ごしました。

さて、日本中が注目していた報告書ですが、三二年十月二日、スイスのジュネーブと、北京、そして東京で、報告書の全文が公表されます。まず、日本側に有利な部分は、経済的な権益に配慮したところでしょう。たとえば、日本は「「張学良政権による東三省の」無法律状態により、他のいずれの国よりもいっそう多く苦しんだ」との認定。また、中国側が国民党の指示のもと日本品に対して不法な「ボイコット」を行なったとの認定。こうした前提に立って報告書は、解決の原則を書いた結論部分で、①日本人に十分な割合を配慮した外国人顧問を配置すること、②対日ボイコットを永久に停止すること、③日本人の居住権・土地貸借権を全満州に拡張することを書いて、日本の経済的権益が擁護されるよう配慮していた。つまり、中国は日本の経済上の利益を満足させるべきだ、と述べられていたのです。日本の要求が経済的なものに留まっているならば、リットン調査団が用意した処方箋《しょほうせん》は効果的だったことでしょう。

しかし、「ずれている意図」のところでお話ししましたが、軍人たちの考えは違うわけですね。この点、日本に不利であると思われた報告書の項目を見ておきましょう。報告書は日本の行動が連盟規約違反である、あるいは不戦条約違反である、などとは書いていませんでした。ただ、九月十八日の日本軍の軍事行動は、合法的な自衛の措置とは認められないと書かれていました。また、「満州国」という国家、これは満州事変後、三二年三月に独立宣言を発した国家でしたが、これは独立を求める住民の要求から、つまり民族自決の結果、生みだされたものではないと。日本の関東軍の力を背景に生みだされた国家であるとも書かれていました。そして、日本は満州地域における「中国的特性」を容認しなければならないと求めていました。簡単にいえば、日本は満州が中国の主権下にあることを認めなさいということですね。

吉野作造の嘆き

吉野作造《さくぞう》といえば、大正デモクラシーを支えた知識人ということは知っていますね。吉野は、東京帝国大学法学部で、日本政治、ヨーロッパ政治、その他中国革命史を講じていました。その若き日には、日本の行なう日露戦争を正当化する論考も書いていました。つまり、日露戦争は世のなかのためになる「良い戦争」だというわけです。

露国は実に文明の敵なり。今もし露国日本に勝たんか、政府の権力いっそう強く圧制ますます甚だしからん。幸《さいわい》にして日本に敗れんか、あるいは自由民権論の勢力を増すゆえんとならん。ゆえに吾人《ごじん》は文明のために、また、露国人民の安福のために切に露国の敗北を祈るものなり。

難しい言葉は平仮名にしてありますので、吉野の話のポイントはわかると思いますが、つまり、ロシアが悪いのは立憲的な憲法や内閣制度や国民の自由がないからで、そのような国は日本に負けたほうがロシア国民のためだ、といっているのですね。日本が勝てば、ロシア国内においても、自由民権論が増す可能性があるからよいのだと。

この吉野は、日本の連盟脱退を見た後、一九三三年八月に亡《な》くなるのですが、彼は時代が変わり、世界のなかでの日本の位置、あるいは日本国民の考え方が、ひたひたと変化していっていることに気づいていました。たとえばリットン報告書発表の翌日、三二年十月三日の日記に、吉野はこう書いて、冷静な目で報告書を評価した言葉を残します。読点などは読みやすいように増やしてあります。「噂《うわさ》されたより以上に日本に不利なので、新聞の論調も険悪である。しかし、公平に観《み》て、あれ以上日本の肩を持っては偏執の譏《そしり》を免れぬだろう。欧洲《おうしゅう》的正義の常識としては、ほとんど間然する所なしとして可《か》」。

内容を確認しましょう。前評判よりも日本側に厳しい内容が報告書には書いてあったので、新聞の論調は報告書に対して手厳しいものとなっている。しかし、公平に見て、報告書が日本側をあそこに書いた以上に好意的に描いては、日本に肩入れしているといわれてしまっても仕方がなかろう。ヨーロッパ的な正義の常識としては、あれは立派にできているというべきである。吉野は、報告書には正義が貫かれていると思っていたわけです。吉野の評価が妥当だということは、先ほど、日本に有利な点、不利な点を述べた部分を思いだしてもらえればわかるはずです。新聞論調が険悪という部分をご記憶ください。

吉野は『中央公論』の一九三二年一月号に「民族と階級と戦争」という、まことに印象的な題名の論文を寄稿しています。そこで吉野は、今の日本の状況が不思議だと書いています。自分はかつて日露戦争を見てきた。政党も大新聞も、戦争開始の前には必ず戦争をすすめようとする政府への非難をたくさん書いた。しかし、なぜこれが今、起こらないのか、それが不思議でならないと。

吉野は、土地も狭く、資源に恵まれない日本が、「土地及び資源の国際的均分」を主張するのは理屈として正しい、とまず述べます。しかし、土地や資源の過不足の調整は、「強力なる国際組織の統制」によってなされるべきだ、「渇《かっ》しても盗泉《とうせん》の水は飲むな」と子供の頃から日本人は教えられてきたはずではなかったのか、と嘆きます。

この時点で政党が戦争反対の声を挙げられなかった理由は、大きく二つの流れで説明できると思います。一つには、中国に対する日本の侵略や干渉に最も早くから反対していた日本共産党員やその周辺の人々が、一九二八年三月十五日、一斉に検挙されるという三・一五事件が起こり（四八八人起訴）、その翌年の四月十六日に、三・一五事件の時点では逃亡できた共産党の大物党員などの検挙がなされた四・一六事件が挙げられます（三三九人起訴）。ともに、田中義一内閣でなされたことです。一九二五年に成立していた、いわゆる男子普通選挙法による初めての衆議院議

盗泉の水は飲むなと
教えられてきたはず
吉野作造
国立国会図書館「近代日本人の肖像」より

員選挙が二八年二月にあり、その際、共産党が公然と活動を開始したことに対し危機感を強めた田中内閣が検挙を断行する。つまり、戦争に反対する勢力が治安維持法違反ということで、すべて監獄に入れられてしまっていたことですね。浜口内閣のもとでも、三〇年二月、民政党が政友会に一〇〇議席ほどの大差で勝ったときですが、この二月二十六日にも、共産党の大検挙が行なわれている（検挙者一五〇〇人のうち四六一人起訴）。もう、根こそぎ検挙という感じであります。

二つには、共産党に次いで、おそらく戦争に最も反対すると思われた合法無産政党の内部事情が関係してきます。たとえば、全国労農大衆党は、三一年九月二十八日、対中国出兵反対闘争委員会を設ける動きをします。しかし、三二年二月、前回の総選挙では民政党に大敗した政友会が、三〇一議席（民政党は一四六議席）を獲得して第一党に返り咲いた選挙においては、全国労農大衆党は「服務兵士家族の国家保障」を選挙スローガンの一つに掲げます。これは意味深長でありまして、満州事変に出征した兵士や現役として兵営に徴集された兵士が、それ以前に勤めていた会社や商店から解雇されないように、また出征中・在営中の賃金を保障されるように雇用主に求めたものでした。その際大事なことは、利益を上げるために出征中や在営中の兵士を解雇したり賃金を支払わなかったりした雇用主に、当時、最も強く圧力をかけて、雇用主からの保障を勝ち取っていたのは、当の陸軍省だったのです。

つまり、全国労農大衆党は、「帝国主義戦争反対」をスローガンに掲げて選挙を戦ったのですが、兵士の待遇改善問題を考えると、どうしても陸軍側を怒らせるスローガンは通りにくい。よって戦争の後押しにもなる兵士家族の保障を、ともにスローガンとしてしまうのです。全国労農大衆党の候補者のある者は、「帝国主義反対」という党の方針には同調せず、「服務兵士家族の国家保障」だけをスローガンにして選挙を戦い、見事、当選を果たしています。不況下の生活苦の前に、無産政党も支持者も苦しい選択を迫られていたといえるでしょう。

連盟脱退まで

帝国議会での強硬論の裏側

吉野作造のお話でいいたかったことは、リットン報告書が発表された一九三二年十月の時点で、日本社会のなかに、どれほど苦しくとも不正はするまいといった古き良き時代の常識や余裕がなくなっていて、しかも日本側には、日露戦争に際して日本が世界に向かって正々堂々と主張できたような、戦争を説明するための正当性がどうも欠けている、そのような状態にあったということです。

ただ、当時の日本人が、世界が日本の主張を認めないならば、国際連盟を脱退してしまうぞ、というような二つに一つという選択肢だけを考えていたかというと、実はそうではない。当時の人々が、一見、勇ましいことを述べているときには注意が必要で、軍部の力を怖《おそ》れて、表だけは強そうなことをいったりすることがありました。

たとえば、三二年六月十四日に、衆議院本会議で、当時の有力な二大政党である政友会と民政党が共同提案で、満州国承認決議を全会一致で可決させたことがありました。この頃は、リットン卿《きょう》たちが汗水たらして報告書を書いていたときです。それを横目に、満州国承認を議会が決議するのは、ずいぶん大それたふるまいですね。ただ、今の研究で明らかになっているのは、強硬だと思われた政友会なりの本心です。

芦田均《あしだひとし》という人は戦後、日本国憲法案ができるときに、九条に関する修正を行なったことで知られる外交官出身の政治家ですが、このときは政友会に属する政治家でした。芦田は政党の機関誌『政友』の三二年十一月号にこういうことを書いている。日本政府が九月十五日に満州国を国家として承認した。これはもちろん、関東軍がつくった傀儡《かいらい》国家だったわけですが、この承認に対して芦田は、日本の満州国承認は当然だとまずは述べる。

　けれども続けて、連盟が日本の主張を無視して、満州国は承認できない、という報告書を出したとして、その報告書を日本が認めなかったとしても、これは日本が連盟規約に違反したことにはならない、とこういうのです。外交官の経験がある芦田は、連盟規約にくわしかった。ですから、日本は脱退脱退と騒ぐことなく（最も強硬な論者は連盟脱退を叫んでいたからです）、単に「勧告に応じない」というだけの態度をとればよい、と書いています。吉野が嘆いたように、世のなかがとても強硬な論になびこうとしている。そうしたときに、満州国承認まではいいですね、でも連盟脱退を叫んではダメだよ、となだめる目的が、議会に議席を占める政党側にはあったわけです。

　連盟脱退のときの外相は内田康哉《やすや》でした。この人は焦土外交というフレーズで有名です。三二年八月二十五日、なにを思ったのか内田外相は、衆議院での答弁のなかで、満

内田康哉《やすや》

州国承認の決意を表明した際、「国を焦土にしても」という強い言葉を使う。このときの内田外相の真意も、現在の研究によって明らかにされています。酒井哲哉という東大の国際関係論の先生や井上寿一《としかず》という学習院大学の先生が解明しました。このとき内田としては、満州国に関する問題で日本が強く出れば、おそらく中国の国民政府のなかにいる対日宥和《ゆうわ》派の人々が日本との直接交渉に乗りだしてくるだろう、そういうもくろみがあったのです。

宥和というのは敵対せず協調するという意味で、この方針をとる人々のなかには、中国政府のトップにいた蔣介石もいました。蔣介石としては、連盟がなにもできないことを見越して、ならば、日本と決定的に対立する前に、国内で中国共産党を打倒しておくべきだ、と考えるようになっていました。事実、三二年六月中旬に中国政府は秘密会議を開いて、まずは国内で共産党を敗北させ、その後日本にあたるとの方針を決定し、蔣介石は駐日公使をわざわざ呼んで、「日本に対しては提携主義をとる」ことと、日中両国の宥和を少しずつ進めてゆくことを伝えたのです。七月には、共産党を囲い込んで殲滅する四度目の戦いを蔣介石は始めます。つまり、ここからは、内田外相の方針が中国政府内の方針の変化にきちんと対応しようとしていたものだったということがわかるのです。ですから三三年一月十九日、内田は自信満々で、昭和天皇に対して、連盟のほうはもう大丈夫です、もはや峠は越えました、脱退などせずに大丈夫そうです、と報告していたほどです。

松岡洋右全権の嘆き

この、天皇に対する内田の奏上（天皇に対して申し上げるという意味）を聞いて、とても不安に思った人物がいました。それは、牧野伸顕《のぶあき》内大臣でした。内大臣というのは、天皇の側《そば》に仕えて、政治問題など天皇の職務全般を補佐するための要職です。その牧野は自分の日記に「お上《かみ》は恐れながら、全然ご納得あそばされたるようにあらせられず」と書いています。難しい表現ですが、意味するところは、天皇は内田の奏上に対してまったく納得していない、ということです。昭和天皇としては、強硬姿勢をとりつつ中国側を交渉の場に引きだそうと考えた内田のやり方に強い不安と不満を感じていたのですね。

内田のやり方に不安を感じていたのは天皇や牧野だけではありませんでした。パリ講和会議で牧野と組んで日本の正当性を世界にアピールしていた、あの松岡洋右もその一人でした。松岡は、国際連盟でリットン報告書が審議される場に、再び日本全権として立った人物です。

松岡が内田外相に対して、そろそろ強硬姿勢をとるのをやめないと、イギリスなどが日本をなんとか連盟に留まらせるように頑張っている妥協策もうまくいかないですよ、どこで妥協点を見いだすか、よく自覚されたほうがよいですよ、と書いて送った電報が残っていますので、それを読んでおきましょう。難しい言葉は平仮名に直してあります。三三年一月末の電報です。

申し上げるまでもなく、物は八分目にてこらゆるがよし。いささかの引きかかりを残さず奇麗さっぱり連盟をして手を引かしむるというがごとき、望みえざることは、我政府内におかれても最初よりご承知のはずなり。日本人の通弊は潔癖にあり。［中略］一曲折に引きかかりて、ついに脱退のやむなきにいたるがごときは、遺憾ながらあえてこれをとらず、国家の前途を思い、この際、率直に意見具申す。

どうですか。どうも私は松岡に甘い、と日頃教えている学生にもよくいわれますが、これだけの文章を、連盟脱退かどうかという国家の危機のときに、外相に書けるというのは立派なことだと思います。物事はなにごとも八分目くらいで我慢すべきで、連盟が満州問題にかかわるのをすべて拒否できないのは、日本政府自身、よくわかっておいでのはず。日本人の悪いところはなにごとにも潔癖すぎることで、一つのことにこだわって、結局、脱退などにいたるのは自分としては反対である、国家の将来を考えて、率直に意見を申し上げます、このように松岡は内田に書く。

ここで松岡が妥協しろといっているのは、イギリス側が日本に対して提議した二つの宥和方針で、①連盟の和協委員会の審議に、アメリカやソ連など、現時点での連盟非加盟国も入れて、彼らにも意見を聞いてみよう、②日中二国ももちろん当事国として和協委員会に入ってください、というものでした。これは三二年十二月、イギリス外相のサイモンによって提案されました。しかし、内田は断乎《だんこ》反対します。

アメリカやソ連が加わったら、よけい日本に厳しい結論が出てしまうと内田は考えたのでしょう。しかし、これはまちがいで、当時のアメリカは不況のまっただなかにあって、他国に目を向ける余裕がなかった。さらに、三二年十一月、民主党のフランクリン・D・ローズヴェルトが大統領に当選したことで、これまで日本に対して厳しいことをいっていたスティムソン国務長官がハル国務長官に交代する事情もあり、アメリカは国内問題に集中する、つまり非常に孤立的な態度をとる。世界のことなんて関係ない、という態度をとる時代がしばらく続きます。ソ連もまた、三一年十二月に、日本に対して不可侵条約締結を提議してきたほどでした。農業の集団化に際して、餓死者も出るほどの国内改革を迫られていたのが当時のソ連でしたので、いまだ日本と戦争する準備などはなかったわけです。

松岡だけが妥協しろといっていたのではなくて、たとえば、連盟の会議のために陸軍から派遣されていた建川美次《よしつぐ》もまた、陸軍大臣に宛《あ》てた秘密電報で、三二年十二月十五日、「この際、大きく出て、彼らの加入に同意せられてはいかがかと存す」と書いていました。つまり、ここでいう彼らの加入というのは、アメリカとソ連を加えることですね。陸軍の随員までもが、妥協しろと書き送っていた点に注意してください。

すべての連盟国の敵!!

さてさて、このように中国側が日本に妥協してくるのを待っていた内田の作戦を完全にノックアウトする大きな事件が起こります。これは内田にとっても、また斎藤実《さいとうまこと》内閣にとっても大きな驚きだったはずです。現在わかっているたくさんの史料から、斎藤首相や昭和天皇の驚きを見ておきましょう。

内田の作戦をダメにしたのは、もちろん、昭和戦前期においていつも問題を起こす問題児・陸軍でありました。一九三三年二月、陸軍は、満州国の南部分、万里の長城の北部分にあたる中国の熱河省《ねっか》に、軍隊を侵攻させたのです。この作戦自体は現地軍の独断や暴走ではなく、天皇自身が、一カ月前の一月、閣議決定を受けて、きちんと裁可、つまり承認を与えた作戦でした。陸軍は、満州国も独立して（建国宣言は、三二年三月一日でした）国家としてやっていこうとしているのに、満州地域の一部である熱河省に、張学良の軍隊が依然として入り込んでいて満州国に反抗する運動を起こしている、よって、満州国のために、日本側は張学良軍を追い払うのだ、ということで軍隊を動かす。

もちろん、考えてみれば変な話で、なぜ日本が満州国に軍隊を置いていて、しかも軍隊を動かせるのかということですが、これは日本が満州国を承認したとき、三二年九月十五日に満州国と締結した条約、日満議定書にそう書いてあるからです。日本と満州国双方は、一方の領土や治安に対する脅威を、もう一方の国に対する安寧や存立の脅威と見なして共同で防衛にあたるのだから、「所要の日本国軍は満州国内に駐屯するものとする」と書いてある。まあ、このような、今から思えば、めちゃくちゃな条文を相手国に強要しうるからこそ、満州国は日本の傀儡国家だったわけですが。

つまり、陸軍の頭では、満州国内にある日本の軍隊が、治安維持のために満州国内の一地域である熱河地方に軍隊を動かすだけだ、と理解していた。天皇としても、そのように説明されれば、なんの疑念も生じなかったでしょう。ただ、そこはさすがに海軍の誇る大秀才であった斎藤首相が、とんでもないことを陸軍はやってしまったのかもしれないと気づくわけですね。というのは、少し細かい話をしますが、陸軍が満州事変を起こした後、三二年一月、今度は海軍が中心となって上海でも上海事件を起こし、中国軍と新たな戦闘が開始されていました。中国は、満州事変のときには連盟規約第一一条で日本を連盟に提訴していたのですが、上海事件が起こったことで、提訴の基準となる連盟規約の条項を、より厳しい第一五条に引き上げていたのですね。

第一一条は「戦争または戦争の脅威となるような事変が発生したときは、連盟理事会を開く」というもので、解決のため、単に理事会を開きますという条項です。しかし、第一五条は「国交断絶にいたる虞《おそれ》のある紛争が発生したときは」という、一段上の深刻な事態に対応するための条項で、第一五条に関連する条項として、のちに問題となる第一六条が続きます。第一六条は「第一五条による約束を無視して戦争に訴えたる連盟国は、当然、他のすべての連盟国に対し、戦争行為をなしたるものと見なす」というもので、これはなかなか怖い条文でした。つまり、連盟が一生懸命、解決に努力しているときに、さらに新たな戦争に訴えた国は、すべての連盟国の敵と見なされるということです。

斎藤首相は、大変な事態になったと気づく。陸軍は、満州事変の連続したものが熱河作戦にすぎないと考えているけれど、そうではない。なぜだかわかりますか。

——……？　連盟規約にかかわることですよね。

そうです。このとき、連盟はなにをしていたかということと、陸軍の熱河作戦が関係する。

——連盟は満州国を認めてなくて、中国の領土だといっている。だから、日本が「満州国内で軍隊を動かしている」と考えていても、連盟から見ればそうはとらえられないということ？

そうなのです。三三年二月というのは、まさに、連盟が和協案を提議して、日本側に最後の妥協を迫っているときでした。その連盟の努力中に、れっきとした中国の土地である熱河地域に日本軍が侵攻することは、「第一五条による約束を無視して戦争に訴えたる」行為、つまり、連盟が努力

- 連盟規約第16条
連盟が解決に努めているとき、
新たな戦争に訴えた国は
すべての連盟国の敵と見なされる。

している最中に新しい戦争を始めた行為そのものに該当してしまう。そうなれば、日本はすべての連盟国の敵となってしまい、連盟規約の第一六条が定める通商上・金融上の経済制裁を受けることになり、また除名という不名誉な事態も避けられなくなる、こう考えたわけです。

三三年二月八日、斎藤首相は天皇のところに駆け込み、熱河作戦を決定した閣議決定を取り消し、また、天皇の裁可も取り消してほしいと頼みます。侍従武官長であった奈良武次《ならたけじ》の日記に、天皇の言葉が次のように書かれています。

本日、斎藤首相の申すところによれば、熱河攻撃は連盟の関係上、実行しがたきことなれば、内閣としては不同意なり。本日、閣議を開いて相談するつもりとのことなれば、過日、参謀総長に熱河攻略はやむをえざるものとして諒解《りょうかい》を与え置きたるも、これを取り消したし。

つまり、天皇は侍従武官に向かって、前に天皇自身が参謀総長に向かって作戦の許可を与えた熱河作戦を中止したいと、こう求めたのでした。このとき、斎藤首相と天皇の考えのとおりになっていれば、日本の歴史はまた別の道を歩んだかもしれないと私は思います。しかし、侍従武官の奈良や元老の西園寺公望の考えは、消極的なものでした。もしここで天皇が一度出した許可を撤回したとなれば、天皇の権威が決定的に失われる、そしてもっと困ったことには、おそらく、陸軍などの勢力は天皇に対して公然と反抗しはじめるだろう、こう考えるのですね。そして、侍従武官や元老は天皇に対して、斎藤首相の要望を許可してはいけないとアドバイスする。

自分の考えに従うことを禁じられた天皇はとても苦しみます。奈良の日記には、二月十一日の記述として「ご機嫌、大《おおい》によろしからず」と、天皇の様子が書きとめられています。また、斎藤首相の申し出を聞いてはいけない、と止めた侍従武官に対して天皇は、「統帥《とうすい》最高命令により、これ［熱河攻撃］を中止せしめえざるや、と、やや興奮あそばされて」、いま一度尋ねていたことがわかります。どうにか自分の命令で止められないか、と興奮しつつ話された。

クーデターを怖《おそ》れる元老や宮中側近に阻《はば》まれた斎藤首相は、やむなく、二月二十日の閣議で、このままでは連盟から経済制裁を受ける怖れが出てくること、また除名という日本の名誉にとって最も避けたい事態も考えられるとして、連盟の準備していた日本への勧告案が総会で採択された場合には自ら連盟を脱退してしまう、という方策を選択することになりました。この決定のなされた二日後、日本軍は熱河に侵攻したのです。松岡が連盟総会の議場から退場するのは、その二日後、二月二十四日のことでした。日本が国際連盟から脱退する詔書が発出されたのは三月二十七日のことです。

　これまでの説明はわかりましたか。強硬に見せておいて相手が妥協してくるのを待って、脱退せずにうまくやろうとしていた内田外相だったわけですが、熱河侵攻計画という、最初はたいした影響はないと考えられていた作戦が、実のところ、連盟からは、新しい戦争を起こした国と認定されてしまう危険をはらんでいた作戦であったことが、衝撃的に明らかにされてゆく。天皇も首相も苦しみますが、除名や経済制裁を受けるよりは、先に自ら連盟を脱退してしまえ、このような考えの連鎖で、日本の態度は決定されたのです。

戦争の時代へ

陸軍のスローガンに魅せられた国民

それでは、いよいよ日中戦争へ向けた話に入ります。満州事変が一九三一年に起きて、日中戦争が三七年に始まる。この六年の間になにが起こったのか、大きな流れをお話しします。

一つ目に考えたいことは、当時の社会のなかで軍部がどのように見られていたかということです。まず、軍隊というものが、その物理的な圧力でもって政治に介入することは、立憲制がとられた世の中では不当なこと、正しくないことです。しかし、ここが悩ましいところで、本来、政治に干与してはいけない集団が、政治がなかなか実現できないような政策、しかも多くの人々の要求にかなっているように見えた政策を実現しようとした場合はどうなるか。満州事変から日中戦争の間の六年間に起こっていたのは、そのような悩ましい事態でした。

さて、一九三〇年の産業別の就業人口を見てみますと、農業に従事する人は46・8

%いました。国民の約半分が農民だったのですね。ですが、一九二八年から政党内閣のもとで行なわれた、二五歳以上の男子に認められた、いわゆる普通選挙権によってなされた選挙は三回あったのですが、その農民が望んでいた政策は、普選を通じてもなかなか実現されなかった。たとえば小作人の権利を保障する小作法などの法律は、すべての農民が望んでいたにもかかわらず、帝国議会を通過しない。

しかも二九年から始まった世界恐慌《きょうこう》をきっかけとした恐慌は日本にも波及し、その最も過酷な影響は農村に出たのです。そうしたとき、政友会も民政党も、農民の負債、借金に冷淡なのです。たとえば、生糸を生みだす蚕は桑の葉を食べますが、この桑畑が害虫でやられてしまったとする。そうしたときに低利で金を貸してもらえれば、その農家は打撃から回復できますが、もし高利貸しなどに手を出してしまったらアウトですね。にもかかわらず、農民に低利で金を貸す銀行や金融機関をつくれという要求は、政友会や民政党などの既成政党からは出てこない。

このようなときに、「農山漁村の疲弊の救済は最も重要な政策」と断言してくれる集団が軍部だったわけです。ここにカッコつきで引用したスローガンは、陸軍の統制派といわれた人々が三四年十月に発行した「国防の本義と其《その》強化の提唱」といわれるパンフレットに載っている言葉です。

さらに、当時の農村が、軍隊に入る兵士たちの最も重要な供給源だったことも頭に入れておいてください。当時は、いまだ徴集猶予《ゆうよ》という制度があって、旧制の中等学校、高等学校、大学などで学んでいる男子に対しては、徴兵検査は施しても、実際には軍隊に徴集しない仕組みがあった。また、大企業や重化学工業などの工場で働く熟練労働者などは徴集されなかった。となると、どうしても、兵士になるのは上級の学校に進学できない階層、しかも都市ではなく農村部の人々が多かったのですね。

陸軍には皇道派と統制派という二つの派閥があると説明しましたが、皇道派は隊付《たいつき》将校と呼ばれた人々に多かった。連隊に入営していた農民出身の兵士たちと兵舎で寝起きをともにしているような人たちです。一方、統制派は、陸軍士官学校や陸軍大学校を卒業し、陸軍省や参謀本部などの中央官庁の中堅として働く人々が多かった。陸軍パンフレット、略して陸パンなどと呼ばれましたが、この陸パンは、悲劇の人として紹介した最も典型的な統制派軍人・永田鉄山が、陸軍省軍務局長の地位にいたときに作成されたものです。

陸パンの内容を少し紹介しておきましょう。なかなか読ませます。わざと旧仮名づかいをそのまま残して書いておきます。「たたかひの定義」として、「たたかひは創造の父、文化の母である」とまあ、こう始まるわけです。いままでの統制派は、どちらかというと軍備増強のことばかりいっていて、帝国議会で軍事予算が通ればそれでいいとの態度をとってきました。けれども、ここでちょっとスタンスを変えてくる。国防とは軍備増強だけではないといいはじめる。国防は「国家生成発展の基本的活力」だと定義するのですね。そして、いちばん大事なのは国民生活。「国民生活の安定を図るを要し、就中《なかんずく》、勤労民の生活保障、農山漁村の疲弊の救済は最も重要」と書く。なんだか、今の政党の選挙スローガンとまちがえそうな文句ですよね。

　同じく陸軍の統制派が、三四年一月に作成していた計画書「政治的非常事変勃発《ぼっぱつ》に処する対策要綱」にも、農民救済策が満載されていました。政友会の選挙スローガンなどに農民救済や国民保健や労働政策の項目がなかったのに対して、陸軍はすごいですよ。たとえば、農民救済の項目では、義務教育費の国庫負担、肥料販売の国営、農産物価格の維持、耕作権などの借地権保護をめざすなどの項目が掲げられ、労働問題については、労働組合法の制定、適正な労働争議調停機関の設置などが掲げられていた。戦争が始まれば、もちろん、こうした陸軍の描いた一見美しいスローガンは絵に描いた餅《もち》に

「農山漁村の疲弊の救済は最も重要」
——陸軍パンフレットより

なるわけですし、農民や労働者の生活がまっさきに苦しくなるのですが、政治や社会を変革してくれる主体として陸軍に期待せざるをえない国民の目線は、確かにあったと思います。

ドイツ敗北の理由から

陸軍の統制派が、このように、国民の生活の保護などを積極的にいいだした理由は、第一には、来《きた》るべき戦争に対して国民はどうすればよいのかを軍部なりに分析した結果でした。陸パンには、ドイツが第一次世界大戦でどうして負けてしまったか、それについての分析があります。武力戦という面では、ドイツは連合国を最後まで圧倒していたと分析しています。ならば、なぜ負けたのか。その理由について陸パンはこう書いている。「列強の経済封鎖に堪ええず、国民は栄養不足に陥り、抗争力戦の気力衰え」たこと、それ以外にも、「思想戦による国民の戦意喪失、革命思想の台頭」などで国民が内部的に自壊してしまったからだと分析しています。そのうえで、今後の戦争の勝敗を決するのは「国民の組織」だと結論づける。就業人口の半数を占め、兵士の供給源である農民、これらの人々をどううまく組織するか、この点に戦争に勝利するカギがあると見ていたのですね。国民を組織するためには政党を主とした議会政治ではダメだ、との軍部の考えは、このような考えの延長線上にくることはわかりますか。

陸軍の統制派が陸パンを作成した背景には、次の戦争に向けて国民を組織しなければならないと考えたことがありますが、その他の要因としては、満州事変勃発のときにはいまだ農業の集団化の痛手に苦しめられていたソ連が、産業の重化学工業化である五カ年計画をどんどん成功させ、極東に関する軍備増強に成功しはじめたことが挙げられます。一九三四年の頃の日本とソ連の航空機数の比較を見ておきましょう。陸パンがつくられたまさにこの年、日本の飛行機はソ連の三分の一以下というお寒い状況でした。

満州国という傀儡国家をつくり、北満州もこの国家のなかに入れてしまった陸軍が満州国だけで安心できなくなる理由が、こうしたソ連の復活でした。で、どう対処しようとしたかといいますと、満州国と国境を接する場所でソ連軍を効率よく撃退すればよいと考えるわけですね。満州国の西側の場所、これは、中国の万里の長城以南の華北地域ですが、ここに安全な場所をつくりあげようとする。中国の完全な主権下にある華北地域を日本の影響下に置き、この地域にある飛行場に、日本軍の飛行機を配

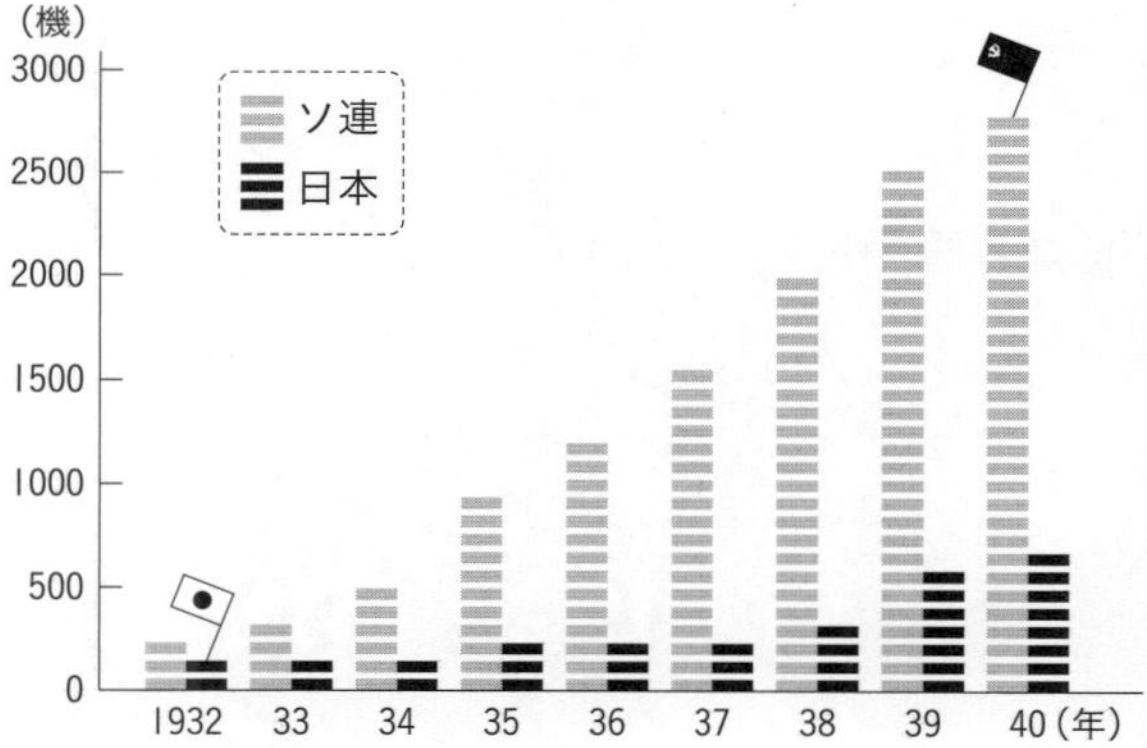

［**日ソの兵力格差**］
日本とソ連の航空機数の比較
出典：加藤陽子『満州事変から日中戦争へ』（岩波新書）p.182

備しておこうと考えます。ここでいう華北地方とは、省の名前でいえば、河北省、察哈爾《チャハル》省、山東省、山西《さんせい》省、綏遠《すいえん》省の五省のことです。

陸軍は、華北地方を中国の国民政府の支配から切り離し、日本の傀儡となりうる人物を表に立て、中国の首都である南京などの経済圏とは切り離した経済圏や政治圏をつくろうとする。これが、広田弘毅《こうき》内閣下で陸軍が一九三五年あたりに進める華北分離工作の内容です。これによって、日本は中国と決定的に対立を深めてゆく。中国政府内

［満州国と華北５省］

華北地方とは、河北省、察哈爾省《チャハル》、山東省、山西省、綏遠省《すいえん》の５省。日本陸軍は華北を中国から切り離し、経済の独占をはかろうとした。

には対日宥和《ゆうわ》派もいましたが、ソ連の復活に対してなりふり構わず華北を特殊地域にしようとはかる日本の陸軍のやり方を見ては絶望せざるをえない。前までの章で、日本は安全保障上の利益のために植民地を獲得し続けた特異な国だったとお話ししましたが、ここでも同じ発想で動いている。華北分離工作も軍事的な方策を優先させた決定だった。

とはいえ、日本が中国と対立を深めた要因として、もちろん経済的な問題もありました。日本は満州国をつくったわけですが、その後、万里の長城以南の中国本土と日本の貿易が、がくんと落ち込むわけです。本来、中国の華中地域、上海や杭州《こうしゅう》などは、満州や中国の華北地域との密接な経済関係のうえに繁栄していた。中国で有名な浙江《せっこう》財閥というのは、こうした上海や杭州などの豊かな地域を背景にした財閥でありました。軍事的な指導者であった蔣介石を経済的に支えていたのは、華中の浙江財閥の財力だったのです。

人為的に、華北と満州地域を日本に奪われた華中の経済力は落ち込んでしまう。ですから、中国が日本製品をボイコットしたという話ではなく、日本の対中貿易もがくんと落ち込まざるをえない。中国の輸入に占める主要貿易国のシェアを見ておきますと、一九二九年には、イギリスが9・4%、日本が25・5%、アメリカが18・2%だったのが、三七年では、それぞれ11・7%、15・7%、19・8%となってしまう。イギリスとアメリカが、少しだけ増やしているにもかかわらず、日本だけ10ポイント近く落ち込む。その分どの国が儲《もう》けたかといえばドイツとソ連ですね。これらの国は第一次世界大戦の敗戦国でありますから、戦勝国であった中国から見れば、初めて完全に平等な貿易協定を結べた相手国にあたります。ドイツとソ連は、中国にとってとてもよい貿易相手国として浮上してきていました。

このような背景をしっかり考えれば、日本の対中国貿易が減ったのは日本自身の政策が悪かったとわかるはずです。しかし、日本はこのような背景を国民に説明することなしに、プロパガンダによって「貿易が10ポイントも減った。これは中国政府が日本製品をボイコットしているからだ」と宣伝し、中国に政策を変えろと要求していました。

暗澹《あんたん》たる覚悟

日中戦争は偶発的な戦闘から始まります。この戦争がなぜ拡大したのか。それを説明するにはいろいろな方法があるのですが、まずは中国の外交戦略から見てゆきましょう。蔣介石は軍のトップとして中国国民政府を率いた人でした。彼は、軍事に関しては自ら行なうわけですが、外交などの分野では、外務官僚といった専門のキャリアを持った人だけではなく、優れた才能を持つ人物を抜擢《ばってき》したことでも知られています。たとえば、一九三八年に駐米国大使となった胡適《こてき》は、北京大学教授で社会思想の専門家でした。ものすごく頭のよい人。胡適が書いた手紙は多く残されていますので、当時の中国側の外交戦略はかなり明らかにされています。胡適は四一年十二月八日、日本が真珠湾攻撃を行なったときにも駐米大使としてワシントンにいました。胡適のような人が相手では、日米交渉を行なうために渡米した野村吉三郎などひとたまりもなかったのではないか、そのような想像をさせるほど、この人の頭は優れている。これからお話しすることは、鹿錫俊《ろくしゃくしゅん》先生という、中国に生まれ一橋大学で博士号をとった大東文化大学の先生が明らかにしたことです。

日中戦争が始まる前の一九三五年、胡適は「日本切腹、中国介錯《かいしゃく》論」を唱えます。すごいネーミングですよね。日本の切腹を中国が介錯するのだと。介錯というのは、切腹する人の後ろに立って、作法のとおりに腹を切ったその人の首を斬《き》り落とす役割を意味します。それでは、当時の世界に対する胡適の見方を見てゆきましょう。

まず、中国は、この時点で世界の二大強国となることが明らかになってきたアメリカとソ連、この二国の力を借りなければ救われないと見なします。日本があれだけ中国に対して思うままにふるまえるのは、アメリカの海軍増強と、ソビエトの第二次五カ年計画がいまだ完成していないからである。海軍、陸軍ともに豊かな軍備を持っている日本の勢いを抑止できるのは、アメリカの海軍力とソビエトの陸軍力しかない。

このことを日本側はよく自覚しているので、この二国のそれぞれの軍備が完成しないうちに、日本は中国に決定的なダメージを与えるために戦争をしかけてくるだろう。つまり、日米戦争や日ソ戦争が始まるより前に日本は中国と戦争を始めるはずだと。うーむ。これは正しい観測ですね。実際の太平洋戦争は一九四一年十二月に始まりますし、日ソ戦争は太平洋戦争の最終盤、四五年八月に始まるわけですが、日中戦争は三七年七月に始まる。

胡適の考えは続きます。これまで中国人は、アメリカやソビエトが日本と中国の紛争、たとえば、満州事変や華北分離工作など、こういったものに干渉してくれること

「日本切腹中国介錯論」の暗い覚悟とは……

胡適《こてき》

提供：毎日新聞社

を望んできた。けれどもアメリカもソ連も、自らが日本と敵対するのは損なので、土俵の外で中国が苦しむのを見ているだけだ。ならば、アメリカやソ連を不可避的に日本と中国との紛争に介入させるには、つまり、土俵の内側に引き込むにはどうすべきか――それを胡適は考えたのです。

みなさんが当時の中国人だとしたら、どのように考えますか。

――アメリカとソ連と日本を戦わせるための方法？

そうです。日本を切腹へ向かわせるための方策ですね。日本人の私たちとしては、気の重くなる質問ですが。

――連盟にもっと強く介入させるよう、いろんなかたちで日本のひどさをアピールする。

蔣介石がとった方法を、さらに進めるということですね。正攻法です。でも、連盟はあまり力にはならなかったし、アメリカは加盟国ではなかった。これは少し弱いかな。

――わからないけれど、ドイツと新しい関係ができてきたから、それを利用するとか……。

くわしくは次の章でお話ししますが、ドイツが一時、中国を支えるようになるのは事実です。ですが、もっとアメリカとソ連にダイレクトにつながることですね。

――まずはイギリスを巻き込んで、イギリスを介してアメリカを引き込むとか……。

アメリカがイギリスを重視していたというのは当たっています。でも、イギリスはドイツとの対立が目前に迫っていて、この頃は余裕がなかった。それでは、そろそろ胡適の考えをお話ししますね。かなり過激でして、きっとみなさん驚くと思います。

胡適は「アメリカとソビエトをこの問題に巻き込むには、中国が日本との戦争をまずは正面から引き受けて、二、三年間、負け続けることだ」といいます。このような考え方を蔣介石や汪兆銘《おうちょうめい》の前で断言できる人はスゴイと思いませんか。日本でしたら、このようなことは、閣議や御前会議では死んでもいえないはずです。これだけ腹の据わった人は面白い。三五年までの時点では、中国と日本は、実際には、大きな戦闘はしてこなかった。満州事変、上海事変、熱河作戦、これらの戦闘はどちらかといえば早く終結してしまう。とくに満州事変では、蔣介石は張学良に対して、日本軍の挑発に乗るなといって兵を早く退《ひ》かせている。しかし、胡適は、これからの中国は絶対に逃げてはダメだという。膨大な犠牲を出してでも中国は戦争を受けて立つべきだ、むしろ中国が先に戦争を起こすぐらいの覚悟をしなければいけない、といっています。日本の為政者で、こういう暗澹たる覚悟をいえる人がいるだろうか。具体的にはこういいます。

中国は絶大な犠牲を決心しなければならない。この絶大な犠牲の限界を考えるにあたり、次の三つを覚悟しなければならない。第一に、中国沿岸の港湾や長江の下流地域がすべて占領される。そのためには、敵国は海軍を大動員しなければならない。第二に、河北、山東、チャハル、綏遠、山西、河南《かなん》といった諸省は陥落し、占領される。そのためには、敵国は陸軍を大動員しなければならない。第三に、長江が封鎖され、財政が崩壊し、天津《てんしん》、上海も占領される。そのためには、日本は欧米と直接に衝突しなければいけない。我々はこのような困難な状況下におかれても、一切顧みないで苦戦を堅持していれば、二、三年以内に次の結果は期待できるだろう。［中略］満州に駐在した日本軍が西方や南方に移動しなければならなくなり、ソ連はつけ込む機会が来たと判断する。世界中の人が中国に同情する。英米および香港、フィリピンが切迫した脅威を感じ、極東における居留民と利益を守ろうと、英米は軍艦を派遣せざるをえなくなる。太平洋の海戦がそれによって迫ってくる。

「世界化する戦争と中国の「国際的解決」戦略」
石田憲編『膨張する帝国　拡散する帝国』所収（東京大学出版会）

先ほどご紹介した鹿錫俊先生による訳から引用したものですが、この思想は実に徹底していると思いました。こうした胡適の論は、もちろんそのまま外交政策になったわけではなく、蔣介石や汪兆銘などから、「君はまだ若い」などといわれて、抑えられたりしたでしょう。しかし、このようなことを堂々と述べていた人物が、駐米大使となって活躍する。私が、こうした中国の政府内の議論を見ていて感心するのは、「政治」がきちんとあるということです。日本のように軍の課長級の若手の人々が考えた作戦計画が、これも若手の各省庁の課長級の人々との会議で形式が整えられ、ひょいと閣議にかけられて、そこではあまり実質的な議論もなく、御前会議でも形式的な問答で終わる。こういう日本的な形式主義ではなく、胡適の場合、三年はやられる、しかし、そうでもしなければアメリカとソビエトは極東に介入してこない、との暗い覚悟を明らかにしている。一九三五年の時点での予測ですよ。なのに四五年までの実際の歴史の流れを正確に言い当てている文章だと思います。それでは、胡適の論の最後の部分を読んでおきましょう。

以上のような状況に至ってからはじめて太平洋での世界戦争の実現を促進でき

る。したがって我々は、三、四年の間は他国参戦なしの単独の苦戦を覚悟しなければならない。日本の武士は切腹を自殺の方法とするが、その実行には介錯人が必要である。今日、日本は全民族切腹の道を歩いている。上記の戦略は「日本切腹、中国介錯」というこの八文字にまとめられよう。

――すごい……。

汪兆銘の選択

日本の全民族は自滅の道を歩んでいる。中国がそれを介錯するのだ、介錯するための犠牲なのだということです。すごい迫力ですね。しかし、いま一人、優《まさ》るとも劣らない迫力のある、これまたものすごく優秀な政治家を紹介しておきましょう。この人物の名前は汪兆銘といいます。この人は一般的には、日本の謀略に乗って、国民政府のナンバー2であったのに蔣介石を裏切り、一九三八年末、今のベトナムのハノイに脱出して、のちに日本側の傀儡《かいらい》政権を南京につくった人物、つまり、汪兆銘政権の主席となって、南京・上海周辺地域だけを治めた人として知られています。

汪兆銘は、三五年の時点で胡適と論争しています。「胡適のいうことはよくわかる。けれども、そのように三年、四年にわたる激しい戦争を日本とやっている間に、中国はソビエト化してしまう」と反論します。この汪兆銘の怖《おそ》れ、将来への予測も、見事あたっているでしょう？　中華人民共和国が成立する一九四九年という時点を思いだしてください。中国はソビエト化してしまったわけです。汪兆銘は、まるでそれを見透かしたかのように、胡適の主張する「日本切腹、中国介錯論」ではダメだといって、とにかく、中国は日本と決定的に争ってはダメなのだ、争っていては国民党は敗北して中国共産党の天下になってしまう、そのような見込みを持って日本と妥協する道を選択します。

これまた、究極の選択ですね。汪兆銘の夫人はなかなかの豪傑で、汪兆銘が中国人の敵、すなわち漢奸《かんかん》だと批判されたときに、「蒋介石は英米を選んだ、毛沢東はソ連を選んだ、自分の夫・汪兆銘は日本を選んだ、そこにどのような違いがあるのか」と反論したといいます。すさまじ

汪兆銘《おうちょうめい》
提供：共同通信社

い迫力です。

ここまで覚悟している人たちが中国にいたのですから、絶対に戦争は中途半端《はんぱ》なかたちでは終わりません。日本軍によって中国は一九三八年十月ぐらいまでに武漢《ぶかん》を陥落させられ、重慶を爆撃され、海岸線を封鎖されていました。普通、こうなればほとんどの国は手を上げるはずです。常識的には降伏する状態なのです。しかし、中国は戦争を止《や》めようとはいいません。胡適などの深い決意、そして汪兆銘のもう一つの深い決意、こうした思想が国を支えたのだと思います。

5章

太平洋戦争

戦死者の死に場所を教えられなかった国

太平洋戦争へのいろいろな見方

「歴史は作られた」

こんにちは。今日は講義の最終回として、太平洋戦争についてのお話をします。さすがに太平洋戦争ということで、みなさん、いろいろと聞きたそうな顔をしていますね。この戦争は、一九四一（昭和十六）年十二月八日、日本軍による米英に対する奇襲攻撃によって始められた戦争ですが、まず最初に、みなさんが疑問に思っていることを聞いてみましょう。

——日本とアメリカには圧倒的な戦力差があることはわかっていたのに、どうして日本は戦争に踏み切ったんですか。それと、戦争の前から日本がアメリカに劣っていたということを、どれだけの人が知っていたのかも気になる。

——前の章の話で出てきた、中国の胡適《こてき》はすごいなと思ったんですけれど、じゃあ日本軍は、戦争をどんなふうに終わらせようと考えていたんですか。満州や東南アジアなど資源のある地域をとって経済が回復すればよかったのか、それともドイツ・イタリアと世界の主導権を握るまで戦うつもりだったのか。日本軍の最終目的が知りたいです。

昨日までのお話をきちんとふまえたうえでの問いになっていますね。さすがです。今出された二つの問いは、みなさんの多くがおそらく一度は抱いたことのある問いだと思いますので、まずは一つ目の問いから考えてゆきましょう。ただその前に、というと、これからいい場面が始まる前のＣＭみたいで気をもたせますが、まず、太平洋戦争の開戦を知らされたときの人々の感想や感慨を、ここでいくつか紹介しておきます。

開戦の第一報は、大本営陸海軍部（陸軍と海軍が戦時において協議を遂げるための機関）、午前六時発表の臨時ニュースとしてラジオで流されました。「帝国陸海軍は今《こん》八日未明、西太平洋において米英軍と戦闘状態に入《い》れり」という有名なフレーズであります。

これを聞いて、普通の人がどう思ったか、これがなかなか記録に残らないんですね。戦争が負けに近づいてきた頃、一九四五（昭和二十）年あたりの日記はかなり残っているのですが。汗水たらして働いていた普通の人々にとって、日々の暮らし以外のことにはなかなか目が向かないのは理解できることです。そこでまずは、書くことが仕事である人々、知識人の反応を見ておきましょう。南原繁《なんばらしげる》という学者の名前を聞いたことはありますか。この人は、敗戦後に東大総長となる政治学者ですが、南原は開戦の日に次のような短歌を詠《よ》む。

人間の常識を超え学識を超えておこれり日本世界と戦ふ

まず読むときの区切り方ですが、「人間の常識を超え、学識を超えて起これり、日本、世界と戦う」、となります。意味するところは、人間の常識を超えて、学問から導かれる判断をも超えて戦争は起こされた、日本は世界を敵としてしまった、との嘆きです。最高学府で、プラトン、アリストテレスの時代からの政治哲学を講じていた南原のような人間には、英米を相手として日本が開戦したのは驚きだった。学識、つまり学問から得られる知見からすれば、アメリカと日本の国力の差は当時においても自覚されていました。たとえば、開戦時の国民総生産でいえば、アメリカは日本の一二倍、すべての重化学工業・軍需産業の基礎となる鋼材は日本の一七倍、自動車保有台数にいたっては日本の一六〇倍、石油は日本の七二一倍もあった。このような数値は、明治大学の山田朗《あきら》先生の書いた『軍備拡張の近代史』（吉川弘文館）という本に出ています。

こうした絶対的な差を、日本の当局はとくに国民に隠そうとはしなかった。むしろ、物的な国力の差を克服するのが大和魂なのだということで、精神力を強調するために国力の差異を強調すらしていました。国民をまとめるには、危機を煽動《せんどう》するほうが近道だったのでしょう。ですから、絶対的な国力差を自覚していることと、国力差のある戦争に絶対に反対することとは分けて考えないといけない。少なくとも、南原のような知識人にとって開戦が正気の沙汰《さた》ではなかったと認識されていたのは確かです。

とするならば、絶対的な国力差を理解しながらも、開戦を積極的に支持していた層がいたということですね。そう考える層がいなければ、国家も、国力差をことさらに言い立てることはできなかったでしょうから。圧倒的な国力の差があっても、日本が開戦に踏み切れた背景には、こうした人々の支持があったからだと思います。さて、その点で紹介したい人ですが、竹内好《よしみ》という人物の名前は聞いたことがありますか。

——確か中国文学の人。

そのとおり。好といっても女性ではなく男性です。竹内は、満州事変が起こされた年の一九三一（昭和六）年、当時の名称でいえば東京帝国大学文学部支那《しな》文学科、つまり中国文学を専攻していた。三七年から二年間、北京に留学もしています。自らの学問の対象となる国と戦争が始まるわけですから、大変なことですね。

この竹内は、太平洋戦争の開戦の報を聞いて、ある意味、感動する。つまり、中国だけを相手とする戦争ではなく、強いアメリカ、イギリスを主たる相手とする戦争である点に意義を認めるのです。といっても、お互いにそれまで宣戦布告をしてこなかった日本と中国ですが、日本が対英米に宣戦布告した後、蒋介石《しょうかいせき》率いる中国は日本に宣戦布告しましたので、太平洋戦争は、米英だけでなく中国をも相手とした戦争だったわけですが。開戦から八日後に、竹内が自らが主宰する雑誌に書いた、「大東亜戦争と吾等《われら》の決意」という文章が残っています。難しい漢字は平仮名に、また新仮名づかいに直したうえで引用しておきましょう。

歴史は作られた。世界は一夜にして変貌《へんぼう》した。われらは目《ま》のあたりそれを見た。感動にうちふるえながら、虹《にじ》のように流れる一すじの光芒《こうぼう》のゆくえを見守った。［中略］十二月八日、宣戦の大詔《たいしょう》が下った日、日本国民の決意は一つに燃えた。爽《さわ》やかな気持ちであった。［中略］率直にいえば、われらは支那事変に対して、にわかに同じがたい感情があった。疑惑がわれらを苦しめた。［中略］わが日本は、東亜建設の美名に隠れて弱いものいじめをするのではないかと今の今まで疑ってきたのである。〔中略〕この世界史の変革の壮挙の前には、思えば支那事変は一個の犠牲として堪え得られる底《てい》のものであった。〔中略〕大東亜戦争は見事に支那事変を完遂し、これを世界上に復活せしめた。今や大東亜戦争を完遂するものこそ、われらである。

『中国文学』八〇号、一九四二年一月一日

どうですか。なかなかすごいでしょう。開戦とともに「歴史は作られた」とする感性。泥沼の日中戦争が太平洋戦争へと果てしもなく拡大してしまったと、現代の我々が抱く受け止め方とは全く違った認識です。

ここからわかるのは、日中戦争は気がすすまない戦争だったけれども、太平洋戦争は強い英米を相手としているのだから、弱いものいじめの戦争ではなく明るい戦争なのだといった感慨を、当時の中国通の一人であったはずの竹内が述べていることですね。竹内の文章には、戦争を「爽やかな気持ち」で受け止めたとの記述がありますが、同じようなことを小説家で文芸評論家でもあった伊藤整《せい》も日記のなかに書き留めています。開戦の翌日、十二月九日の日記には「今日は人々みな喜色ありて明るい。昨日とはまるで違う」と書かれ、年が明け、イギリスの根拠地の一つであったシンガポールが陥落した四二年二月十五日には「この戦争は明るい。［中略］平均に幸福と不幸とを国民が分ちあっているという気持ちは、支那事変前よりも国内をたしかに明るくしている。大東亜戦争直前の重っ苦しさもなくなっている。実にこの戦争はいい。明るい」と続きます。太平洋戦争は日中戦争の時代と違って明るい、こういっている。これに尽きると思います。

ならば、庶民は戦争をどう見ていたのか。中央大学の吉見《よしみ》義明《よしあき》先生が書いた『草の根のファシズム』（東京大学出版会）という本のなかに、庶民の手紙や日記が登場しますので、この本からいくつか例を引いておきましょう。山形県大泉村の小作農、阿部太一は、開戦の日の日記に「いよいよ始まる。キリリと身のしまるを覚える」と書き、真珠湾攻撃の戦果が出た後の十二月十日には、午後から農作業を休んで、半日「新聞を見てしまった」と書きました。華々しい戦果に心を奪われている様子がわかります。

横浜市内にある高島駅で駅員をしていた小長谷《こはせ》三郎の開戦の日の日記。「駅長からこの報告を受けた瞬間、既に我等の気持ちはもはや昨日までの安閑たる気持ちから脱け出した。落ちつくところに落ちついた様な気持ちだ」。開戦と聞かされて、昨日までの呑気《のんき》な気分ではなく、あるべきところに落ちついた気持ちがしたという内容です。

南原繁が全く異なる反応を示している以外は、知識人である竹内好、小説家である伊藤整、農民の阿部太一、駅員の小長谷三郎らの間には、あまり違いがないといえる。

天皇の疑念

ここまでのお話は、一つ目の質問に対する解答の半分ほどにあたります。後半の部分は、ヨーロッパで第二次世界大戦が一九三九年九月に勃発《ぼっぱつ》してから一年後の四〇年あたりから、日本がアメリカとの対立を深めてゆく過程、何回かの国策決定の過程についてカバーしなければなりませんので、解答の残りについては、少し後のほうでやることにしましょう。

そこでひとまず二つ目の質問、日本の戦争終結プランに移ります。これほど国力の差がある国と戦争をして、日本は、たとえばドイツがソ連を打ち負かすためにモスクワの三〇キロ手前まで進撃したのと同じように、アメリカのワシントン、あるいはイギリスのロンドンまで攻めてゆくつもりがあったのかと問われれば、それはなんぼ無謀な陸軍でも考えていなかったといわざるをえない。地続きのヨーロッパとは違いますし、核兵器の戦争の時代とは違いますから、とにかく相手国の国民に戦争継続を嫌だと思わせる、このような方法によって戦争終結に持ち込めると考えていた。冷静な判断というよりは希望的観測だったわけですが。

具体的にいいますと、戦争をいったいどうやったら終わらせることができるのか、いちばん心配していたのは昭和天皇だったはずですね。日中戦争が勃発したとき、この戦争は三カ月で終わるなどと天皇の前で豪語した軍部でしたが、太平洋戦争が始まるまで四年間戦っても終わらない。天皇としては、新たな戦争を始めても長期化しては困る、そう考えるのは当然ですね。四一年九月五日、天皇は、近衛文麿《このえふみまろ》首相、杉山元《げん》参謀総長、永野修身《おさみ》軍令部総長の三人を前にして、開戦とともに展開されるはずの「南方作戦は予定どおりできると思うか」、「上陸作戦はそんなに楽々できると思うか」と繰り返し確認しています。

英米相手の武力戦は可能なのか、この点を怖《おそ》れて開戦に後ろ向きになる天皇を、軍としてはどうしても説得しなければならない。四一年九月の時点でなぜ軍が焦《あせ》っていたか、その理由は「帝国国策遂行要領」という、九月六日の御前会議で決定された文書から明らかにできます。御前会議というのは、御前、つまり天皇の面前で臣下が重要政策を決定する会議という意味で、この九月の会議では、内閣の側からは近衛首相、原嘉道枢密院《はらよしみちすうみついん》議長、東条英機《ひでき》陸相、豊田貞次郎外相、小倉正恒《まさつね》蔵相、及川古志郎《おいかわこしろう》海相、鈴木貞一《ていいち》企画院総裁が出席し、作戦計画や軍隊の指揮命令にあたる統帥《とうすい》部からは永野軍令部総長、杉山参謀総長、塚田攻《おさむ》参謀次長、伊藤整一軍令部次長が出席し、決定事項に署名しています。

陸軍がこの御前会議のために準備した文書には、こう書かれている。来《きた》るべき戦争は英米蘭（イギリス、アメリカ、オランダのこと）に対するものであって、その戦争の目的は、東亜、つまり東アジアにおける米英蘭の勢力を駆逐、追い払って、帝国の自存自衛を確立し、あわせて大東亜の新秩序を建設することにある、と。

日本は他のアジア諸国と軍事的、経済的、政治的に緊密な関係を樹立しようとしたのに英米蘭は日本の計画に反対している。日本がこの時期にあって後退すれば、アメリカの軍事的地位は時の経過とともに優位となり、日本の石油の備蓄量は日ごとに減ってゆく。この時期、開戦を一年、二年と延ばすのは、かえって、歴史が教えているように不利になるだけだ。

さてこの後、軍部は歴史を突然持ちだすのですが、どの時代の歴史かわかりますか。もう、ものすごいです。いきなり、豊臣秀吉、徳川家康の時代ですよ。大坂冬の陣を引きだしてくるのです。大坂は今では大阪と書きますが、明治より前の時代には大坂と表記されていた。さて、冬の陣のたとえはですね、永野軍令部総長が、九月六日の御前会議の場で、天皇も含む出席者に向かってこういったのです。

> 避けうる戦をも是非戦わなければならぬという次第では御座いませぬ。同様にまた、大坂冬の陣のごとき、平和を得て翌年の夏には手も足も出ぬような、不利なる情勢のもとに再び戦わなければならぬ事態に立到《たちいた》らしめることは皇国百年の大計のため執るべきにあらずと存ぜられる次第で御座います。

なにがなんでも戦争しろといっているのではないが、大坂冬の陣の翌年の夏、大坂夏の陣が起こったときに、もう絶対に勝てないような状態に置かれて騙《だま》されてしまった豊臣氏のようになっては日本の将来のためにならないと思う、こう永野は述べる。豊臣氏が騙されたというのは、一六一四年十二月二十日の冬、豊臣方と徳川方の間でなされた大坂冬の陣の後の和平交渉で、徳川家康が、平和となったのだから、豊臣方のこもる大坂城の堅固な石垣やお濠《ほり》は必要ないではないかといって豊臣方を安心させ、濠を埋めさせた後、翌年夏に再戦して豊臣氏を滅ぼした一件です。当時の講談などで語られ、世のなかの誰もが知っている物語でし

アメリカとの戦争を説得する際、大坂冬の陣を教訓として使う。

た。

開戦の決意をせずに戦争しないまま、いたずらに豊臣氏のように徳川氏に滅ぼされて崩壊するのか、あるいは、七割から八割は勝利の可能性のある、緒戦の大勝に賭《か》けるかの二者択一であれば、これは開戦に賭けるほうがよい、との判断です。このような歴史的な話をされると、天皇もついぐらりとする。アメリカとしている外交交渉で日本は騙されているのではないかと不安になって、軍の判断にだんだんと近づいてゆく。

さらに、四一年十月十八日に東条英機が首相となると、東条は、「対米英蘭蔣（蔣とは蔣介石、つまり中国のこと）戦争終末促進に関する腹案」という文書を、陸海軍の課長級の人々につくるように命ずる。これが戦争を終わらせる計画ですよ、と天皇の前で説明するための材料をつくらせる。ただ、この腹案の内容というのは、他力本願の極致でした。このときすでに戦争をしていたドイツとソ連の間を日本が仲介して独ソ和平を実現させ、ソ連との戦争を中止したドイツの戦力を対イギリス戦に集中させることで、まずはイギリスを屈服させることができる、イギリスが屈服すれば、アメリカの継戦への意欲が薄れるだろうから、戦争は終わると。すべてがドイツ頼みなのです。また、イギリスが屈服すれば、アメリカも戦争を続けたいと思わないはずということで、希望的観測をいくえにも積み重ねた論理でした。

四一年六月二十二日に始まっていた独ソ戦を、なぜ日本の仲介で止《や》めさせることができると考えていたのか。この点は、現在の時点から考えると、とうてい信じがたいでしょう。ただ、当時日本は、イギリス、アメリカ、オランダ、中国、これらの国々が悪いのは自由主義を信奉する資本主義国だからで、有産階級や資本家が労働者や農民を搾取《さくしゅ》している悪い国だと、さかんに国民に説明していた。その点でいえば、ソ連は社会主義国であって資本主義国とは違う、とくに経済政策の点では国家による計画経済体制をとっているのだから、反自由主義、反資本主義ということで、日本やドイツと一致点があるのだ、こう日本側は考えようとしていたのだと思います。

数値のマジック

参謀本部の第二課は陸軍の作戦計画を立てる部署ですが、彼らも天皇説得のための書類をつくっていました。四一年十月十九日付の「対英米蘭戦争における初期および数年にわたる作戦的見地について」と題された書類には、次のように書かれています。開戦当初は、通商破壊戦と航空戦で相当の被害が出るものと予想されるが、事態はしだいに回復して、終局においては「戦いつつ自己の力を培養すること可能」と判断されている。物資を運ぶ輸送船や海軍艦艇の建造可能なペース、飛行機の製造可能なペースと、沈没させられる予想トン数、消耗する予想機数を挙げて、結論としては大丈夫、と太鼓判を押すのです。しかし、これは見込み違いの数値だった。

たとえば当時の日本が持っていた輸送船は約六〇〇〇万トンでした。国民生活を支えるための物資、これを軍需と対比させる言葉で民需といいますが、この民需用に必要な船は約三〇〇〇万トン分です。戦時下でも輸送船の半分を民需に使わなければ国民生活がたちゆかない。ただ、開戦ともなれば、兵士や軍需品を南方に運ぶために民間の船舶も陸海軍のために働かせなければならない、これを当時の言葉で徴用というのですが、この徴用船は六〇〇〇万から三〇〇〇万を引いた残りの三〇〇〇万トンでは絶対に足りない。そこで陸海軍は開戦六カ月間だけは民需用から借りて後は返すといっていた。ここまで話せば予想できるはずですが、開戦してみれば返すどころの話ではありません。どんどん船が足りなくなる。戦略物資だけでなく、植民地・朝鮮から運んでいた米、植民地・台湾から運んでいた砂糖、日本軍によって支配されていた中国の華北地域から運んでいた塩などの生活必需品も足りなくなる。

民需と軍需のせめぎあいだけでなく、潜水艦などによって撃沈されて使えなくなる船の率、これは損耗率と呼ばれますが、この予想も大変に甘かった。損耗率を計算する根拠として日本側が用いたのは、なんと、第一次世界大戦のときのドイツ潜水艦によるイギリス船舶攻撃のデータですよ。めちゃくちゃですね。もうすでに、三九年から第二次世界大戦は始まっていたのに、欧州における戦争でのデータをなぜ日本側はとらなかったのだろう。海軍の軍令部が四一年六月に作成した「現下情勢において帝国海軍が執るべき態度」のなかでの予想損耗量は、戦争一年目が八〇万～一〇〇万トン、二年目が六〇万～八〇万トン、三年目が七〇万トンになっていた。これを実際の数値とくらべてみましょうか。戦争一年目の四一年十二月から四二年十二月までで九六万トン、戦争二年目で一六九万トン、戦争三年目で三九二万トンでした。一年目の数値はだいたい予想の範囲でしたが、二年目、三年目の予想と現実のズレはものすごいことになった。

しかし、基本的には、軍は戦争をするなら早く開戦決意しようと考えていますから、希望的観測を述べるのです。四一年十一月五日、最終的な開戦を決定するための御前会議の際、文官側を代表して原嘉道枢密院議長が「南洋の敵艦のために、物資輸送に影響はないものと考えてよろしいか？」と質問したのに対して、物資輸送についての責任者であった鈴木貞一企画院総裁は「船舶の損害は陸海軍共同の研究の結果」だから安心してほしいと、これまた太鼓判を押す。

ただ、こういったお話だけでは、日本軍は嘘《うそ》つき集団だということになりかねませんので、いま一つの側面からも説明しておきます。現実に起こったことのレベルが日本側にとって予想外のすごさだったということは見なければなりません。

アメリカは総動員体制に入った後、兵器の大量生産という点でものすごかった。一九三九年の時点では、アメリカは飛行機を年間で二一四一機しかつくれませんでした。それに対して日本は二倍以上、年間で四四六七機を製造する力があった。しかし、この日本側の優位は、アメリカが本気になったとき、あっという間に崩れるのです。四一年の時点でのアメリカの製造能力は一万九四三三機、日本は五〇八八機で、アメリカは日本の四倍もの生産能力を獲得している。そして、この比率は四五年まで変わりません。アメリカという民主主義国が売られたケンカを買ったときに、いかに強くなるかがわかりますね。日本側の予測をはるかに超える事態でした。

戦争拡大の理由

激しかった上海戦

4章の最後のところで、太平洋戦争が勃発したときワシントンでそれを見ていた人、つまり中国の駐米大使としてワシントンにいた胡適の三五年時点での議論を見ましたね。胡適は、三年か四年、中国が日本に内陸部深くまで侵略され、すべての海岸線を封鎖されて初めて、アメリカやソ連を巻き込んだ世界戦争に転化できるとの見通しと覚悟を、中国政府に求めていました。それでは、その後の中国の戦いを見てゆきましょう。確かに、中国側の抗戦意欲は高かったのです。

一九三七年七月に北京郊外の華北地域で勃発した日中戦争は、華中地域に飛び火し、上海という国際的大都市を巻き込んで、激しい航空戦が展開され、戦闘は三七年八月半ばに本格化します。上海での戦闘は、八月十三日から十一月九日まで続きますが、この三カ月弱の戦闘による日本側の陸軍の死者は九一一五人、戦傷者は三万一二五七人と記録されています。海軍については、八月十三日から二十一日までの八日間だけで戦死傷者は四六五人に達していました。つまり、中国軍は日本軍にこれだけの損害を与えるほど強かった。参謀本部から前線の様子を見にいった西村敏雄の報告には「敵の抵抗は全く頑強、敵の第一戦兵力は約一九万」とあります。

また外務省のアジア局長であった石射猪太郎《いしいいたろう》は、八月十七日の日記に「支那は大軍を上海に注ぎ込んで陸戦隊セン滅を図っている、これに対して幾日もてるか。陸戦隊本部は陥落しはしないか」と、まことに心細いことを書いている。ここに出てくる陸戦隊というのは、陸上での戦闘に従事するため日本海軍が有していた軍隊のことで、正式名称は海軍特別陸戦隊。総兵力は約五千とされていました。これが全滅させられるのではないか、と外務省側が心配しているのです。

日本側の師団長で、第百一師団を率いていた伊東政喜《まさよし》という将軍は、上海で中国軍と戦ってみるまでは「彼［蔣介石のこと］は、持久戦をなして第三国の同情か、または露国［ソ連］の連絡協力を求めんとの考えなるべし。他力本願の蔣の態度、実に気の毒というべし」などといって、中国側が上海に頑強な陣地などをつくり、必死で防衛戦を展開する理由を、ある意味、悪く解釈して、どうせ、ソ連かあるいは他の第三国の援助を引きだすために必死に戦っているところを見せるためだろう、などと日記に書く。しかし、戦闘を交えてからは、次のように評価が激変するのです。伊東は日露戦争にも従軍経験のある高齢の軍人でしたので、十月十日の日記には、敵の長所として「敵の頑強振りは日露戦の［ロシア軍の］旅順《りょじゅん》におけるものと大差なし。むしろ一部の点は［ロシア軍より］以上のごとく、いかに砲撃するも全滅するまで固守する風あり」と書く。つまり、日露戦争のとき、旅順の攻防戦でロシア側が示した頑強さに、中国軍は優《まさ》るとも劣らない、むしろ、あのときのロシア軍よりも強い、こう述べていた。

中国側が強かった理由は、もちろん、三一年の満州事変以来、日本側のやり方に我慢がならなかったという抗日意識の高まりがまずはあります。それ以外の点でなにがあったかというと、覚えていますか。4章の最後のほうです。ある国が中国を一時支える、とお話ししましたけれども。

――ドイツ?

そうです。ドイツは四〇年九月二十七日、日本と三国同盟を調印することになる国ですが、三八年五月十二日に満州国を承認して明確に日本側と手を組むまでは、中国側に最も大量の武器を売り込んでいた国でした。兵器・軍需品を売り込むだけではなく、軍事顧問団も蔣介石のもとに送っていた。ドイツ人軍事顧問団に率いられた中国軍は、ダイムラー・ベンツ、ベンツですよ、ベンツのトラックで運ばれて戦場に赴いていたのですから、日本軍の持っていた国産の軍用トラックなどよりずっと性能がよかったはずですね。

このような中国とドイツの関係は、武器を売り込む関係、買い取る関係で現金払い、あるいは、ドイツの欲しい稀少《きしょう》な地下資源、たとえばタングステンなどを、中国がドイツに送ることで決済がなされていた。これは、まあ経済的な商売関係です。しかし、中国とソ連の場合は、軍事的な関係がつくられ、三七年八月二十一日に、中ソ不可侵条約を結んでいた。この条約の内容は、武器援助です。ソ連は中国に対して、飛行機九二四機、自動車一五一六台、大砲一一四〇台、機関銃九七二〇丁、志願兵というかたちでソ連人パイロットを、それぞれ送ります。ソ連は、日本側との軍事的な対立は早晩避けられないと考えてはいましたが、自らの国家が対日戦争の準備ができるまで、その時間かせぎを中国にやってもらえるならば、このくらいの軍事援助はお安い御用という感じだったと思います。

この、ソ連の軍事援助と同じ、あるいはもう少し道義的な意味の濃い援助を始めたのがアメリカとイギリスでした。英米は中国の各都市に巨額の経済的権益を持っている列強でしたから、日本側に中国との貿易を独占されることは我慢ならないことでした。三八年十二月、アメリカは中国に対して二五〇〇万ドルの借款《しゃっかん》を行ないます。借款というのは、この額まで、中国はアメリカから好きな物資を購入してよいですよ、という形式での援助でした。日本に海岸線が封鎖されていても、香港などを通じて中国へは物資を入れることができた。

一方、三九年一月、アメリカは日本に対し、航空機とその部品の対日輸出を禁止し、同年七月二十六日には、日米通商航海条約の廃棄を通告しました。これは、「日本は東亜新秩序などと唱えて東アジアを日本だけで経済的に独占支配するような政策を本当に取り続けるつもりですか。こうした政策を続けるならば、アメリカは日本との対立を辞しませんよ」と、アメリカが日本に対して警告を与えていたわけです。

日本軍は、上海、南京、武漢《ぶかん》を陥落させ、日本の実質的な占領地は、中国の産業文化の中心である長江《ちょうこう》下流域、中流域まで拡大します。イギリスは武漢が陥落した三八年十月頃から、中国は日本との戦争に負けるのではないか、国土をこれだけ侵略されれば、日本のいいなりになってしまうのではないかと怖れます。そして、三九年三月、イギリスも中国の貨幣価値が下がって中国が経済的に困窮しないように、通貨を安定させるための借款を行ないました。イギリスからの物資も広州《こうしゅう》、香港、フランス領インドシナ（現在のベトナムに相当する地域、フランスの植民地）などから、つまり、のちに援蔣《えんしょう》ルート（蔣介石を援助する物資を運ぶ道という意味）と呼ばれるようになる道を経由して入ってくる。

南進の主観的理由

ある国の国民性がどうだこうだというのは、少し怪しい。けれども、確かに日本人には少しひがみっぽいところがある、いじけやすい（笑）。ソ連、アメリカ、イギリスが中国に援助しているのを見ると頭に血がのぼる。どうして、みんな中国だけ援助するのか、と。むろん、日本が戦争をしかけて、中国の対日政策を武力によって変えようとしたことからすべては始まっているわけですが、それは日本側には自覚されません。

左ページに、日本軍が中国のどれくらいを事実上占領していたのか、作戦範囲はどのあたりだったのか、その最大区域を示した地図を掲げておきました（地図［日本軍の最大侵攻範囲］）。ずいぶん広いでしょう。普通、これだけの地域を制圧されれば降伏してもおかしくない。しかし、降伏しましたと中国がなぜいわないのかと考えた日本側は、それは英米ソなどが中国を援助しているからだ、ならば援蔣ルートを閉じてしまえばよいと考える。援蔣ルートを閉鎖するためには、フランス領インドシナに飛

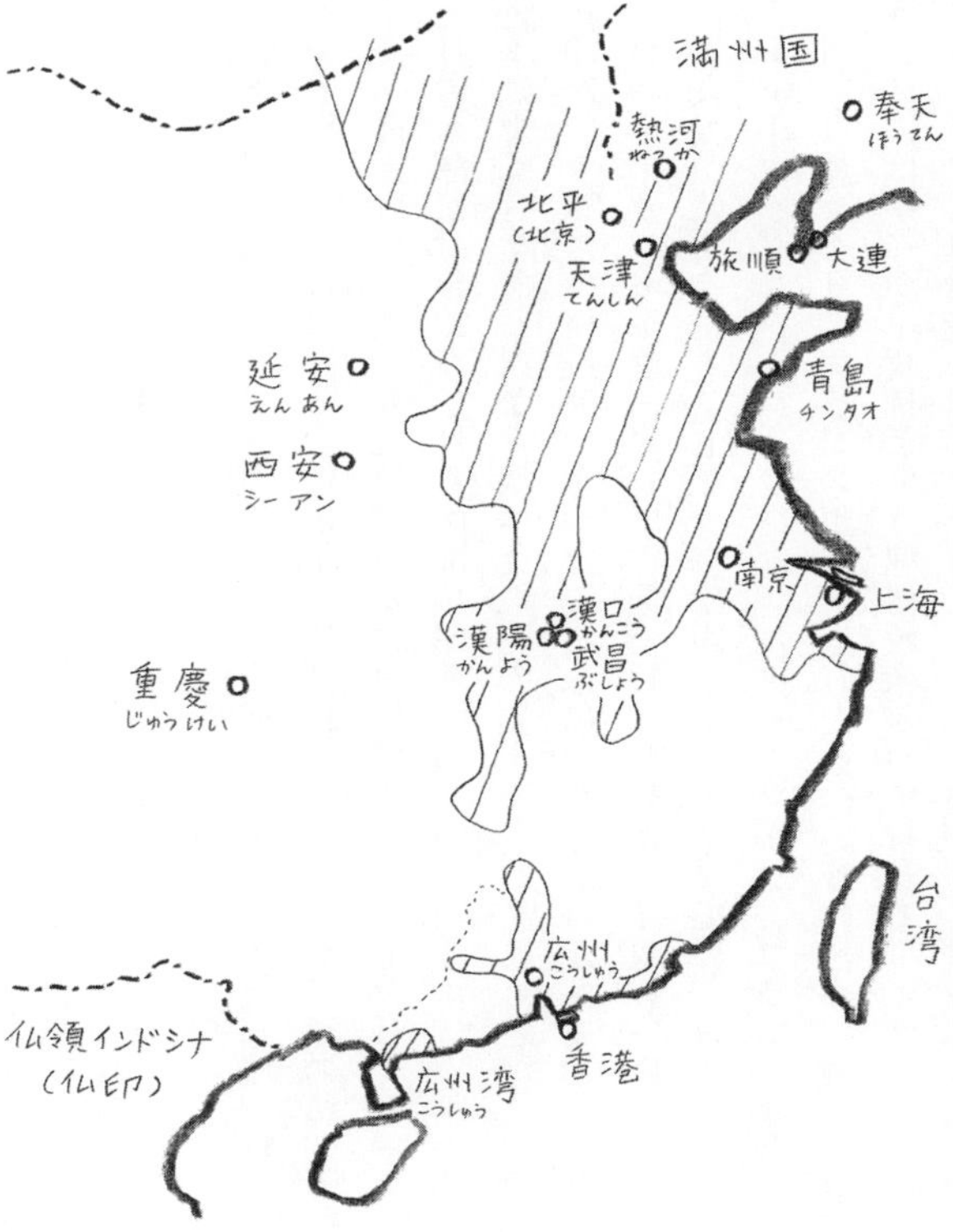

［日本軍の最大侵攻範囲］
斜線部分が、中国における1944（昭和19）年末頃の
日本の占領範囲
『戦史叢書　昭和二十年の支那派遣軍（1）』より作成

行場を確保するべきだ、物資を運ぶ車輛《しゃりょう》や船舶をそこから爆撃できるし、中国を援助しているイギリスを最も怖れさせることができる、こう考える。イギリスは、香港、シンガポールなどを植民地にしていましたが、この時期において日本軍に対する十分な防備ができていなかった。

つまり、主観的には、日中戦争を早く終わらせるためとして、日本軍はフランス領インドシナ、当時の言葉では仏印《ふついん》と呼ばれていましたが、この仏印への進駐を計画する。仏印進駐は、四〇年九月、北部に対してなされる北部仏印進駐と、翌年の四一年七月に南部に対してなされる南部仏印進駐の二回あります。中国の後は仏印、などと日本はよくもまあ、次から次へと他国の領土を侵略しようと考えますね。その理由は、仏印がフランスの植民地であったことを思いだせばわかります。三九年九月一日、ドイツのポーランド進駐に対して、同三日、英仏がドイツに宣戦布告したことで第二次世界大戦が始まります。ドイツ軍は四〇年の前半までに、ヨーロッパで、ノルウェー、デンマーク、ベルギー、オランダ、ルクセンブルク、フランスなどを急襲して、なんと同年六月十三日、フランス軍が撤退した後のパリに無血入城し、ドイツ占領下のフランスにはヴィシー政権という傀儡《かいらい》政権がつくられる。

つまり、日本側が仏印に飛行場を確保しようとして進駐する、これは、四〇年九月二十二日のことですが、このとき、交渉すべき相手方というのは、仏印を植民地として持っていたフランスのはずですが、そのフランスは今やドイツの占領下に置かれてしまったわけで、交渉相手はドイツの傀儡ともいえるヴィシー政権だった。北部仏印進駐を日本が行なったとき、日本の頭では、仏印側、仏印にいるフランス人の総督が日本軍の進駐を認めたのなら第三国が文句をいう筋合いはない、こう考えていたのだと思います。

そして南進の理由の二つ目は、東南アジアの資源を日本自らが獲得しようという意図にありました。日本が汪兆銘《おうちょうめい》政権を承認したことで、蔣介石は日本との和平には、もはや応じないだろう。蔣介石に送られる物資のルートである援蔣ルートを押さえるためというのが南進理由の一つでしたが、日中戦争がなかなか終わらないのであれば、戦争継続のための資源を自力で南方に求める必要がある、こう考えるわけです。しかも、ドイツ軍に制圧されヨーロッパのほとんどの国が敗退したのなら、そうした国々を本国とする植民地、東南アジアの植民地は、ドイツがとらない限り主人のいない地域となる。ならば、この地に進出して自給自足圏をつくろう、との発想でしょう。

中国の要求

先ほど、仏印進駐のところで、援蔣ルートを爆撃するための飛行場を建設するため、といいました。実は、飛行場建設の必要性ということでいえば、援蔣ルートの阻止だけではないのですね。当時にあっては、イギリス、ソ連、アメリカ、これらの国々は、暗号解読による諜報《ちょうほう》戦をすでに展開していました。最近の研究によりますと、日本も意外や意外、かなりの暗号を解いていたことがわかっています。これは、現在、防衛省の防衛研究所の教官をしている小谷賢《こたにけん》先生の『日本軍のインテリジェンス』（講談社選書メチエ）にくわしく書かれていますので、ぜひ読んでみてください。この本はすごく面白い。

陸軍は満州事変の時点から中国国民政府の暗号解読に着手し、張学良《ちょうがくりょう》政権の使用するものについては、一九二八年の時点で解読に成功していました。国民政府の外交電報に関しては、三六年までには解読が可能となっていたといいます。盧溝橋《ろこうきょう》事件直後、蔣介石が米英仏ソに駐在する中国大使宛《あ》てに発した「日本と開戦した場合、いかなる援助を望みうるや、駐在国の意見を打診し、至急報告すべし」という電信は、日本側に傍受、解読されていました。日本側が中国の暗号を解読していたことはイギリス側の記録にも残っていて、イギリス情報部の調査によれば、ロンドン、ニューデリー、セイロン（スリランカの旧称）、シドニー、ワシントンなどに置かれた中国武官と中国本国の通信は日本側に傍受、解読されていたといいます。

となると問題は、中国側が交信していた内容ですね。なにが日本側に解読されていたかが大事です。ここで日本側がいちばん気にかけていたのは、世界一の海軍力を誇るアメリカが、中国に対する援助をどれだけ行なう気があるかということでした。日本側が気にするのは無理もないことで、蔣介石の義理の弟であって、中国国民政府を支える浙江《せっこう》財閥の中心的人物であった宋子文《そうしぶん》がワシントンに行き、より多くの借款と軍事援助をアメリカから引きだそうとしていました。宋子文は、四〇年六月に渡米し、それまで中国に対して、決して軍需品を援助しようとしなかったアメリカ政府に、直接的な軍事援助を要請する。アメリカもまた、同年九月になされた日本の北部仏印進駐を見て、中国に対して三度目の借款にあたる二五〇〇万ドルの援助を与えることを決意しますが、六月の時点では武器援助には踏み切りません。

日本と事実上の戦争状態にある中国に武器援助を行なえば、日本を決定的に敵にまわしてしまうからでした。そのようなときに中国側がアメリカ側に申し入れた提案は、次のような内容でした。これは、アメリカ陸軍の公式戦史に書いてあることです。蒋介石は四〇年十月十八日、アメリカ側に次のように語りかけます。

日本が中国に対して行なっている海岸線の封鎖は中国を弱化させ、中国国民の抗戦意識を低下させる。そうすれば、中国国内の共産党の思うつぼとなる。自分は日本よりも共産党を怖《おそ》るべきものだと考えている。日本はシンガポールを攻略しビルマを閉鎖するかもしれない。もしアメリカから、より多くの援助と、アメリカ人義勇兵パイロット付きの航空機を送ってもらえなければ、中国は崩壊する。もしうまく飛行機を供給してもらえれば、中国から飛び立った飛行機によって日本の海軍基地を破壊でき、太平洋の懸案は根本的に解決できるはずだ。

蒋介石のアメリカに対する説得、いやむしろ、脅かしはなかなか効果的だったのではないですか。まずは、共産党の勢力が中国に広がるよと脅す。アメリカはもちろん、日本やドイツなど、アメリカの目から見た場合の全体主義国は嫌いでしたが、同時に、共産主義も嫌いでした。共産主義国になってしまえば、コルゲート歯磨きを一〇億個売れなくなってしまう、コカコーラが売れなくなってしまうと怖れたかはわかりませんが（笑）。ですから、この点で、まずはアメリカを脅かす。そのうえで、日本は南進を考えているようですよ、その矛先はイギリス帝国にとって大変大事なシンガポールに向けられているようですよ、と第二の脅しに入る。

アメリカはこの時点で第二次世界大戦に参戦していませんから、ドイツとイタリアに対して戦っているのはイギリスとフランス、まあ、フランスは降伏してしまったから、イギリスしかいない。そのイギリスの東アジア支配の拠点であるシンガポールが陥落してしまっては、かなりマズイ。アメリカもさぞや心配になったでしょう。そして、最後の極めつきが、中国にパイロットと飛行機を援助してくれれば、中国を基地として日本の海軍基地を爆撃できますよ、そうすれば、アメリカの心配している日本海軍の戦力が殺《そ》がれるわけでしょう、と。ああ、見事な脅しと誘惑です。

事実、中国は、四〇年十一月、ワシントンに中国空軍作戦の代表者を送り込んで、一九四一年までに飛行機五〇〇機をパイロット付きでくださいとアメリカに申し入れていました。こうした動きは、日本側に当然察知されていたわけです。四〇年十二月一日、アメリカはさらに一億ドルの借款を中国に与えることとし、直接的な武器購入は認めなかったそれまでの態度を変え、この額面までの資金でアメリカ製の飛行機購入を許可し、さらに、四一年三月には、イギリスや中国に無償で武器援助する道を開くために、ローズヴェルト大統領は武器貸与法という法律をつくって、中国側の要求にも対応するようにしました。実際、この年の七月二十八日にはアメリカ製の飛行機一〇〇機とパイロットが中国に到着して活動を開始することになりました。

これまでお話ししてきたような交渉が、手にとるようにわかったとき、日本側の焦燥はいかばかりであったか、みなさんでも想像できるのではないですか。中国を陸続きの場所から狙《ねら》えて、イギリスやフランスの権益が集中する東南アジアの制空権を押さえて、英仏を牽制するためにも、仏印に飛行場が必要だ、こう日本側が考える背景がわかるのではないでしょうか。

チャーチルのぼやき

ここまでのお話の表面だけを理解すると、なんだか、英米ソなどの国々が中国を援助したから日中戦争は太平洋戦争に拡大してしまったといったような、非常に他律的な見方、つまり、他国が日本を経済的にも政治的にも圧迫したから日本は戦争に追い込まれた、日本は戦争に巻き込まれたのだ、といった考え方に聞こえるかもしれません。しかしそれは違います。日本における国内政治の決定過程を見れば、あくまで日本側の選択の結果だとわかるはずです。第二次世界大戦の始まりについては説明しましたが、このときの日本の内閣、つまり阿部信行《のぶゆき》内閣（一九三九年八月三十日―四〇年一月十六日）と米内光政《よないみつまさ》内閣（一九四〇年一月十六日―同七月二十二日）においては、ヨーロッパの戦争には介入しないことにしていました。

ヨーロッパの戦争にずっと不介入でいればよかったのですが、ドイツ軍の快進撃を前に日本側に欲が出てくる。東南アジアにはヨーロッパの植民地がごろごろしている、植民地の母国がドイツに降伏した以上、日本の東南アジアへの進出をドイツに了解してもらわなければならない、こう考えるのです。また、ドイツ流の、一国一党のナチス党による全体主義的な国家支配に対する憧《あこが》れが日本にも生まれてくる。衆議院では相変わらず政友会や民政党などの既成政党が多数を占め、貴族院では生まれた家柄がよいだけの無能な貴族が多数を占めている、これではダメだというのです。こうした国民の気運を背景に、日中戦争勃発時の首相であった近衛文麿が新体制運動に着手し、四〇年七月二十二日、再び首相の座につきます。この二カ月後、ドイツ、イタリアとの三国軍事同盟が締結される。

この頃陸軍のなかでは、次にどうすべきか意見が分かれていました。参謀本部のなかで作戦を担う部署のトップ、作戦部長の田中新一という人物などは、蔣介石が和平に応じないならば、持久戦となる日中戦争を戦い抜くための経済的基盤を、南方の資源獲得によって（この場合、オランダ領インドシナにある石油などが想定されていますが）構築しようと考えていました。これも少し前にお話ししましたね。ドイツ軍のイギリス本土への上陸作戦が成功した折など、チャンスがくれば南方に武力行使し自給自足圏を得るとの計画です。これまで対ソ戦だけを重視してきた参謀本部の考えが、ここでまずは変わったといえます。どのような場合に南進するかの想定が生まれていることに注意してください。

一方、陸軍省軍務局、ここは議会対策や予算を担当する部署ですが、このときの軍務局長の武藤章《あきら》などは、アメリカと交渉して、にっちもさっちもいかない日中戦争解決の糸口をつけようとしていました。事実、四一年四月には、ワシントンのハル国務長官を相手に始まる日米交渉に、陸軍側の要員として軍事課長だった岩畔豪雄《いわくろひでお》を派遣している。

さてさてここで問題になるのは、当時のアメリカが、日中戦争を本気で仲介する考えを持っていたかどうかということです。すでに触れましたが、四一年三月、ローズヴェルト大統領はイギリスや中国への武力援助のため、武器貸与法へ署名してもいます。このような動きを見れば、アメリカの好意が中国にあったことは明らかですが、ここはシビアに国際関係をもう一度見ておきましょう。

というのは、日米交渉の始まる四一年四月の時点では、同年六月二十二日に勃発するドイツとソ連の戦い、独ソ戦争はまだ始まっていません。ということは、ドイツ軍の攻撃を全面的に引き受けていたのはイギリスだけだったのです。武器貸与法ができるまでイギリスは、なんと、金を払ってアメリカから武器を購入していたわけです。この点についての、イギリス首相チャーチルとローズヴェルト大統領とのやりとりが面白い。

四〇年六月十五日、チャーチルからローズヴェルトへ

「アメリカはなにか行動を起こすべきではありませんか。そうでなければ、イギリスはドイツと交渉を始めてしまうかもしれませんよ。アメリカの駆逐艦は絶対に必要です」

同年十二月七日、チャーチルからローズヴェルトへ

「イギリスはアメリカの戦争を戦っているのです。アメリカ製の武器に対しイギリスにはもはや支払い続ける能力がないのです」

チャーチルの脅しもなかなかなものです。蒋介石といい勝負です。「アメリカの戦争を戦っている」という意味は、本来はイギリスとともにドイツを抑えるべき国はアメリカなのに、アメリカの代わりにイギリスが単独で戦っているのですよ、というぼやきですね。ローズヴェルトもここまでいわれれば、アメリカの議会を説得して、急いで無償の武器援助を可能とする武器貸与法を通過させなければならなかったはずですね。

つまり、私がここでいいたいことは、アメリカにとって四一年四月というのは、晴れてイギリスに対して多くの武器を一斉に積出しはじめていたときであったということです。また、海軍の大建艦計画もようやく始まったばかりでした。連合国の兵器庫と自らを位置づけるアメリカとしては、時間が要る。時間を稼がなければならない。ですから、ハル国務長官も、四一年四月十六日、正式に日米交渉に着手するわけです。アメリカに中国との和平の仲介をやらせようとした日本の陸軍省軍務局のもくろみは一

ウィンストン・チャーチル

定の妥当性があったといえます。

七月二日の御前会議決定の舞台裏

戦争への道を一つひとつ確認してみると、どうしてこのような重要な決定がやすやすと行なわれてしまったのだろうと思われる瞬間があります。たとえば、四一年七月二日の御前会議決定「情勢の推移に伴う帝国国策要綱」（以下、これを「要綱」と略します）がそうですね。

ポイントは南部仏印進駐が決定されたことにあります。日米交渉による道を選択していた陸軍省軍務局はどうして反対しなかったのでしょうか。また、イギリス一国を相手にするのは了解していても、イギリスとアメリカ両方の海軍力・航空兵力を相手にするのはちょっと、と躊躇《ちゅうちょ》していた海軍省はどうして反対しなかったのでしょうか。この決定の裏面について、筑波大学の波多野澄雄《はたのすみお》先生が、当時、陸軍省や海軍省にあって、決定に干与していた課長さんたちの日記などをよく調査した結果、次のような見方を示しています。目から鱗《うろこ》が落ちますよ。

七月二日の前になにが起こったかを考えてみます。六月二十二日、独ソ戦争が勃発する。当時の日本は、この年、四一年四月十三日、松岡洋右外相がモスクワに飛んで、ソ連と中立条約を結んでいた。つまり、日本とソ連はお互い敵対的なことはしませんよという確約をしていた。松岡にとってみれば、ソ連の対中国武器援助だけでも止めさせることができて、これはとてもよい条約ができたものだと喜んでいたわけです。一方日本は、ドイツとすでに四〇年九月、三国同盟を結んでいる。日独伊ソというような、いわば四国同盟に近いものができて、やれやれ、これで英米などの資本主義国と対抗できるかな、と考えていた。

ここに、グラフを掲げておきましたので見てください（左ページのグラフ「パワー・バランス」）。当時の連合国であるイギリス＋フランス＋ポーランドに対して、当時の三国同盟を締結している国々であるドイツ＋イタリア＋日本を足したグループを、人口、陸上兵力（常備軍）、戦闘機、主力艦の数などで比較してみると、このグラフのようになります。人口や陸上兵力、主力艦、駆逐艦の点ではお互いのグループは競《せ》りあっている。ただ、戦闘機の数を見ると、圧倒的に三国同盟の側が優《まさ》っていました。そして、さらに頭をめぐらせて考えなければならないことは、この英仏ポのグループと独伊日のグループにくらべて、独自の道をとっていた二つの大国、つまりソ連とアメリカですが、この二つの大国のそれぞれの人口、陸上兵力、戦闘機などの保有量を

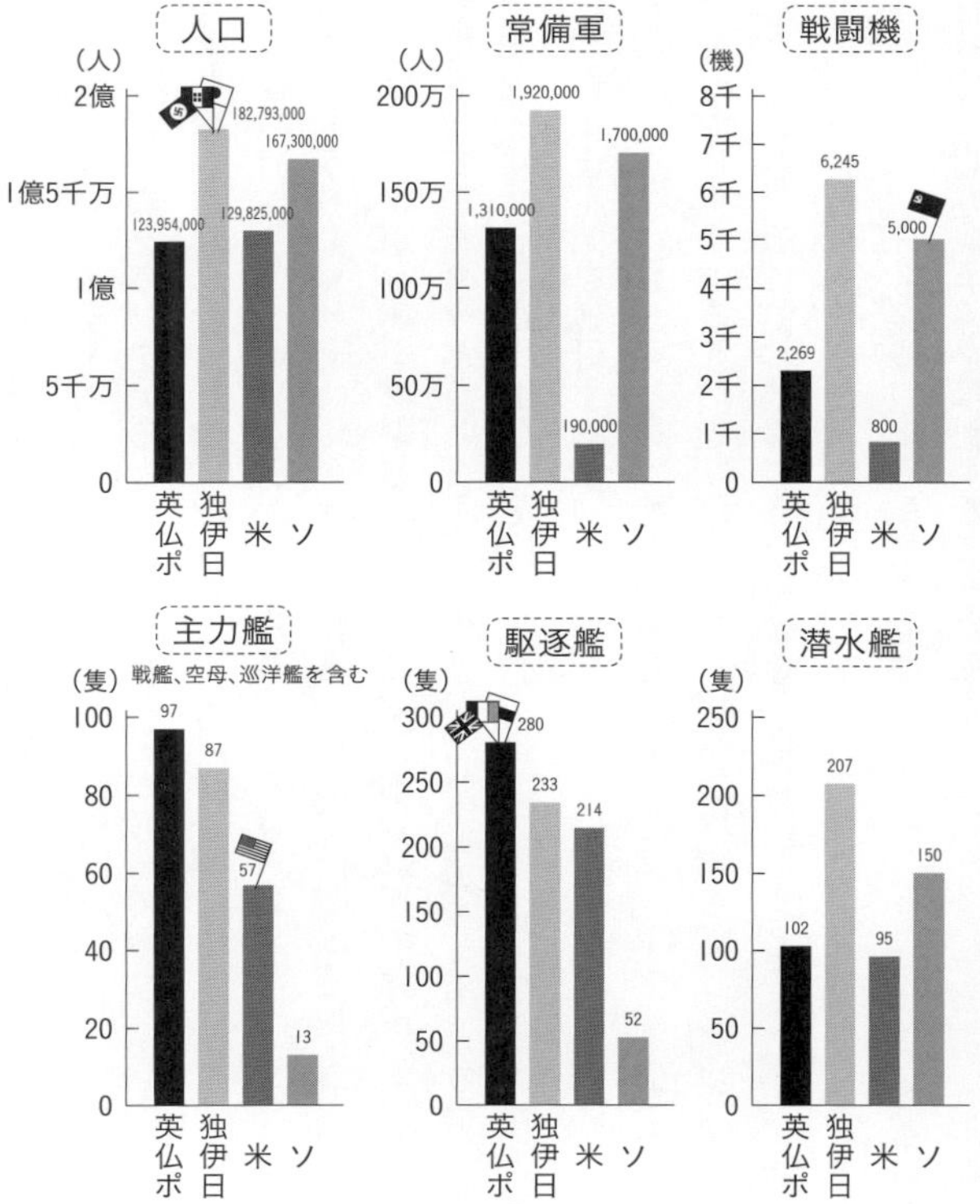

［パワー・バランス］

連合国であるイギリス フランス ポーランド 、
三国同盟を結んでいるドイツ イタリア 日本 、
そしてアメリカ 、ソ連 の1939年当時の国力比較

World War II Almanac, 1931-1945 より作成

見てみますと、ソ連の陸上兵力と戦闘機の数はアメリカにくらべて大変に多い。アメリカは主力艦や駆逐艦など海軍力では大きな力を持っていましたが。

このようなグラフを見ると、松岡外相などが考えていた「三国同盟＋ソ連」の四国同盟路線が、なかなか魅力的だったというのは理解できますね。ところが、松岡のプランは六月二十二日の独ソ戦勃発で崩れてしまう。ヒトラーさん、なぜ急に戦争を始めてしまうのよ、と嘆いたかはわかりませんが、松岡はそれまでの態度を一変して、ならばドイツがソ連を攻撃している間に、日本もソ連の背後からドイツと一緒になって攻撃してしまおうといいだす。つまり、「北へ進め」との大号令をかける。

その松岡の北進論に強く賛成したのが、参謀本部の作戦課でした。参謀本部作戦課は、自給自足圏を獲得するための南進を掲げていたグループですが、これも考えればわかるように、もともと対ソ戦を悲願としていたグループですから、松岡外相の意見に乗ってしまう。そうだそうだ、今こそソ連を攻撃してしまおう、そういう論が急に巻き起こる。そこで、このような急激な北進論にとまどったのが、陸軍省軍務局と海軍（海軍省と軍令部を含みます）でした。このグループは、えっ、今、ソ連を攻撃されては困る、日米交渉の線もまだ可能性はあるということで、陸軍省と海軍が中心となって、北方戦争論を牽制するように動く。

具体的には、外務省と参謀本部が急に主張しだした北進論を抑えるために、南部仏印へ進駐しましょうと声をあげて、南進に言及するようにしたのです。彼ら、陸軍省と海軍の考えでは、南部仏印進駐をしたからといって、アメリカがなにか強い報復措置に出るとは全く考えていなかったのですね。どうせここはフランス領であると。アメリカの権益と関係ないだろうと。これは、軍人たちの日記を見てもわかります。参謀本部の戦争班という部署で書いていた日誌には「仏印進駐に止《とど》まる限り、禁輸なしと確信す」と記されている。彼らは、日本の南部仏印進駐が実行されたのを見たアメリカが、すぐさま、七月二十五日、在米日本資産の凍結を断行し、八月一日には、石油の対日全面禁輸を実行するとは予想していませんでした。資産凍結というのは、ある国に対する制裁の一段階で、政府や民間が保有する資金・財産の引きだし、移動を禁ずる行為をいいます。

それでは、なぜアメリカは迅速な反応をしたのでしょうか。この点についていては、アメリカのハインリックス先生という方の研究があります。一部分の翻訳が、細谷《ほそや》千博《ちひろ》他編『太平洋戦争』（東京大学出版会）に入っていますから興味のある方は読んでみてく

アメリカが日本の南進に
報復したのは、
ドイツ戦で苦しいソ連を
力づけるため。

ださい。アメリカは、とにかく、ドイツ軍三〇〇万人によって侵攻されたソ連が十月まで戦線を維持して敗北しなければ、翌年の春まで安泰だと考えました。というのは、ソ連には冬将軍という強烈な味方があったからです。かつて、フランスのナポレオンが十九世紀初頭、モスクワまで侵攻しながらもロシアを攻め落とせなかったのは、ロシアの冬の厳しさゆえでした。四二年春になれば、アメリカの軍需産業はソ連向けの兵器を輸出する能力を持てると見られていたからです。

アメリカとイギリスは、四一年九月二十八日、ソ連に対して軍需物資を送る協定をソ連と結びましたが、これも、とにかく四二年春までソ連戦線が持ちこたえてくれればよいとの考え方でした。四一年夏のアメリカにとって、ソ連が元気づけられることであればなんでもやったわけです。つまりアメリカは、日本の南進に対して強く報復することで、ソ連が日本を心配しないで済むように、そのために強い反応を示したといえます。

なぜ、緒戦の戦勝に賭《か》けようとしたのか

特別会計

一九四一年九月六日の御前会議の際、天皇を説得するときに、軍令部総長がいった言葉を思いだしてください（四〇一ページ）。しばしの間の平和の後、手も足も出なくなるよりは、七割から八割は勝利の可能性のある緒戦の大勝に賭けたほうがよいと軍令部総長は述べていました。緒戦というのは、最初の戦い、速戦即決の最初の部分の戦いという意味です。今から考えれば日米の国力差からして非合理的に見えるこの考え方に、どうして当時の政府の政策決定にあたっていた人々は、すっかり囚《とら》われてしまったのでしょうか。

この点を考えるには、軍部が、三七年七月から始まっていた日中戦争の長い戦いの期間を利用して、こっそりと太平洋戦争、つまり、英米を相手とする戦争のためにしっかりと資金を貯《た》め、軍需品を確保していた実態を見なければなりません。同年九月、近衛《このえ》内閣は帝国議会に、特別会計で「臨時軍事費」を計上します。特別会計というの

は、戦争が始まりました、と政府が認定してから（これを開戦日といいます）戦争が終わるまで（これは普通、講和条約の締結日で区切ります）を一会計年度とする会計制度です。

三七年に始まった日中戦争からの特別会計が帝国議会で報告されるのは、なんとなんと四五年十一月でした。太平洋戦争が終結した後、ようやく日中戦争から太平洋戦争までの特別会計の決算が報告されるという異常な事態です。軍部とすれば、日清戦争や日露戦争の頃と違って、政党の反対などを考えなくて済みますから、こんないい制度はないですね。日中戦争を始めて、蔣介石相手に全力で戦うこともしていたけれども、裏で、太平洋戦争向けの軍需への対応を準備できるようにしておく。

一橋大学の吉田裕《ゆたか》先生の研究によれば、一九四〇年の一年分を例にとってどれだけが日中戦争に使われ、どれだけが太平洋戦争への準備として使われたかといえば、なんと三割しか日中戦争に使われていない。残りの七割は、海軍は英米との戦争のために、陸軍はソ連との戦争を準備するために使っている。太平洋戦争が実際に四一年末に始まるまで、すでに使われていた臨時軍事費の総額は二五六億円でした。現在の貨幣価値に換算するには、八〇〇倍すればよいといわれていますから、換算してみると、二〇兆四八〇〇億円ですか。

当時、軍の内部にいた人間も、これはおかしいなと気づいていたようです。海軍省の調査課というところで、海軍の帝国議会対策にあたっていた高木惣吉《そうきち》という軍人の日記には、三七年八月三日の記事として「我々部内の者も何のためにそれほどの経費を要するや、主義として諒解《りょうかい》し得ざる点あり」と書かれています。つまり日本側は、表向きは日中戦争ですよ、といいながら、太平洋戦争に向けて、必死に軍需品を貯めていたことになる。よって、戦いの最初の場面で、いまだ準備の整っていないアメリカを不意打ちにして勝利をおさめれば、そのまま勝てるかもしれないとの考えが浮かぶ。

パワー・バランスという言葉は、国力の対比、あるいは兵力の対比という意味です。先ほど掲げたグラフ（四二七ページ、「パワー・バランス」）をもう一度見てください。戦闘機でいえば、ドイツ、イタリア、日本を足すと、連合国側のイギリス、フランス、ポーランドを圧倒していた。アメリカの戦闘機は八〇〇機。ソ連だけが突出して多く、五千機持っていた。ソ連を日独伊のグループに入れれば、アメリカが英仏の側についても、かなりいい線までいけるのではないか、日本側にこのような見込みがなかったとはとうてい考えられません。

ただ、ここで実は数値の落とし穴があるわけで、先ほどのグラフのバランスは三九年九月の時点、つまり、静止した一瞬を切り取って比較したものなのです。実際は、毎日毎日、各国の生産量は変化しているはずですね。アメリカはこの点、不思議な国でした。

左ページ上のグラフ［日米の兵力格差］をご覧ください。これは、空母に載せる飛行機の生産機数の変化を表わしたグラフです。空母というのは、決戦海域にまで飛行機をたくさん積んでゆく大型艦船のことで、ここに載せられた飛行機の数は各国の航空兵力の指標になっていました。四一年と四五年、つまり戦争を始めた年と終わった年の日米の格差がわかりますね。日本の四一年当時の生産機数を一〇〇とすれば、最初の年、アメリカはせいぜい一〇七ほどにしかならない。差は小さい。しかし、四五年七月には、日本を一〇〇としたとき、アメリカは一五〇九にもなる。

この変化の幅が、すなわちアメリカの潜在力ということです。日本側が、四一年十二月の開戦までに一生懸命ぎりぎりまで準備した飛行機と予算を使って打って出たとしても、その瞬間は、確かによいバランスで戦争をすることはできる。しかし、やがて圧倒的な潜在力に押し切られるわけですね。確かに、大坂冬の陣のたとえではないですが、二年後の四三年あたりからは、アメリカの優位が決定的になっていることがわかります。ここからも、とにかく、日本側の飛行機の数と技倆《ぎりょう》、そして飛行機を運

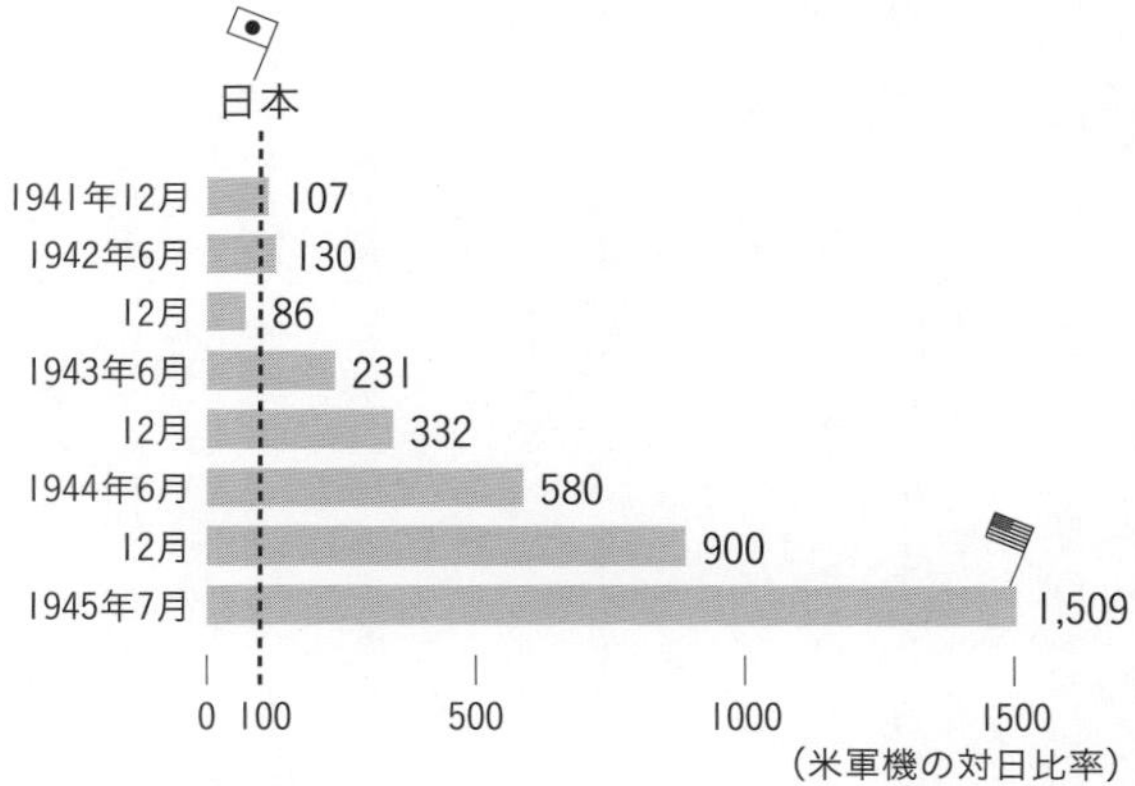

［**日米の兵力格差**］
日本を100としたときの、アメリカの第一線航空母艦の
艦載機数（空母に載せられる戦闘機）の比率
World War II Almanac, 1931-1945 より作成

ぶ空母の数など、そのような複合的な戦争力という点で、アメリカより優位にある時点で戦争を始めよう、そのような考えがうかがえるのです。

奇襲による先制攻撃

予算、軍需品の生産量ときて、三つ目は奇襲作戦を説明しましょう。この考え方を海軍全体、そして政府全体の政策にまで推しすすめたのは、山本五十六《いそろく》連合艦隊司令長官だったといわれています。ラジオ放送のところでお話ししましたが、日本は、日本時間で十二月八日、まずは陸軍が午前二時に英領マレー半島のコタバルに上陸を開始し、ついで海軍が午前三時十九分（現地時間七日、午前七時五十五分）、ハワイの真珠湾でアメリカの主力戦艦に攻撃を開始します。陸軍が対英作戦を、海軍が対米作戦を発動させますが、ワシントンにおいて野村吉三郎《きちさぶろう》駐米大使がハル国務長官に対米最後通牒《つうちょう》を手渡したのは、攻撃がすでに始まってからほぼ一時間が経過した後でしたから、日本は宣戦布告より前に奇襲作戦で英米に打って出たことになります。

英米二国の海軍を両方同時に相手にするだけの力は日本の海軍にはない。ならば、どうすべきか。山本が考えたプランについて、防衛省防衛研究所の相澤淳先生が解明した事実に基づいてお話ししましょう。山本は、相手国の主力戦艦が停泊する港に対して奇襲攻撃をしかけ、停泊している艦隊を飛行機による魚雷攻撃で一網打尽にする作戦を、もともとは日露戦争のときの体験から思いついたそうです。2章で旅順《りょじゅん》の攻防についてお話ししましたね。ロシアの艦隊は、旅順港にじーっと閉じこもって、港の外に出ようとはしなかった。それに対して日本側は攻撃しようとしましたが、なかなかうまくいかず、手を焼きました。

しかし考えてみれば、港のなかに敵艦隊がごろごろしているというのは、チャンスなのではないか。こう山本は思いつく。そして、戦艦や空母を沈めてしまえば、新たに建艦をするためには、当時であれば一年から二年かかると思われていた。アメリカが建艦に手間取っている間に、日本側は、日本列島と朝鮮半島、台湾と、周辺の東南アジアの地域を哨戒《しょうかい》するのに十分な飛行場を各地に建設し、そのネットワークを活《い》かして制空権を確保すれば、自《おの》ずと、その下を通る船舶の安全も確保できると考える。戦後の後知恵で、なぜ日本側は商船団を海軍が護衛せずアメリカの潜水艦攻撃にやられるままだったのか、との批判が根強く主張されますが、山本などの発想は、そのような護衛船団方式ではなかったのですね。制空権の確保を前提とした、面での防衛を考えていたといえます。

天皇に対して、この山本の作戦が説明され承認を得たのは、四一年十一月十五日でした。真珠湾攻撃を含んだ全作戦計画を天皇に説明し、とくに真珠湾攻撃に関しては「桶狭間《おけはざま》の戦にも比すべき」奇襲作戦であるとの説明がなされ、艦隊同士の主力決戦になっても「充分なる勝算」があり、持久戦になっても「海上交通線の保護は可能」だから、対米武力戦は可能だとされたのです。ここで大事なのは、桶狭間の戦というところでしょう。これは、一五六〇（永禄《えいろく》三）年五月十九日、これは旧暦でのことですが、大軍を率いる今川義元の本陣を十分の一ほどの軍勢しかない織田信長が急襲し、見事、勝利した戦をいいます。大坂冬の陣にしろ、桶狭間の戦にしろ、昭和天皇がこのような史実を用いた講談調の説得に実のところ弱いと見た海軍側の知恵であったのかもしれません。

とにかくこうして、赤城《あかぎ》、加賀《かが》、蒼龍《そうりゅう》、飛龍《ひりゅう》、瑞鶴《ずいかく》、翔鶴《しょうかく》の六隻《せき》の空母を集団的に用いて、この空母に積んだ飛行機隊を艦隊の上空で集合させ、目標地点を一斉に集中攻撃する、という作戦が認可されることとなります。その目標地点が、ハワイ、オアフ島の真珠湾でありました。

真珠湾はなぜ無防備なままだったのか

中田整一さんという方はNHKの元プロデューサーで「ドキュメント昭和」など、優れたドキュメンタリーをつくった人です。二・二六事件に際して、蹶起《けっき》した青年将校たちが話す電話の会話を鎮圧側がすべて盗聴していたことなどを突き止めて、そのレコード版を発見した人でもあります。彼はNHK引退後、史料に基づいてさまざまな本を書いている。その中田さんが、淵田美津雄《ふちだみつお》という軍人の自叙伝をアメリカで見つけだして刊行したのですが、これがめちゃくちゃ面白い（『真珠湾攻撃総隊長の回想　淵田美津雄自叙伝』、講談社）。

淵田は戦後、キリスト教の布教師になり、アメリカで布教してまわったという変わった人ですが、淵田がアメリカで布教するのがなぜそれほど異様かといえば、彼こそは真珠湾攻撃のときの航空隊の総指揮官だったからです。つまり、真珠湾で停泊していた戦艦に乗り組んでいたアメリカ兵を真珠湾に沈めた張本人であったからです。空母・赤城などから飛び立った三〇〇機あまりの飛行機を率いて、真珠湾を奇襲したのが淵田だった。

　この時期の日本海軍のパイロットは、飛行時間が長く、高い技術を備えていました。太平洋戦争にいたるまでの時期、日本側は中国大陸に向けて渡洋爆撃を繰り返していたので、自然と技倆が高くなっていた。また、海軍技術の総力を挙げて、俗にゼロ戦と呼ばれる、零式艦上《れいしきかんじょう》戦闘機なども開発していた。真珠湾攻撃の戦果は、アメリカの記録によれば、海軍の戦死者（海兵隊を含む）が二〇七七人、戦傷者が八七六人、陸軍の戦死者が二二六人、戦傷者が三九六人です。沈められた戦艦は五隻、駆逐艦二隻、破壊された航空機は一八八機にのぼる。ただ、別の場所に退避していた空母を攻撃で

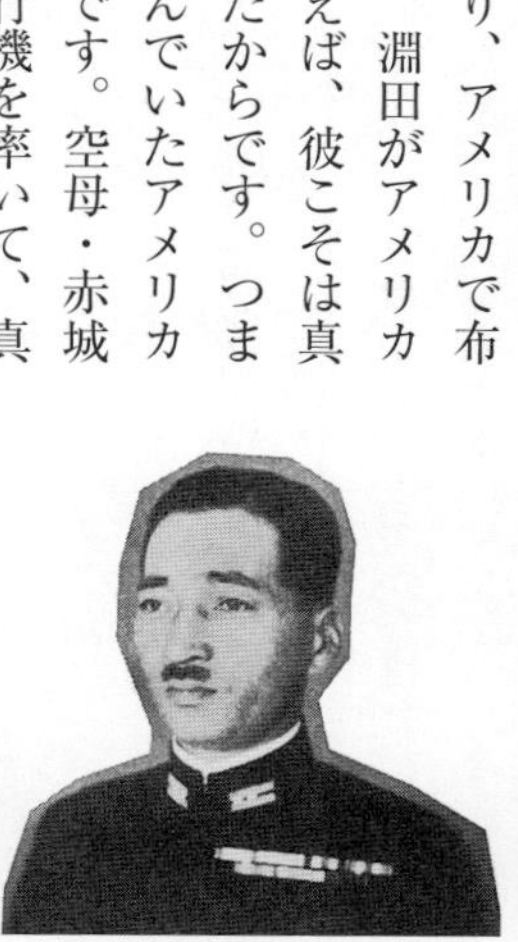

淵田美津雄《ふちだみつお》

『真珠湾攻撃総隊長の回想　淵田美津雄自叙伝』（講談社）カバーより

きなかったことは大きな誤りでした。

さて、その淵田は、戦果を確認する際、ハワイ上空で三時間旋回しながら戦果を確認していたそうです。そのくらい周到にしなければ、航空機の損害や戦艦の沈没など確実に判明しないわけですね。

それでは、なぜアメリカは戦艦を無防備な状態で真珠湾にずっと置いていたのでしょう。私はこれをずっと疑問に思っていました。というのは、日本側は必ず奇襲先制攻撃をしかけてくる国であるということは、英米側によく理解されていた。日本との戦争は、日本からの先制攻撃によって始まるということは予測されていた。先制攻撃があるとすれば、ハワイはうってつけです。それなのに、なぜアメリカは、航空機から落とされる魚雷に対抗するための魚雷ネットとか、そのような適切な防備を設置していなかったのか。この点、なぜかわかる人はいますか?

――……?

海軍オタクでもわからないでしょうか(笑)。当時の技術について説明しますと、それこそ中田さんの本の受け売りですが、飛行機が戦艦に近づいて普通の爆弾を上から落とすというのは非常に難しかったわけです。これは戦艦に近づかなければならないからですね。戦艦には飛行機を迎撃するための高角砲などがついておりますから、飛行機はあっという間に近づく手前で撃墜されてしまう。それでは、どうやって戦艦を飛行機による攻撃で沈めるかというと、とにかく近づかないで済むようにする。そして、魚雷という便利なものを飛行機から海に落として、海の中に沈んだ魚雷がまっすぐに戦艦に向かってすすんでいくように、目標までの距離千メートルくらいから、魚雷を発射するわけです。

魚雷は高度一〇〇メートルぐらいで飛ぶ飛行機から落とされると、ガーッと六〇メートルくらい、海面から沈む。この沈んだときの衝撃で機械が動き、魚雷についたスクリューが回り出して海面近くまで浮上し、あとは定深度六メートルを保って目標に向かってぐんぐんすすむ。そして目標の船、これは吃水《きっすい》（浮かんでいる船の船底から水面までの距離）七メートルなのですが、六メートルですすんでくるということは、船底から一メートルの火薬庫がある場所をちょうどよく狙《ねら》って爆破する。魚雷はある意味で大変よくできた兵器でありまして、飛行機はすでに安全なところを飛んでいながら、魚雷は敵艦の船の底、火薬庫を狙って海中をぐんぐんすすむわけですね。

真珠湾は水深一二メートルの浅い湾でした。戦艦は水面から船底まで七メートルあれば停泊させられますから、ここに停泊させるのは合理的です。そしてもっと合理的だったのは、水深が一二メートルしかありませんから、投下されたときに六〇メートル沈むのが魚雷だとすると、これは無敵の湾だったことになります。深い湾でしたら、魚雷がきちんと沈んでも余裕があることになる。しかし、真珠湾は浅いので、魚雷が落とされれば、すべて湾の底に杭《くい》を打ったように突き刺さって、全然役に立たないはずだ、こうアメリカ側は考えていました。つまり、アメリカ側も、日本の技術に対して、侮《あなど》っていた部分がある。海底スレスレまでしか沈まないように、そうっと魚雷を落とす技術などありえないと思っていた。そこなのです。

戦争に関することでは、相手方に対する人種偏見が、大きく作用することがあります。香港を日本軍の飛行機によってめちゃくちゃに攻略された後においても、あるイギリス人は、日本の飛行機にはドイツ人が乗っているに違いないと言い張っていたとの記録が確かにあります。

淵田たち海軍航空隊の訓練の様子は「月月火水木金金」などと形容され、休みもない激しく厳しいものでした。そこでどのようなことをしていたかといえば、地形の似た鹿児島湾を真珠湾に見立てて、魚雷の落とし方を訓練していた。つまり、六〇メートル沈まないように魚雷を投下する訓練です。もちろん、そういった訓練だけでなく魚雷自体にも様々な改良がなされます。

——どのくらいの期間訓練して、水深一二メートルでも可能になったんですか?

この作戦を決めたのが四一年九月の下旬ですので、約三カ月で実行しているわけです。

——すごい、けっこう短い。

そうですよね。アメリカ側も、よもや日本側がこのような攻撃をしかけるとは思いませんから、水深一二メートルの浅さに安心して、魚雷ネットなどの十分な防備をしていなかった。やはり、相手の能力の軽視は、どの国家の軍隊にもあるのですね。ただ、こうした浅い海での魚雷攻撃の例は、日本人の独創だったのではありません。真珠湾攻撃の約一年前、四〇年十一月十一日、イギリス海軍の水上攻撃隊がイタリアのタラント軍港を急襲し、停泊中のイタリア戦艦二隻を魚雷による攻撃で撃沈した例がある。タラント港の水深は一四メートルでした。ですから日本側の最後の努力は、一四メートルから一二メートルの二メートルの差をどう改善するかに集中する。アメリカ側の資料によれば、投下された魚雷のうち二七本が命中弾で、戦艦ウェストヴァージニアに七本、戦艦オクラホマに五本命中していたそうです。

速戦即決以外に道はあったのか

保守的な月刊誌などが毎年夏に企画する太平洋戦争特集などでは、なぜ日本はアメリカの戦闘魂に油を注ぐような、宣戦布告なしの奇襲作戦などやってしまったのか、あるいは、なぜ日本は潜在的な国力や資源に乏しいドイツやイタリアなどと三国同盟を結んでしまったのか、という、反省とも嘆きともつかない問いが、何度も何度も繰り返されています。そのような議論を見ていつも私が思うのは、速戦即決以外で日本が戦争を行なうプランをつくれただろうかということです。短期決戦以外につくれたのだろうか。そのあたりを考えていくと、哲学的問題にまでなります。

国土が広大で人的物的資源が豊かなソ連、アメリカ、中国、そして七つの海に植民地帝国を築いていたイギリス。これ以外の国は、総力戦となったときに、おそらく持久戦はできないのではないでしょうか。それでは、持久戦を避けたい国、電撃戦をやりたい国はいかなる行動に出るのか。ドイツの判断を考えると、日本の動きもよく見えてきますので、第二次世界大戦が始まる前まで少し戻って、ドイツの動きをお話ししましょう。

ドイツは、確か一九三九年時点でも、日本よりも金の保有量や外貨準備が少なかった。ですから日中戦争頃までの中国と「稀少《きしょう》資源のタングステンをくれるなら武器を購入させてあげる」といって、現金決済なしのバーター取引などをさかんにやる。ドイツの伝統的な支配層であった国防軍や外務省などの官僚たちは、ソ連と中国と仲良くして経済合理的に資源獲得に努めようとしました。よって、三六年の統計によれば、武器輸出総量の57％を中国に集中させ、日本には0・5％しか輸出しない。成城大学の田嶋信雄先生が解明された数値です。面白いです。資源の豊富な国と協調するという、ドイツの合理的な政策は三八年六月までは続きます。

本来ならドイツはこのまま生産力を蓄えて宿敵・英仏との戦いに臨めばよかったはずですね。しかし、ドイツのなかで別の、全然合理的ではない動きを始める勢力が出てくるのです。国防軍といっても、諜報《ちょうほう》に関わる人々は特殊なグループですが、そこにカナーリスという人物がいました。国防軍の海軍提督です。このカナーリスに加え、ヒトラーのお気に入りであったために外務大臣にまでなるリッベントロップなどが、合理的とはいえない意見をいいだす。「ドイツはソ連や中国といつまでも協調的に物と物だけの付きあいをしていては危険である」という。カナーリスやリッベントロップなどは、ソ連がなにを考えているかということを諜報による情報から詳細にフォローしていました。

ソ連が世界の共産化を真面目《まじめ》に考えていると確信した彼らは、防共、反共、つまり共産主義打倒を真剣に考えはじめます。ナチスというと反ユダヤ政策にすぐに目が行きますが、反共という側面を見落としてはいけません。共産主義への防波堤をつくらなければドイツは生存できないといいはじめる。そこで、ヒトラーは中国支持の政策を劇的に転換して、三八年六月までには、日本支持の政策をとるようになる。さあ、そこで考えなければならないのは、ドイツが日本のなにを評価したのかということです。

ドイツの国防軍などは日本軍を馬鹿《ばか》にしていました。第一次世界大戦で総力戦の血の洗礼を受けてこなかったわけですので。けれども、その態度を劇的に変える。日本は、やはり地政学的に見てソ連に対する天然の要害（要塞《ようさい》）だったからです。ソ連が太平洋に出ていくためには、日本の海峡が三つもある。津軽、宗谷《そうや》、対馬《つしま》海峡です。ドイツは経済合理的な対中国政策を捨て、日本を選択することになるのです。

ドイツは共産主義を倒すため
合理的な中国との取引を捨て、
日本を選んだ。

ここで大事なのは、ドイツが中国を捨てたことです。そうなると中国はソ連についていかなければならない。日中戦争の開戦当初まで、ドイツは武器を中国に売っていた。しかし、共産主義を防がなければならないとのスタンスをドイツがとり、極東の日本とヨーロッパのドイツが手を結ぶ。中国国民政府は、中国共産党の影響力増大を怖れていますから、むしろ中国共産党がソ連と結びつく前に、中国国民政府の側が先にソ連に接近しなければならない、こう考えるわけです。

日独の接近は中国とソ連の接近をもたらす。その裏面には、共産主義をどうするかというイデオロギーと地政学があった。持久戦争を本当のところで戦えない国であるドイツと日本であるからこそ、アジアとヨーロッパの二カ所からソ連を同時に牽制しようと考える。アジアの戦争である日中戦争が第二次世界大戦の一部になってゆくのは、このような地政学があったからです。

日本は戦争をやる資格のない国

持久戦ができない国であるからこそ、速戦即決の作戦を立てたり、想定敵国を地政学的に挟み撃ちにすることを考えたりしなければならないわけですね。ご苦労なことです（笑）。ならば、日本は持久戦ができないのなら、そもそも戦いのエントリーができない国なのだと自ら認めてしまえばよいのだと考えた人がいました。軍人でありながら平和思想を説いた人ですが、知っていますか？　昭和のはじめに平和思想を説いた海軍の軍人です。

——山本五十六？

違います。彼は心のなかでは平和思想を持ってはいたのですが。

——米内光政？

米内も実にまともな軍人でした。しかし、山本や米内ではない。一九二〇年代に、「日本はこういう理由で、そもそも戦争ができない国です。だから戦争など考えるのはやめてしまいましょう」といった人。知りませんか？　答えは水野廣徳《ひろのり》です。

水野は一九二九年に「無産階級と国防問題」という文章を書いています。この二つの単語がなぜ結びつくのか、不思議ではありませんか。水野は、国家の安全とはなにか、というところまで深く考えた人でした。二九年といえば、いまだ飛行機が初歩的な進歩しか遂げていない頃です。さて水野は、日本が島国で領土的な安全がめったな理由で脅《おびや》かされることがないならば、日本の国家としての不安材料は経済的な不安だけだろう、と述べる。外国との通商関係の維持が日本の国家としての生命であるはず、ならば、それは他国に対して日本が「国際的非理不法」を行なわなければ保障される。

日本は経済が大事なのだろう、と。国家の重要物資の八割を外国に依存している国なのだから、生命は通商関係の維持にある。通商の維持などは、日本が非理不法を行なわなければ守られるものである。現代の戦争は必ず持久戦、経済戦となるが、物資の貧弱、技術の低劣、主要輸出品目が生活必需品でない生糸である点で、日本は致命的な弱点を負っている。よって日本は武力戦には勝てても、持久戦、経済戦には絶対に勝てない。ということは、日本は戦争する資格がない、と。

こういうことをいう軍人がいたのです。私は「技術の低劣」という点については水野の点は辛すぎると思います。ですが、確かに水野のいうとおり、日本の主要輸出品は世界にとっての生活必需品ではない。相手国にとって死活的に重要な物質でもなかった。タングステンやウランやチタンなど日本では産出しない。せいぜい輸出できるのはお嬢さんを喜ばせる生糸、綿布くらいとなると、いか

水野廣徳《ひろのり》

にも弱い。日本との貿易が途絶してもどの国も困らない。

かくの如《ごと》く戦争が機械化し、工業化し、経済力化したる現代においては、軍需原料の大部分を外国に仰ぐがごとき他力本願の国防は、あたかも外国の傭兵《ようへい》によって国を守ると同様、戦争国家としては致命的弱点を有せるものである。極端に評すればかくの如き国は独力戦争をなすの資格を欠けるもので、平時にいかに盛んに海陸の軍備を張るとも、ひっきょうこれ砂上の楼閣に過ぎないのである。

この水野の論は、徹底しているという点で中国の胡適《こてき》の論に相当するかもしれません。中国の国土の何割か、海岸の大部分が封鎖されて初めて、米ソを戦争に巻き込めるとの胡適の議論と似ている。水野の議論も、日本は戦争をする資格がない、こうくるわけです。しかし、水野の議論は弾圧されます。また国民もこのような議論を真剣に受け止めない。すぐに別のところへ議論が飛んでしまうのです。つまり、持久戦はできない、ならば地政学的にソ連を挟撃《きょうげき》しようか、あるいはいかに先制攻撃を行なうか、といった二者択一となってしまう。

戦争の諸相

必死の戦い

ここまでは、どちらかといえば、戦争にともなう技術の話、当時の軍国少年・少女がきっと胸を躍らせてラジオにしがみついて聞いていたに違いないような話をしてきました。確かに、桶狭間の戦という比喩《ひゆ》が誇張ではないほどの戦果が、対英米開戦三日の間に上がったことは本当でした。海軍航空部隊の力によって、アメリカ太平洋艦隊とイギリス極東艦隊の主力部隊を、ハワイとマレー沖で一瞬のうちに壊滅させたことは驚くべきことだったでしょう。

ただ、日独伊三国からなる同盟国の国力と、英仏ポーランドに加え、ソ連、アメリカが加わった連合国の国力の差は、明白なものとなりました。当初は事実上、イギリス一国であった連合国は、四一年六月にソ連を、同年十二月にアメリカを味方につけたことで、また、日本軍を三七年当時から大陸に引きつける役割を果たしてきた中国が、日米開戦にともなって日本に宣戦布告したことで、連合国は圧倒的に有利な地歩を築いてゆきます。

先ほど名前を挙げた吉田裕先生の『アジア・太平洋戦争』（岩波新書）という本に、とても興味ぶかい表が掲げられています。岩手県一県分の陸海軍の戦死者数の推移です（四五三ページのグラフ［岩手県における戦死者数推移］）。太平洋戦争開戦から四五年の敗戦まで、岩手県全体で三万七二四人が亡《な》くなっている。そのうち、四四年以降の戦死者が全体の87・6％を占めているんですね。戦争の最後の一年半で戦死者の九割が発生している。

これはどうしてかといいますと、アメリカと日本の戦争は、四四年六月十九日から二十日にかけてのマリアナ沖海戦で、もう絶対に決着がついてしまっていたのです。マリアナ諸島というのは、第一次世界大戦後、旧ドイツ領だったものを日本が委任統治領として統治してきた島々で、サイパン島、グアム島などが含まれる地域ですね。この海戦で日米の空母の機動部隊同士が戦い、日本側は決定的に負ける。ここで日本側は空母、航空機の大半を失います。

戦死者のうちの9割が最後の1年半で死亡。

戦争の勝敗の分かれ目ということでいえば、四二年六月五日のミッドウェー海戦

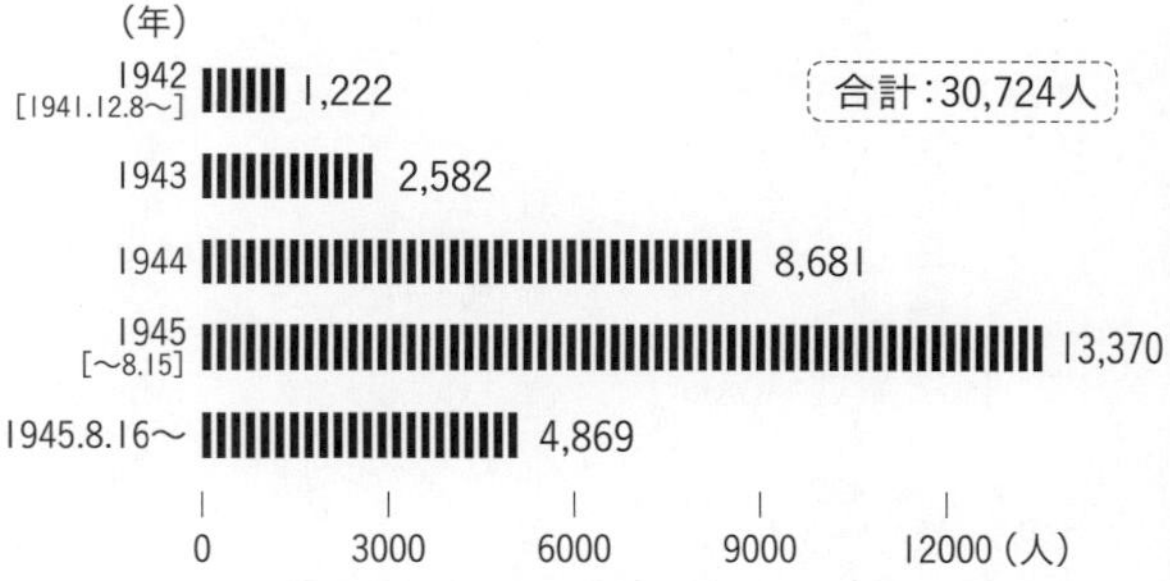

[**岩手県における戦死者数推移**]
太平洋戦争開戦から敗戦までの、岩手県出身兵士の戦死者数
吉田裕『アジア・太平洋戦争』(岩波新書)p.183より作成

（日本海軍の暗号が解読されていたため、アメリカ側に待ち伏せをくい、空母四隻とすべての艦載機を喪失した海戦）が有名ですが、まだ四二年の時点では、日本陸軍による、香港、フィリピン、シンガポール、ジャワ、ビルマなどへの侵攻の成功から、日本軍の不敗神話はいまだ健在でした。この頃は、中国戦線を担当する蒋介石と、インド・ビルマ方面を指揮するイギリス軍との間に摩擦が絶えない時期で、蒋介石はアメリカ大統領のローズヴェルトに向けて、イギリス側のインド統治のひどさを告発しています。

　イギリスはインドに完全な自由を与えるべきです。これは連合国の戦争目的と我々の共通の関心事でもあるのだから黙っているわけにはいきません。古代の中国のことわざに、「良薬は口に苦し」というものがあります。誠心からの助言はきっとイギリス側の気持ちを悪くするでしょうが、今後採るべき方向を示すことができるはずです。

つまり、ここで蒋介石が述べたかったことは、インドに将来的な独立を許す決定をイギリスが行なえば、インド兵はもっともっと勇敢に日本軍に対して戦うはずである、インド兵が弱いために、中国軍も大変迷惑をしているのだ、このようなことでしょう。それに対してチャーチルが答えた内容がすごいです。けんもほろろにこう言い返す。

連合国が従うべき最もよいルールは、お互いの国内問題に干渉しないことであります。イギリス人も、中国が共産党と国民党に分かれて最も激しく対立している、最もきわどいときでさえ、それについてのなんらのコメントすら差し控えてきたではありませんか。私が首相をしている限り、いかなるイギリス政府も、大英帝国の尊厳に関わるようなおせっかいを受け取る準備は一切ないことを記録のうえに留めておきたいと思います。

こういうのを慇懃無礼《いんぎんぶれい》な態度というのです。言葉は大変丁寧だけれども、相手のことをバカにしつくしている。蔣介石が可哀想《かわいそう》になりますね。中国とイギリスは連合国の一員ですが、このように、必死で死にものぐるいで戦いを挑んでくる日本軍に対しては、どちらが矢面に立つかということで、内紛が絶えませんでした。チャーチルは、ビルマで日本軍を相手にするのを拒み「日本と戦うためにジャングルに分け入ることは、あたかもサメと戦うためにむざむざ水に入るようなものだ」といって、イギリス軍を温存するようにはかっていました。ですから、四二年六月のミッドウェー敗退の段階では、日本にはまだ分がある。しかし、四四年六月以降はもう可能性はなかった。

それでも日本人は必勝を信じていたのか

――たくさんの戦死者が出ているのに、その被害が日本全国に伝わらなかったのはどうしてですか。

いい質問です。もちろん前線にいる兵士たちは故郷との通信が制限され、検閲もありますし、はがきに書けることも限られる。しかし、生きていれば一カ月に一回ぐらいは必ずはがきを出せます。それがあるときからぷっつりとこなくなる。たとえば二ユーギニアには第一八軍が送られますが、一〇万人いた兵隊のうち九万人が餓《う》えで死にます。故郷では、だんだんと、おかしい、お父さんから手紙がこない、隣の村の誰々さんの家もそういっていたなどと話が伝わってゆく。このように、ごくごく限られた地域では、近所の人々の話から、故郷から出立した軍団が壊滅的な打撃をこうむったことは想像できるはずですね。

ところが、ここからが問題なのです。ある地域に限っては、たとえば、新潟県や宮城県などの新聞には第一八軍関係の戦死者の名前と人数は出る、地域にとってお葬式は大事ですから。でも、日本のそれ以外の地域には情報が伝わらない。これは検閲制度の専門家・中園裕《なかぞのひろし》先生が明らかにしたのですが、地方紙の地方版に載った戦死者の情報全体を合計することはできないようになっていた。

だからそれこそ自動車で走り回って、すべての県の新聞の地方版の一カ月単位の戦死者数を合わせれば、全国規模のその年の戦死者数の合計がわかるはずです。しかしそういうことをやれた人はいないでしょう。警察につかまってしまう。全国紙を読んでいただけでは「特攻に行きました」という飛行士の顔写真は載っていても、ニューギニアで、ある地方の師団が九割戦死しているというのはわからないのです。国民全体が敗戦を悟らないように、情報を集積できないようなかたちで戦争を続けていた。

それが一九四四年の状況でした。

それでは、当時の日本人がどのように情報を得ていたかというと、前の章でお話ししたように、ラジオがありますね。国民の五割がラジオの契約者でしたから、隣近所で大きくラジオをかけていれば、国が知らせたいことはだいたいバッと伝わる。

では、国が知らせたくない情報はどう伝わったのかというと、まず短波の傍受が技術上は可能でした。英語ができる人が、憲兵につかまるのを覚悟したうえで傍受するということはありました。短波や通信の電波を使えたのは、事前に許可を得た通信社か、新聞社か、国の機関に限られていました。でも、軽井沢などさまざまな場所で実は傍受していたという人々が、戦後たくさん現れたといいます。

しかし、国民もさるもの、民の部分では、なんらかの情報が流れていたと感じさせるのは「株価」の話ですね。

――えっ、株価って、戦時中に株式市場が開いていたんですか？

そう、ギョッとするでしょう。開いていたんですね。これも吉田裕さんの本に書かれているエピソードなのですが、四五年二月から、軍需工業関連ではないもの、これは当時の言葉で民需といったのですが、民需関連株が上がります。具体的には、布を機械で織る紡績関連の株などが上がりだしたというのですね。戦時中では上がるはずはなかった。こうした株に値がつきだす、つまり、そのような株の買い手が増えてくるということです。船舶もどんどん撃沈されて、四三年あたりからは民間の船などはもう目も当てられない惨状になる。船舶を建造する鋼材も走らせる燃料もない、発動機もない。それなのに船舶関連の株が上がってくる。これはなにか、戦時から平時に世のなかが変化するのではないか、そのような見通しを確かに立てた人間がいて、株価が上がっていったのではないかと考えられます。

戦死者の死に場所を教えられない国

日本人はドイツ人にくらべて、第二次世界大戦に対する反省が少ない、とはよくいわれることです。真珠湾攻撃などの奇襲によって、日曜日の朝、まだ寝床にいたアメリカの若者を三千人規模で殺したことになるのですから、これ一つとっても大変な加害であることは明白です。

日中戦争、太平洋戦争における中国の犠牲者は（数値は統計によって異なり、議論もあるものですが）中国が作成した統計では、軍人の戦死傷者を約三三〇万人、民間人の死傷者を約八〇〇万人としています。さらに台湾、朝鮮、南洋諸島など、日本の植民地や委任統治領になった地域の人々の労苦も、決して忘れてはならないものです。一九三八年に制定された国家総動員法に基づいて三九年につくられた国民徴用令、これは、戦争にあたって必要とされる産業に国家の命令で人員を配置できるとした勅令ですが、この徴用令によって植民地からも日本国内の炭坑、飛行場建設などに多くの労働者が動員されました。朝鮮を例にとれば、四四年までに、朝鮮の人口の16%が、朝鮮半島の外へと動員されていた計算になるといいます。

しかし、太平洋戦争が、日本の場合、受身のかたちで語られることはなぜ多いのか。つまり「被害者」ということですが、そういう言い方を国民が選択してきたのには、それなりの理由があるはずだと私は思います。四四年から敗戦までの一年半の間に、九割の戦死者を出して、そしてその九割の戦死者は、遠い戦場で亡くなったわけですね。日本という国は、こうして死んでいった兵士の家族に、彼がどこでいつ死んだのか教えることができなかった国でした。この感覚は、現代の我々からすれば、ほとんど理解しがたい慰霊についての考え方であります。

日本古来の慰霊の考え方というのは、若い男性が、未婚のまま子孫を残すこともなく郷土から離れて異郷で人知れず非業《ひごう》の死を遂げると、こうした魂はたたる、と考えられていたのですね。つまり、戦争などで外国で戦死した青年の魂は、死んだ場所死んだ時を明らかにして葬《ほうむ》ってあげなければならない。このような、日本人の霊魂、慰霊の問題を知るのに最も適切なのは、折口信夫《おりくちしのぶ》の著作でしょうか。折口は、柳田国男とともに日本の民俗学、国学研究の第一人者でありますが、この折口にまつわるエピソードを知れば心をうたれるはずです。

折口には、最愛の弟子・藤井春洋《はるみ》がおりました。折口との関係は、自らの芸術・学問を引き継ぐ者としての藤井に対する愛だけではなく、それ以上のものがあったといわれています。その藤井は、四五年春、水も食糧も枯渇《こかつ》した絶海の孤島・硫黄《いおう》島、日米が熾烈《しれつ》な地上戦を戦った硫黄島の戦いで死ぬ。この戦闘については、クリント・イーストウッド監督、渡辺謙主演で二〇〇六年に公開された『硫黄島からの手紙』などの映画が映像的には参考になるでしょう。

藤井を思って折口が詠《よ》んだ歌に「きさらぎの　はつかの空の月ふかし　まだ生きて子は　たたかふらむか」があります。硫黄島に米軍が上陸したのは二月十九日、三月十七日に硫黄島の守備隊は全滅し、戦死者は二万三千人に達したといわれる。きさらぎは、旧暦で二月を指しますので、意味するところは、二月も二十日、月があじわいぶかい、我が愛する春洋は、いまだ死なずに、必敗の戦いを戦っているのだろうか、という意味です。折口は釈迢空《しゃくちょうくう》との名で歌をも詠みましたので、歌人としても優れていました。その折口が歌うのですから、心に訴えかけないわけがない。むざむざ必敗の戦いに愛する若者を引き込んだ国家への静かな怒りが伝わる歌です。故郷・家郷を離れて非業の死を遂げた者の魂は、鎮《しず》まるべき条件を欠く、戦によって亡くなった者の魂は、後世にたたりをなす御霊《みたま》となる、との折口の考えは、普通の人々にも確かに共有されていたことは、次に引く例からもわかります。

ある遺族が国の役所に戦後になってから書いた手紙が残っているのですが、この父親はこう書く。「山中に置き去りにされた愛子《いとしご》を救出せざれば親として相済まざる次第であり、かつ、天理にもとる次第」。レイテでもガダルカナルでもよいのですが、山中で死んだ自分の愛しい息子の骨を拾ってやらなければ、親として気が済まない。また、息子の骨を拾ってやれないというのは、天の道理にも反することである、このように書く。折口と同じ感覚が読み取れます。

満州の記憶

太平洋戦争が「被害」の諸相として国民に語られる背景の二つ目には、満州にからむ国民的記憶を挙げる必要があるでしょう。四五年八月八日、それまで日本とは中立条約を締結していたことから、中立状態を保っていたソ連が、ドイツが降伏してから三カ月後に対日参戦するとの連合国側への約束どおりに、日本に参戦、侵攻を開始します。ドイツは、五月七日、無条件降伏していましたので、確かに三カ月後ではあるわけですね。ただ、アメリカは八月六日、広島へ原爆を投下しておりましたので、日本の敗戦は時間の問題ではあった。そこにソ連からの侵攻があり、満州に開拓団移民として多数入植していた人々が、ソ連軍の侵攻の矢面に立たされたこともあり、ソ連に対する憎しみの感情は戦後の日本で長く生きていたと思います。

満州と呼ばれた地域には、敗戦時、一五〇万人の民間人がいました。それに加えて五〇万人の関東軍兵士がいた。つまり終戦時には二〇〇万の日本人が満州にいたわけです。侵攻してきたソ連軍によって、ソ連のシベリア地域やモンゴルなどの地域に抑留された日本人は約六三万人（一九九〇年発表のロシア側史料による）。ソ連の側にも事情はあった。ドイツとの間に続いてきた熾烈《しれつ》な戦争によって、ソ連国内では労働力が不足していた。そこで、鉄道建設や林業などに、日本人捕虜を勤労させる。抑留された人々約六三万人のうち、苛酷《かこく》な環境により死亡した人は六万六四〇〇人に及びます。

終戦時、海外にいた民間の日本人は三二一万人でした。陸海軍軍人がだいたい三六七万人ですので、合計で六八八万人が海外にいた。これは多いですね。そのうちの二〇〇万人が満州にいた。その二〇〇万人のうち、先に触れました抑留者の死亡を含め、ソ連の侵攻後に亡くなった人の総数が二四万五四〇〇人といわれています。この数にはやはり圧倒されます。亡くなった方を除き、また、帰国のすべがなかった残留孤児や残留婦人などを除き、多くの国民は満州から引揚げます。先の人口から換算すると、敗戦時の人口の8・7%の国民が引揚げを体験していることになる。

二〇〇万の老若男女が同時に体験した歴史的な事件というのは、民族として重い体験でしょう?『あしたのジョー』で有名な漫画家・ちばてつやと、二〇〇八年に亡くなった赤塚不二夫《あかつかふじお》、この人は『天才バカボン』の作者ですが、この二人も引揚げ者でした。作家でいえば、芥川賞作家の安部公房《こうぼう》がそうですね。引揚げ体験を元にした小説『けものたちは故郷をめざす』(『安部公房全集　6巻』所収、新潮社)は傑作ですので読んでみてください。

・終戦時、満州にいた日本人
……約200万人
・そのうちソ連侵攻後の死者数
……約24万5,400人

確かに満州からの引揚げ体験は苛酷なものであったはずです。被害や労苦の側面から語られがちであるのは仕方ありません。ただ、そうした惨禍を生んだ根本に、日本政府の政策があったことを忘れてはなりません。一つだけ例を挙げておきましょう。長野県は満州への開拓移民が多かった県でした。長野県のなかでも、県庁所在地の長野市周辺や松本市周辺などの地域よりは、南信《なんしん》と呼ばれる県南部に開拓移民を多く出した村が多かったのですね。

飯田市歴史研究所編『満州移民』（現代史料出版）という本で、飯田市周辺の歴史家がその理由を解明していて、これはまさに歴史的な事件である満州開拓移民の送出、引揚げを体験した地域の人々自身が、過去の歴史を検証するという点で画期的な本でした。飯田市の周辺で、開拓移民を最も多く送りだしたある村の満州移民の率は18・9％、つまり、村人五人に一人が満州に送りだされたということになります。飯田周辺は養蚕がさかんでアメリカ向けの良質な生糸を生産する地域として有名でしたが、世界恐慌《きょうこう》による糸価の暴落で農家経済は打撃をこうむりました。そうしたなかで、三〇年代半ばから、養蚕から他の作物への転業がうまくすすんだ村では、移民が少なかったことが検証されています。転業がうまくすすまなかった村というのは平坦《へいたん》な土地が狭く、山がちの地域が多かったのですが、そのような地域では、国や農林省などが一九三八年から推進する、満州分村移民の募集に積極的に応募する、というよりは、

応募させられてしまうのですね。

どのような仕組みかというと、こうです。三二年ぐらいから試験的な移民は始まっていたのですが、初期に移民した人々から、満州が「乳と蜜《みつ》の流れる」土地であるなどという国家の宣伝はまちがいで、厳寒の生活は日本人に向いていないのだとの実情が村の人々に語られはじめ、移民に応募する人々は三八年ぐらいから減ってしまった。そこで、国や県は、ある村が村ぐるみで満州に移民すれば、これこれの特別助成金、別途助成金を、村の道路整備や産業振興のためにあげますよ、という政策を打ちだします。

このような仕組みによる移民を分村移民というのですが、助成金をもらわなければ経営が苦しい村々が、県の移民行政を担当する拓務《たくむ》主事などの熱心な誘いにのせられて分村移民に応じ、結果的に引揚げの過程で多くの犠牲者を出していることがわかっている。ただ、とても見識のあった指導者もいて、その例として大下条《おおしもじょう》村の佐々木忠綱村長の名前が挙げられます。佐々木村長は、助成金で村人の生命に関わる問題を容易に扱おうとする国や県のやり方を批判し、分村移民に反対しました。このような、先の見通しのきく賢明な人物もいたのです。

ですから、満州からの引揚げといったとき、我々はすぐに、ソ連軍侵攻の苛酷さ、開拓移民に通告することなく撤退した関東軍を批判しがちなのですが、その前に思いだされなければならないことは、分村移民をすすめる際に国や県がなにをしたかということです。特別助成や別途助成という金で、分村移民送出を買おうとした施策は、やはり、大きな問題をはらんでいたというべきでしょう。下伊那《しもいな》地域の町村会長をしていた吉川亮夫《あきお》という人物も見識のあった人で、吉川は、分村移民をめぐる補助金獲得に狂奔する村々の動きを批判し、「補助金をもらうための開拓民の争奪」が行なわれていると喝破しています。つまり、今でも国や県がやることはだいたい同じですが、これこれの期日までに、何人の分村移民を集められれば、これこれの予算をつけてやる、というそのようなやり方で、村々に競争をさせたわけですね。

このような事実を知っているか知らないかで、現代社会の見方も、過去の歴史の見方も、ずいぶん変わってくると思いませんか。私は、この『満州移民』という本を書いた郷土史家の方々を深く尊敬します。この本のなかには、地域で暮らし、地域で生きてきた人だけに書ける内容がたくさん明らかにされています。賢明な開拓団長に率いられた村々では、元の土地所有者であったはずの中国農民と以前から良好な関係を築いていた。よって敗戦となるとただちに中国農民の代表と話をつけ、開拓団の農場や建物を「全部あなたにあげます」と話し、安全な地点までの危険な道の護衛を依頼して、最も低い死亡率で日本まで引揚げられた千代村《ちよむら》の例などもありました。これは、歴史の必然に対して、個人の資質がいかに大きな影響を持つかということを正直に語っていて、迫力がありますね。

捕虜の扱い

日本人のなかには、過去を正しく見つめるドイツ人、そうはならない日本人、といった単純な対比はもういい加減にしてくれ、という人も多いと思います。ただ、私としては、やはり日本人が戦争というものに直面した際の特殊性というのでしょうか、そのようなものがデータとして正確に示されるのであれば、正視したいと常に思っています。

その一つが捕虜の扱い方のデータです。あるアメリカの団体が、捕虜となったアメリカ兵の名簿から、捕虜となり死亡したアメリカ兵の割合を地域別に算出しました。そのデータからは日本とドイツの差がわかります。ドイツ軍の捕虜となったアメリカ兵の死亡率は１・２％にすぎません。ところが、日本軍の捕虜となったアメリカ兵の死亡率は37・３％にのぼりました。これはやはり大きい。日本軍の捕虜の扱いのひどさはやはり突出していたのではないか。もちろん、捕虜になる文化がなかった日本兵自身の気持ちが、投降してくる敵国軍人を人間と認めない気持ちを生じさせた側面もあったでしょう。しかしそれだけではない。

このようなことはなにから来るかというと、自国の軍人さえ大切にしない日本軍の性格が、どうしても、そのまま捕虜への虐待《ぎゃくたい》につながってくる。戦後、復員して東京大学文学部に入って近代史を学び、自身、のちに一橋大学教授となる藤原彰先生は、戦前、陸軍士官学校出の陸軍大尉《たいい》で中国戦線に従軍していました。先生はもう亡くなりましたが、藤原先生の書いた『餓死《うえじに》した英霊たち』（青木書店）はぜひとも読んでいただきたい。

戦争には食糧がいる。ニューギニア北部のジャングルなどには自動車道はない。兵士の一日の主食は六〇〇グラムです。最前線で五千人の兵士を動かそうとすると、基地から前線までの距離にもよりますが、主食だけを担《かつ》いで運ぶのを想定すると、なんと、そのためだけに人員が三万人くらい必要になるのです。しかし、このような計算にしたがって食糧補給をした前線など一つもなかった。この戦線では戦死者ではなく餓死者がほとんどだったといわれるゆえんです。

そして、このような日本軍の体質は、国民の生活にも通底していました。戦時中の日本は国民の食糧を最も軽視した国の一つだと思います。敗戦間近の頃の国民の摂取カロリーは、一九三三年時点の六割に落ちていた。四〇年段階で農民が41％もいた日本で、なぜこのようなことが起きたのでしょうか。日本の農業は労働集約型です。そのような国なのに、農民には徴集猶予《ゆうよ》がほとんどありませんでした。工場の熟練労働者などには猶予があったのですが。肥料の使い方や害虫の防ぎ方など農業生産を支えるノウハウを持つ農学校出の人たちをも、国は全部兵隊にしてしまった。すると、技術も知識もない人たちによって農業が担われるので、四四、四五年と農業生産は落ちまくる。政府が、農民のなかにも技術者はいるのだと気づいて、徴集猶予を始めるのは四四年です。これでは遅い。

それにくらべるとドイツは違っていました。ドイツの国土は日本にもまして破壊されましたが、四五年三月、降伏する二カ月前までのエネルギー消費量は、なんと三三年の一、二割増しでした。むしろ戦前よりもよかったのです。国民に配給する食糧だけは絶対に減らさないようにしていた。国民が不満を持たないようにするためにはまずは食糧確保というわけです。

やはり兵士にとっても国民にとっても太平洋戦争は悲惨な戦争でした。日本の炭鉱では、たくさんの中国側の捕虜や朝鮮半島から連れてこられた労働者が働かされていました。本来は捕虜に労働させるには十分な食糧と給料を出し、将校は労働させてはいけないなどのルールがあったはずですが、そのようなことはもちろん守られていなかった。そして膨大な死傷者が出ました。しかし、このような悲惨な側面は、兵士や国民自身の待遇や生活の劣悪な記憶に上書きされ、国民や兵士の記憶からは落ちてしまうのです。

あの戦争をどう見るか

さて、そろそろ講義もおしまいです。長時間、お付きあいくださり、本当にありがとうございました。日清戦争から太平洋戦争までの時代をお話ししてきましたが、五日間、いかがでしたか。

――全体的にかなりハイレベルなことを扱っていたので、歴研メンバーも苦戦していたし、僕自身、内容についていくのは正直大変でした。でも、個性的で面白い人物がたくさん登場して、その人の考えをたどりながら、大きな時代の動きを追っていけるのが面白かった。とくに胡適は強烈でした。それと、松岡洋右の本心みたいなものをぜんぜん知らなかったので、松岡が書いた手紙は印象深かったです。

中国の底力というものには驚かされますよね。松岡のように、強行路線に走ったと受けとられている人たちの内面を見なければ、かつてなにが起きていたのか、本当には理解できないと思います。知っているか知らないかで、見方が全く変わってくるでしょう。

――歴史をこんなふうに考えたことはなかった。いつもとは違う頭の使い方をした感じがしてクタクタになったけれど、かなり有意義だったと思います。太平洋戦争については、日本がなぜあんな可能性のない戦争をしたのか、これまで当時の人たちの感覚が全くわからなかったけれど、今回、いろんなデータを知ることで、「この時点の世界の動きを切り取れば、こんなふうに見えるんだ」とか思ったし、いろんな人の考えや文章に触れて、少しだけかつての人の感覚がわかったような気がした。

有意義だったといってもらえて、とっても嬉《うれ》しいです。今回の講義でいちばん工夫したのは地図でした。いろんなデータという言葉が出ましたが、みなさんが空間的に歴史をイメージできるようになれれば、もう私はなにも言い残すことはありません（笑）。

最後に、二〇〇五年の読売新聞による調査を紹介しておきましょう。「中国との戦争、アメリカとの戦争はともに侵略戦争だった」と思う人は34・2％、「中国との戦

Q　中国との戦争、米国との戦争をどう考えるか

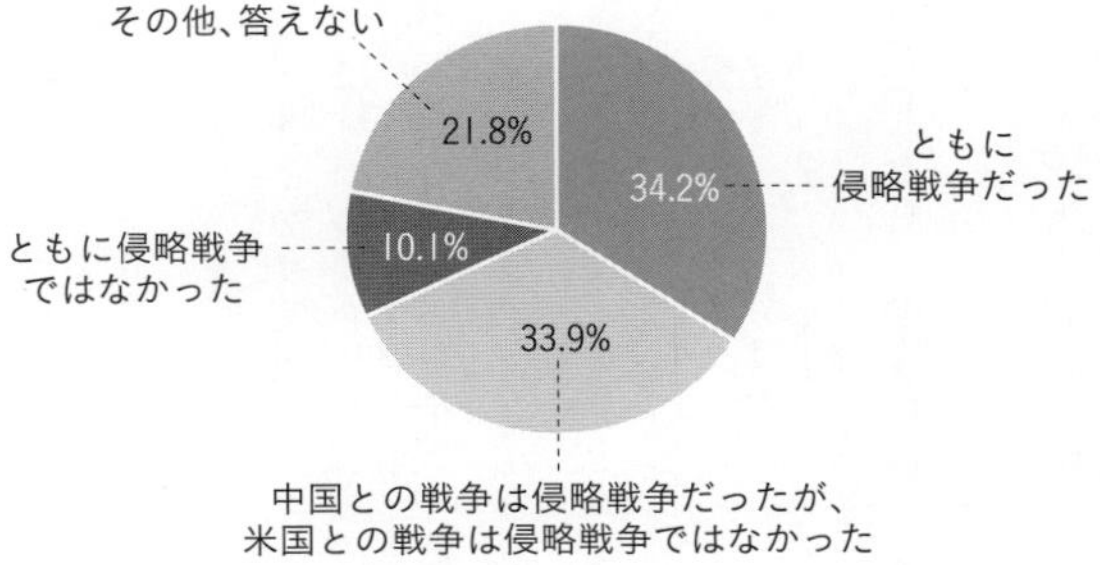

Q　日本の政治指導者、軍事指導者の戦争責任問題は、十分に議論されたか

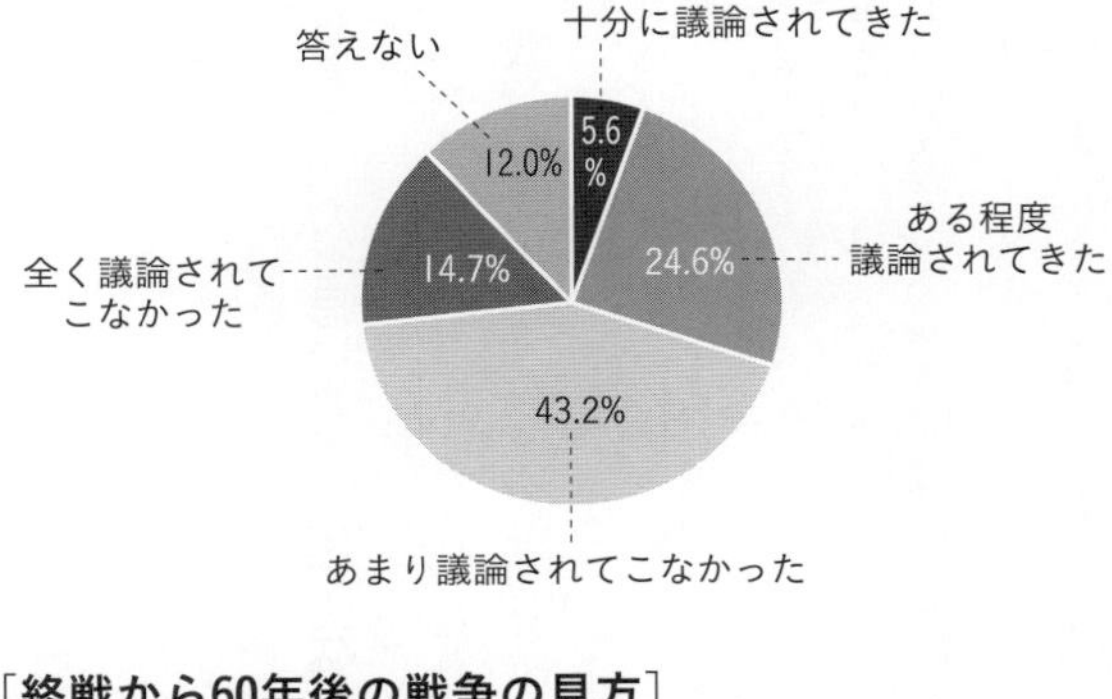

［終戦から60年後の戦争の見方］

出典：読売新聞（2005年10月27日）

争は侵略戦争だったが、アメリカとの戦争は違う」と思う人は33・9％います。むしろ、ここで私が注目したいのは「あなたは、先の大戦当時の、日本の政治指導者、軍事指導者の戦争責任問題をめぐっては、戦後、十分に議論されてきたと思いますか、そうは思いませんか」という問いに、「全く議論されていない、あまり議論されていない」という回答が五割を超えていることです。

アメリカに対する戦争と中国に対する戦争を分けて考えようとする見方が、ともに侵略戦争だったとの見方と拮抗《きっこう》する回答結果にも興味をひかれますが、やはり、国民として最も高い率での回答が示されたものが、戦争責任をめぐる問題は十分議論されてこなかったのだという、国民の見方だった点に深い感銘を受けました。さらにその場合、「日本の政治指導者、軍事指導者」という部分に対する国民の思いについて、もっと知りたいと思いました。

天皇を含めて当時の内閣や軍の指導者の責任を問いたいと思う姿勢と、自分が当時生きていたとしたら、助成金ほしさに分村移民を送りだそうと動くような県の役人、あるいは村長、あるいは村人の側にまわっていたのではないかと想像してみる姿勢、この二つの姿勢をともに持ち続けること、これがいちばん大切なことだと思います。

おわりに

このページまで読んでくださったこと、とても嬉《うれ》しく思います（もちろん、ここから読みはじめる方も多いでしょうが）。

この本は多くの方々の協力なしには生まれませんでした。一分一秒でも無駄にはできないはずの学年暦のなかで、私のような風来坊に講義の機会を与えてくださった栄光学園の学園長はじめ、大島弘尚先生、早川英昭先生他、先生方のご勇断にまずは深く感謝申し上げます。

また人生の最も輝く時期のなかでも、とりわけクリスマスと正月の間の休みという一分一秒でも惜しいはずの貴重な時間を割いて熱心に講義を聴き、私を震撼《しんかん》させるに十分な深い答え、予想もしなかった卓抜な答えを披露してくれた生徒たちにも心から感謝したいと思います。謝辞のところに学年別にお名前を挙げておきました。講義が本になるまで一年半も待たされるとは夢にも思わなかったでしょう。講義は五日間でしたが、その間に生徒たちと過ごした時間は、私が教えた五日間ではなく私が教えられた五日間に他なりませんでした。

インパクトがありながらも綺麗《きれい》な本を！　との私の我儘《わがまま》な要求に見事に応《こた》えてくださった装幀《そうてい》の有山達也さん、アシスタントの池田千草さん、この方の描いた味わい深いイメージカットと地図だけを拾い読みする読者がきっと大量に現れるに違いない牧野伊三夫さん、どうもありがとうございました。牧野さんに素敵な肖像を描いてもらったとあっては冥土《めいど》の松岡洋右も喜んでいるはずです。

本書の企画・編集の総指揮者ともいうべき朝日出版社第二編集部の鈴木久仁子さんには、月並みな謝辞では言い尽くせない程のお世話をかけました。また、要所要所でお世話になった第二編集部長の赤井茂樹さんにもお礼申し上げます。

歴史家の性《さが》でしょうか、受け取った手紙はすべて整理保管していますから、鈴木さんから初めて手紙を頂戴《ちょうだい》した日時などすぐにわかります（少し得意）。それは二〇〇五年五月のことでした。私に本を依頼しようとされたきっかけは、さらに遡《さかのぼ》ること三年前の拙稿「私が書きたい『理想の教科書』」（『中央公論』二〇〇二年九月号）だったといいます。「私が読みたい『理想の教科書』」を追求する際の鈴木さんの真剣さは、ケインズが敬意を込めて霊媒師と呼んだロイド＝ジョージの冷静をも突き動かすに違いないと思われるメガトン級のものでした。

戦争と革命の二十世紀と呼ばれた時代に近代日本と日本人が与えた影響は、我々が考える以上に大きなものだったと思います。原稿を書きながら、時々不思議なイメージが頭に浮かぶ瞬間がありました。原稿を書いているのは私の頭ではなく、近現代という「時代」そのものが霊媒師・鈴木さんを呼び止め、そして私の身体《からだ》を用いて「歴史」を書かせているとのイメージです。ただそのような幸福感は一瞬で消えてしまうのが常でしたが。

今後は頭と身体の鍛錬を怠らず、今いちど「時代」が振り向いてくれるチャンスがありましたらしっかりとその前髪をつかみ、よりわかりやすい「歴史」を書いてみたいと思います。「幸運の女神には前髪しかない」とのフレーズをふまえてこう書きましたが、関連する事項として最後に歴史の女神の話をしておきましょう。歴史をつかさどる女神クリオは、女神のうちで最も内気で控えめで、めったに人にその顔を見せなかったといいます（E・H・ノーマンに『クリオの顔』という歴史随想集があり、岩波文庫で読めますのでどうぞ）。

神話とはつくづくよくできていると感心させられますが、歴史とは、内気で控えめでちょうどよいのではないでしょうか。本屋さんに行きますと、「大嘘《おおうそ》」「二度と謝らないための」云々《うんぬん》といった刺激的な言葉を書名に冠した近現代史の読み物が積まれているのを目にします。地理的にも歴史的にも日本と関係の深い中国や韓国と日本の関係を論じたものにこのような刺激的な惹句《じゃっく》のものが少なくありません。

しかし、このような本を読み一時的に溜飲《りゅういん》を下げても、結局のところ「あの戦争はなんだったのか」式の本に手を伸ばし続けることになりそうです。なぜそうなるかといえば、一つには、そのような本では戦争の実態を抉《えぐ》る「問い」が適切に設定されていないからであり、二つには、そのような本では史料とその史料が含む潜在的な情報すべてに対する公平な解釈がなされていないからです。これでは、過去の戦争を理解しえたという本当の充足感やカタルシスが結局のところ得られないので、同じような本を何度も何度も読むことになるのです。このような時間とお金の無駄遣いは若い人々にはふさわしくありません。

私たちは日々の時間を生きながら、自分の身のまわりで起きていることについて、その時々の評価や判断を無意識ながら下しているものです。また現在の社会状況に対する評価や判断を下す際、これまた無意識に過去の事例からの類推を行ない、さらに未来を予測するにあたっては、これまた無意識に過去と現在の事例との対比を行なっています。

そのようなときに、類推され想起され対比される歴史的な事例が、若い人々の頭や心にどれだけ豊かに蓄積されファイリングされているかどうかが決定的に大事なことなのだと私は思います。多くの事例を想起しながら、過去・現在・未来を縦横無尽に対比し類推しているときの人の顔は、きっと内気で控えめで穏やかなものであるはずです。

二〇〇九年六月　公文書管理法成立の報を聞きながら

加藤陽子

文庫版あとがき

もとは二〇〇九（平成二十二）年に朝日出版社から刊行された本書が、私の脳内分類的には「文豪の本を出すレーベル」として位置づけられてきた新潮文庫の一冊として刊行されるのは、嬉《うれ》しい反面なにやら畏《おそ》れ多い感じがします。とはいえ、二〇一〇年、新潮文芸振興会から第九回小林秀雄賞が本書に贈られたというご縁から、多くの方に手にとっていただける新たな機会を再び与えられたことを喜びたいと思います。

本が書かれたのは、アメリカに端を発した二〇〇八年の世界金融危機の翌年ですから、世界規模の大不況という事態は折り込み済みでした。しかしその後、二〇一一年三月には東日本大震災と、それに伴う東京電力福島第一原発の放射性物質漏れ事故が起こり、二〇一二年九月には尖閣《せんかく》諸島（中国名は釣魚島）の国有化と、それに伴う中国全土での反日デモが起きました。経済的な打撃に加え、日本人の安全感が内と外から再定義を迫られるような事態が発生したのです。

このような事態を前に私は、日本の近現代史像、あるいは日本の将来像をめぐる鋭い相克が、日本社会の内部のみならず対外的にも起こるだろうと覚悟し、事実それは、いわゆる従軍慰安婦問題や戦後七十年談話などをめぐって起こりました。

もとの本の「おわりに」で、私はおおよそ次のようなことを書いています。いわく、私たちは、現在の社会状況に対して判断を下すとき、あるいは未来を予想するとき、無意識に過去の事例を思い出し、それとの対比を行っています。その際、そこで想起され対比される歴史的な事例をどれだけ豊かに頭のなかに蓄積できているか、これが決定的に重要です、と。今の時点からふりかえってみても、この「おわりに」に記した認識に基本的に変わりはありません。むしろ、日本という国が歩んできた過去の歴史、また国と国がぶつかり合った戦争の歴史を、中高生などの年齢が若い世代、中高年などの気持ちが若い世代に、ますます広く知ってもらう必要があると感じるようになりました。

そのように考えるようになった理由の一半は、先に述べたような、日本人の安全感が問われるような内外の事態が発生したことにありますが、いま一つの理由は、公布から七十年目を迎える日本国憲法が、護憲と改憲、双方の立場からさかんに論議されるようになったことにあります。序章の「戦争と社会契約」のところでルソーの戦争論を紹介しましたが、戦争は、国家と国家の間でなされます。そして、戦争に訴える国家が究極的にめざすのは、敵対国の憲法原理、すなわち、国家を成り立たせている社会の基本秩序を書きかえることでした。第二次世界大戦の敗北によって日本は、大日本帝国憲法と天皇制という憲法原理を連合国の手で書きかえられ、日本国憲法と象徴天皇制を新たな憲法原理として手中にすることとなりました。

ならば、憲法を論ずるためには、その前提として、一九四五（昭和二十）年八月十五日に敗戦を迎えた戦争について考える必要があるのではないでしょうか。しかも、「朝日新聞」が二〇一五年春に行った世論調査では、なぜ日本がこの戦争をしたのか、「自ら追及し解明する努力を十分にしてきたと思うか」という問いに、「まだ不十分だ」と答えた人が65％もいるという現状があります（「朝日新聞」二〇一五年四月十八日付朝刊）。日本人にとって、「あの戦争」は、いまだ解かれていない問いにほかなりません。

ひとつの例をお話ししましょう。長野県は太平洋戦争中、満州（中国東北部）へ多数の開拓移民や青少年義勇軍を送り出したことで有名な県です。その下伊那郡河野村《しもいなぐんかわのむら》（現豊丘村《とよおかむら》）で村長を務めていた胡桃澤盛《くるみざわもり》は、戦争末期に分村移民を満州へ送り出しました。しかし、敗戦時の混乱から多数の犠牲者を出し、自責の念から、一九四六年七月、四二歳の若さで自死します。その胡桃澤は、一九四五年十一月十九日の日記に

「何故《なにゆえ》に過去の日本は自国の敗《ま》けた歴史を真実のまゝに伝える事を為《な》さなかったか」（飯田市歴史研究所監修『胡桃澤盛日記』第六巻、同日記刊行会編刊、二〇一三年、一四九頁）との痛切な感慨を記していました。日露戦争中に生まれた彼は、実際のところは苦戦であった戦争の実態とはかけ離れた神話化の進む中で育った世代の一人でした。自国の敗けた歴史を伝えられるかどうか。ここに、近代日本の失敗の原因を見た、胡桃澤の言は重いといわざるをえません。

戦争の歴史がきちんと国民に伝えられないとどうなるのでしょうか。その例を、日清戦争と日露戦争の関係で見ておきましょう。一九一〇（明治四十三）年の大逆事件で死刑となる幸徳秋水は、日露戦争開戦後二ヵ月たった一九〇四年四月三日付の週刊「平民新聞」に次のように書き、日清戦争のときの辛苦をきれいに忘れてしまっている国民のさまを嘆いています。

「我国民の多数、口を開けば即《すなわ》ち曰《いわ》く、『文明の外交』『王者の師』『仁義の戦』『帝国の光栄』と。無邪気なる哉《かな》、金太郎の鉞《まさかり》を揮《ふる》ふが如く。可愛らしき哉、桃太郎の鬼ヶ島を征伐するに似たり。個人と国家と倶《とも》に醒《さ》めては金太郎を学び、寝ては桃太郎を夢む」（平民社資料センター監修、山泉進編集『幸徳秋水（平民社百年コレクション 第一巻）』論創社、二〇〇二年、一一四頁）と。戦争となれば真っ先に犠牲となるはずの普通の人々が、なぜ、自己と国家を過度に重ね合わせ、戦争に熱狂してしまうのか。秋水にとってはなんとも歯がゆかったに違いありません。

本書で私は、近代日本の戦争の歴史を書きました。それが成功しているかはわかりません。ただ、過去を正確に描くことでより良き未来の創造に加担するという、歴史家の本分にだけは忠実であろうと心がけました。じっくりとお読みいただければ幸いです。

最後になりましたが、文庫本化にあたり、温かくも、的確な助言を常に与えてくださった編集部の古浦郁氏に感謝申し上げます。また、もとの本と同じく、大胆かつ美しい装幀をご担当いただきました有山達也さん、味わい深く、かつ歴史の想像力を搔《か》き立ててくれる絵・イメージカット・地図をお描きいただいた牧野伊三夫さんに深くお礼申し上げます。

二〇一六年五月二十日

加藤陽子

写真提供：朝日出版社

参考文献（史料、史料集などは除き、主なもののみを掲げた）

序章　日本近現代史を考える

エイブラハム・リンカーン、高木八尺・斎藤光訳『リンカーン演説集』（岩波文庫、一九五七年）
サムエル・モリソン、西川正身翻訳監修『アメリカの歴史〈3〉』（集英社文庫、一九九七年）
入江昭『二十世紀の戦争と平和』（東京大学出版会、一九八六年）
クラウゼヴィッツ、篠田英雄訳『戦争論』上・中・下（岩波文庫、一九六八年）
長谷部恭男『憲法とは何か』（岩波新書、二〇〇六年）
E・H・カー、清水幾太郎訳『歴史とは何か』（岩波新書、一九六二年）
ジョナサン・ハスラム、角田史幸他訳『誠実という悪徳』（現代思潮新社、二〇〇七年）
E・H・カー、井上茂訳『危機の二十年』（岩波文庫、一九九六年）
『見る・読む・わかる　日本の歴史』（朝日新聞社、一九九五年）
アーネスト・メイ、進藤榮一訳『歴史の教訓』（岩波現代文庫、二〇〇四年）

1章　日清戦争

三谷太一郎『近代日本の戦争と政治』（岩波書店、一九九七年）

加藤陽子『戦争の日本近現代史』（講談社現代新書、二〇〇二年）
John J. Sbrega, *Anglo-American Relations and Colonialism in East Asia, 1941-1945* (Garland Publishing, Inc., 1983)→この本の序文が、キンボール教授 Warren F. Kimball のもの。
茂木敏夫『変容する近代東アジアの国際秩序』（山川出版社、一九九七年）
岡本隆司『世界のなかの日清韓関係史』（講談社選書メチエ、二〇〇八年）
浜下武志『朝貢システムと近代アジア』（岩波書店、一九九七年）
坂野潤治『大系　日本の歴史〈13〉　近代日本の出発』（小学館ライブラリー、一九九三年）
岡義武『山県有朋』（岩波新書、一九五八年）
牧原憲夫『客分と国民のあいだ』（吉川弘文館、一九九八年）
大澤博明『近代日本の東アジア政策と軍事』（成文堂、二〇〇一年）

2章　日露戦争

マーク・ピーティー、浅野豊美訳『植民地』（読売新聞社、一九九六年）
横手慎二『日露戦争史』（中公新書、二〇〇五年）
千葉功『旧外交の形成』（勁草書房、二〇〇八年）
金文子『朝鮮王妃殺害と日本人』（高文研、二〇〇九年）
伊藤之雄『立憲国家と日露戦争』（木鐸社、二〇〇〇年）
日露戦争研究会編『日露戦争研究の新視点』（成文社、二〇〇五年）

井口和起『日露戦争の時代』（吉川弘文館、一九九八年）
川島真『中国近代外交の形成』（名古屋大学出版会、二〇〇四年）
川島真、服部龍二編『東アジア国際政治史』（名古屋大学出版会、二〇〇七年）

3章　第一次世界大戦

伊藤隆『大正期「革新」派の成立』（塙書房、一九七八年）
北岡伸一『日本陸軍と大陸政策』（東京大学出版会、一九七八年）
NHK取材班編『理念なき外交「パリ講和会議」』（角川文庫、一九九五年）
ジョン・メイナード・ケインズ、救仁郷繁訳『講和の経済的帰結』（ぺりかん社、一九七二年）
加藤陽子『戦争の日本近現代史』（講談社現代新書、二〇〇二年）
加藤陽子『戦争の論理』（勁草書房、二〇〇五年）

4章　満州事変と日中戦争

家近亮子『蔣介石と南京国民政府』（慶應義塾大学出版会、二〇〇二年）
竹内洋『丸山眞男の時代』（中公新書、二〇〇五年）
ルイーズ・ヤング、加藤陽子他訳『総動員帝国』（岩波書店、二〇〇一年）
伊藤隆『近衛新体制』（中公新書、一九八三年）

デービッド・J・ルー、長谷川進一訳『松岡洋右とその時代』（TBSブリタニカ、一九八一年）
クリストファー・ソーン、市川洋一訳『満州事変とは何だったのか』上・下（草思社、一九九四年）
坂野潤治『近代日本の外交と政治』（研文出版、一九八五年）
酒井哲哉『大正デモクラシー体制の崩壊』（東京大学出版会、一九九二年）
井上寿一『危機のなかの協調外交』（山川出版社、一九九四年）
鹿錫俊『中国国民政府の対日政策』（東京大学出版会、二〇〇一年）
加藤陽子『模索する1930年代』（山川出版社、一九九三年）
加藤陽子『満州事変から日中戦争へ　シリーズ日本近現代史⑤』（岩波新書、二〇〇七年）

5章　太平洋戦争

山田朗『軍備拡張の近代史』（吉川弘文館、一九九七年）
吉見義明『草の根のファシズム』（東京大学出版会、一九八七年）
加藤陽子『戦争の論理』（勁草書房、二〇〇五年）
吉田裕『アジア・太平洋戦争　シリーズ日本近現代史⑥』（岩波新書、二〇〇七年）
小谷賢『日本軍のインテリジェンス』（講談社選書メチエ、二〇〇七年）
工藤章・田嶋信雄編『日独関係史』全3巻（東京大学出版会、二〇〇八年）
Warren F. Kimball ed., *Churchill and Roosevelt, the Complete Correspondence* (Princeton University Press, 1984)

波多野澄雄『幕僚たちの真珠湾』(朝日選書、一九九一年)
波多野澄雄『「大東亜戦争」の時代』(朝日出版社、一九八八年)
淵田美津雄、中田整一編・解説『真珠湾攻撃総隊長の回想 淵田美津雄自叙伝』(講談社、二〇〇七年)
飯田市歴史研究所編『満州移民』(現代史料出版、二〇〇七年)
藤原彰『餓死した英霊たち』(青木書店、二〇〇一年)

本書を刊行するにあたって、以下のみなさまに
お力ぞえいただきました。篤《あつ》く御礼申し上げます。――編集部

栄光学園高等学校
〈二年生〉石塚慎平さん、尾崎綜志さん、金丸卓生さん、菊地悠太さん、小森勇希さん、
下郡駿さん、原俊明さん、松村遼平さん、間部秀規さん、若林将大さん
〈一年生〉浅井秀太さん、宮里洸樹さん、山下拓郎さん、吉本倫大さん
栄光学園中学校
〈三年生〉中島寛太さん、〈二年生〉吉川宏平さん、〈一年生〉柿崎光波さん
以上一七名と、栄光学園前校長・関根悦雄先生、教諭・相原義信先生、石川昌紀先生、
大島弘尚先生、福本淳先生、神奈川県立大船高等学校教諭・早川英昭先生

※学年・肩書は当時のものです。

本文挿画・地図・書き文字

牧野伊三夫

解説

橋本治

加藤陽子さんの『それでも、日本人は「戦争」を選んだ』は、二〇一〇年度の第九回小林秀雄賞の受賞作です。その時に選考委員だった私は、半ば強引にこの作品を推しました。それをしたのは、もちろん、多くの人にこの本を読んでもらいたいと思ったからですが、もう一つ、「中学高校生を相手にして講義をする」という形のこの本が、叙述の形としては画期的に新しいと思ったからです。

5章の真ん中辺には、こういうことが書いてあります——

《保守的な月刊誌などが毎年夏に企画する太平洋戦争特集などでは、なぜ日本はアメリカの戦闘魂に油を注ぐような、宣戦布告なしの奇襲作戦などやってしまったのか、あるいは、なぜ日本は潜在的な国力や資源に乏しいドイツやイタリアなどと三国同盟を結んでしまったのか、という、反省とも嘆きともつかない問いが、何度も何度も繰り返されています。》

《保守的な月刊誌》だけではなく、新聞やテレビも毎年夏になれば「終戦特集」をやって「戦争の悲《ひ》惨《さん》さ」を訴えています。方向は違うけれども、「太平洋戦争を始めるまでの段取りの悪さの検討」も「戦争の悲惨さの訴え」も、どちらも戦争を「既知の事柄」にしてしまっている点では同じです。かつて経験した戦争を「既知の事柄」にしてしまうと、「なんだってあんな悲惨な結果になった戦争を、日本人は惹《ひ》き起こしてしまったんだろう？」という疑問が成立しなくなります。「既知の事柄になる」ということは、「それは疑いなく存在した。だからそれを改めて検討する必要はない」ということになってしまって、「戦争があった」以前のことが考えられなくなる——その必要を感じなくなることなのです。

しかし、一九四五年の終戦に至るまでのプロセスをたどって、「なぜ日本人は戦争を選択したか？」の答を探って行くことは、膨大なディテールを語ることです。「膨大なディテールを語る」というのは、やってやれないことはありません。でも、それをやってむずかしいのは、そのディテールを一つの結論にまとめ上げることです。まとめて行くプロセスの中で、膨大なディテールはいくつも落っこちて行きます。そもそも「膨大なディテール」というものは「一人でまとめ上げる」という能力を超えたところにあるものだからです。

現在の評論の困難はここにあります。論者が、自分の語ったことをまとめきれないのです。それを無理にでもやろうとすれば、結論がかなり偏《かたよ》ったものになる可能性があります。膨大なディテールを語る人間は、平気でそれを語りますが、受け手はそれを消化しきれません。だからうっかりすると、語り手は自分の語った膨大なディテールを、自分の都合のいい結論を出すための傍証にしてしまう——そうなりかねない危険があるのです。

加藤陽子さんのこの本は、その困難を最も誠実な形で乗り切った本だと思います。この本は「日本人のした戦争のことを考える本」です。それは分かっていて、でもその「日本人のした戦争の話」が、どこからどのように始まるのかが少し分かりません。どうしてかと言うと、この本は「戦争を考えるためには、どんな材料が必要か」というところから始まるからです。

加藤陽子さんのこの本は、中学高校生を相手に講義をする——そのことを本の形にしたものです。だから、この本の読者は、自分のことを最低「高校生くらいの年頃」に設定しなければなりません。それで私も、自分を高校生のように設定しました。

しかし私は、栄光学園のような偏差値の高い高校へ行けるような高校生ではありませんでしたし、「行きたい」とも思いませんでした。その点で、私は自分をこの本の読者には設定しにくいのですが、そこのところは少しごまかして、そういう偏差値の高い高校に行った友達から、「ねェ、ちょっと来てみない?」と誘われて、うっかりその場に居合わせてしまったように考えました。その過去に於《お》いて、深い考えもなしに誘われるまま首を突っ込んでしまうという経験が何度もありましたから。

少なくとも、高校生の時の私は「日本人はなんだってあんなバカげた戦争をしたんだろう?」と思っていました。だから、「その謎《なぞ》を解き明かしてもらえるのかもしれない」と思って、「その場」にいることにしました。

でも、加藤先生の話は、全然太平洋戦争のところへ行きません。いきなり「9・11テロ」の話で、「現在の話と昔の話がどう関係あるのかな?」と思ってしまいます。それなのに、こっそり周りを見ると、同年代の男の子達は「うん、うん」と賢そうにうなずいています。「場違いなところに来ちゃったかもしれないな」と思いはしますが、途中で席を立つことも出来ない私は、仕方なくそのまま座って話を聞いています――「どうせこっちは偏差値が低いよ」などと思いながら。

しかしそうしてる内に、「聞いたことのある言葉」や「分かりそうなフレーズ」が耳に飛び込んで来ます。初日が終わって、分かったかどうかは分かりません。でも「もうやめた」ではなく、「明日も来てみよう」という気にはなります。なんでそう考えるのかと言えば、自分の先入観がどこかへ行ってしまったからです。

自分が「戦争を考えよう」と思ったのは、「いやだな」と思う形で、自分が「戦争のこと」を少しは知っていると思ったからです。でも一日目で、その気はなくなりました。「自分はなにも知らなくて、その自分に加藤先生は考えるためのヒントを与えてくれている」と感じて、「もう戦争のことを考えなくてもいい」と思うようにさえなったからです。もう少し正確に言ってみると、「自分の知っている小さな〝戦争に関する知識〞の中にいろいろなことをギューギュー詰めにして考えなくてもいい」ということが理解されたように思ったからです。

戦争は「戦争」という単体で存在しているわけではない。「戦争を考える」ということであっても、「戦争を考えるための決まった筋道」があるわけではない。だからこそ加藤先生は、「戦争を考える時に、こういうディテールもあるということを知っていますか？」と教えてくれる——そのような気づき方が出来るような予感がしたのです。

講義が終わっても、この本一冊を読み終わっても、分かったところと分からないところがマダラ模様になっていて、「もう一遍、自分でまとめながら読まないと分からないいな」という気になって、この本を読み返すと、その初めの方に《歴史の試験は論述で書かせなければだめ、論理的に説明できる力は暗記ではないのだ》と書いてありました。

加藤先生は、「みんなで考えてよ、私は手掛かりを上げるから」と言っているのでした。

（平成二十八年四月、小説家）

この作品は平成二十一年七月株式会社朝日出版社より刊行された。

半藤一利著 **幕末史**

黒船来航から西郷隆盛の敗死まで――。波乱と激動に満ちた25年間と歴史を動かした男たちを、著者独自の切り口で、語り尽くす！

阿川弘之著 **春の城** 読売文学賞受賞

第二次大戦下、一人の青年を主人公に、学徒出陣、マリアナ沖大海戦、広島の原爆の惨状などを伝えながら激動期の青春を浮彫りにする。

阿川弘之著 **雲の墓標**

一特攻学徒兵吉野次郎の日記の形をとり、大空に散った彼ら若人たちの、生への執着と死の恐怖に身もだえる真実の姿を描く問題作。

阿川弘之著 **山本五十六** 新潮社文学賞受賞（上・下）

戦争に反対しつつも、自ら対米戦争の火蓋を切らねばならなかった連合艦隊司令長官、山本五十六。日本海軍史上最大の提督の人間像。

阿川弘之著 **米内光政**

歴史はこの人を必要とした。兵学校の席次中以下、無口で鈍重と言われた人物は、日本の存亡にあたり、かくも見事な見識を示した！

阿川弘之著 **井上成美** 日本文学大賞受賞

帝国海軍きっての知性といわれた井上成美の戦中戦後の悲劇――。「山本五十六」「米内光政」に続く、海軍提督三部作完結編！

竹山道雄著　ビルマの竪琴
毎日出版文化賞・芸術選奨受賞
ビルマの戦線で捕虜になっていた日本兵たちが帰国する日、僧衣に身を包んだ水島上等兵の鳴らす竪琴が……大きな感動を呼んだ名作。

大岡昇平著　俘虜記
横光利一賞受賞
著者の太平洋戦争従軍体験に基づく連作小説。孤独に陥った人間のエゴイズムを凝視して、いわゆる戦争小説とは根本的に異なる作品。

大岡昇平著　武蔵野夫人
貞淑で古風な人妻道子と復員してきた従弟勉との間に芽生えた愛の悲劇――武蔵野を舞台にフランス心理小説の手法を試みた初期作品。

大岡昇平著　野火
読売文学賞受賞
野火の燃えひろがるフィリピンの原野をさまよう田村一等兵。極度の飢えと病魔と闘いながら生きのびた男の、異常な戦争体験を描く。

井伏鱒二著　黒い雨
野間文芸賞受賞
一瞬の閃光に街は焼けくずれ、放射能の雨の中を人々はさまよい歩く……罪なき広島市民が負った原爆の悲劇の実相を精緻に描く名作。

島尾敏雄著　死の棘
日本文学大賞・読売文学賞
芸術選奨受賞
思いやり深かった妻が夫の〈情事〉のために神経に異常を来たした。ぎりぎりの状況下に夫婦の絆とは何かを見据えた凄絶な人間記録。

安部公房著

他人の顔

ケロイド瘢痕を隠し、妻の愛を取り戻すために他人の顔をプラスチックの仮面に仕立てた男。——人間存在の不安を追究した異色長編。

安部公房著

壁

戦後文学賞・芥川賞受賞

突然、自分の名前を紛失した男。以来彼は他人との接触に支障を来し、人形やラクダに奇妙な友情を抱く。独特の寓意にみちた野心作。

安部公房著

飢餓同盟

不満と欲望が澱む、雪にとざされた小地方都市で、疎外されたよそ者たちが結成した〝飢餓同盟〟。彼らの野望とその崩壊を描く長編。

城山三郎著

落日燃ゆ

毎日出版文化賞・吉川英治文学賞受賞

戦争防止に努めながら、A級戦犯として処刑された只一人の文官、元総理広田弘毅の生涯を、激動の昭和史と重ねつつ克明にたどる。

城山三郎著

硫黄島に死す

〈硫黄島玉砕〉の四日後、ロサンゼルス・オリンピック馬術優勝の西中佐はなお戦い続けていた。文藝春秋読者賞受賞の表題作など7編。

城山三郎著

指揮官たちの特攻

—幸福は花びらのごとく—

神風特攻隊の第一号に選ばれた関行男大尉、玉音放送後に沖縄へ出撃した中津留達雄大尉。二人の同期生を軸に描いた戦争の哀切。

吉村昭著 ポーツマスの旗

近代日本の分水嶺となった日露戦争とポーツマス講和会議。名利を求めず講和に生命を燃焼させた全権・小村寿太郎の姿に光をあてる。

吉村昭著 空白の戦記

闇に葬られた軍艦事故の真相、沖縄決戦の秘話……。正史にのらない戦争記録を発掘し、戦争の陰に生きた人々のドラマを追求する。

吉村昭著 海の史劇

《日本海海戦》の劇的な全貌。七カ月に及ぶ大回航の苦心と、迎え撃つ日本側の態度、海戦の詳細などを克明に描いた空前の記録文学。

吉村昭著 戦艦武蔵 菊池寛賞受賞

帝国海軍の夢と野望を賭けた不沈の巨艦「武蔵」――その極秘の建造から壮絶な終焉まで、壮大なドラマの全貌を描いた記録文学の力作。

吉村昭著 大本営が震えた日

開戦を指令した極秘命令書の敵中紛失、南下輸送船団の隠密作戦。太平洋戦争開戦前夜に大本営を震撼させた恐るべき事件の全容――。

吉村昭著 プリズンの満月

東京裁判がもたらした異様な空間……巣鴨プリズン。そこに生きた戦犯と刑務官たちの懊悩。綿密な取材が光る吉村文学の新境地。

与謝野晶子著
鑑賞／評伝 松平盟子

みだれ髪

一九〇一年八月発刊。この時晶子22歳。まさに20世紀を拓いた歌集の全399首を、清新な「訳と鑑賞」、目配りのきいた評伝と共に贈る。

谷崎潤一郎著

細雪（ささめゆき）

毎日出版文化賞受賞（上・中・下）

大阪・船場の旧家を舞台に、四人姉妹がそれぞれに織りなすドラマと、さまざまな人間模様を関西独特の風俗の中に香り高く描く名作。

川端康成著

山の音

62歳、老いらくの恋。だがその相手は、息子の嫁だった――。変わりゆく家族の姿を描き、戦後日本文学の最高峰と評された傑作長編。

川端康成著

掌《てのひら》の小説

自伝的作品である「骨拾い」「日向」、「伊豆の踊子」の原形をなす「指環」等、著者の文学的資質に根ざした豊穣なる掌編小説122編。

司馬遼太郎著

歴史と視点

歴史小説に新時代を画した司馬文学の発想の源泉と積年のテーマ、〝権力とは〟〝日本人とは〟に迫る、独自な発想と自在な思索の軌跡。

司馬遼太郎著

司馬遼太郎が考えたこと 1

―エッセイ 1953.10～1961.10―

40年以上の創作活動のかたわら書き残したエッセイの集大成シリーズ。第1巻は新聞記者時代から直木賞受賞前後までの89篇を収録。

NHKスペシャル取材班著

日本海軍400時間の証言
―軍令部・参謀たちが語った敗戦―

開戦の真相、特攻への道、戦犯裁判。「海軍反省会」録音に刻まれた肉声から、海軍、そして日本組織の本質的な問題点が浮かび上がる。

NHKスペシャル取材班編著

日本人はなぜ戦争へと向かったのか
―外交・陸軍編―

肉声証言テープ等の新資料、国内外の研究成果をもとに、開戦へと向かった日本を徹底検証。列強の動きを読み違えた開戦前夜の真相。

NHKスペシャル取材班編著

日本人はなぜ戦争へと向かったのか
―メディアと民衆・指導者編―

軍に利用され、民衆の〝熱狂〟を作り出したメディア、戦争回避を検討しつつ避けられなかったリーダーたちの迷走を徹底検証。

NHKスペシャル取材班編著

日本人はなぜ戦争へと向かったのか
―果てしなき戦線拡大編―

戦争方針すら集約できなかった陸海軍、軍と一体化して混乱を招いた経済界。開戦から半年間の知られざる転換点を徹底検証。

NHK「東海村臨界事故」取材班

朽ちていった命
―被曝治療83日間の記録―

大量の放射線を浴びた瞬間から、彼の体は壊れていった。再生をやめ次第に朽ちていく命と、前例なき治療を続ける医者たちの苦悩。

NHKスペシャル取材班著

老後破産
―長寿という悪夢―

年金生活は些細なきっかけで崩壊する！ 誰もが他人事ではいられない、思いもしなかった過酷な現実を克明に描いた衝撃のルポ。

新潮文庫の新刊

それでも、日本人《にほんじん》は「戦争《せんそう》」を選《えら》んだ

新潮文庫　か－77－1

平成二十八年七月一日発行
令和七年七月二十五日十九刷

著者　加《か》藤《とう》陽《よう》子《こ》

発行者　佐藤隆信

発行所　株式会社新潮社

郵便番号　一六二―八七一一
東京都新宿区矢来町七一
電話　編集部(〇三)三二六六―五四四〇
　　　読者係(〇三)三二六六―五一一一
https://www.shinchosha.co.jp

価格はカバーに表示してあります。

乱丁・落丁本は、ご面倒ですが小社読者係宛ご送付ください。送料小社負担にてお取替えいたします。

印刷・錦明印刷株式会社　製本・錦明印刷株式会社

ISBN978-4-10-120496-3 C0195